アジア地域文化学叢書3

長江流域と巴蜀、楚の地域文化

長江流域文化研究所 編

長江流域と巴蜀、楚の地域文化　目次

序　文―長江流域の地域文化論をめぐって―

長江流域文化研究所所長　工藤元男

新石器時代以後、中国各地に形成された地域社会では、それぞれ固有の地域性を基盤として特色ある文化を開花させた。しかし前二二一年に秦が六国を統一すると、各地の地域性は急速に失われ、中国全土にわたって〝秦化〟(1)が進んだ。秦が行った統一政策の中でとくに重要なものは、郡県制による一元的な支配であり、それを支える律令制であり、また文書行政のための文字の統一である。ただし郡県制・律令制・文書行政による統治は、すでに戦国中期以降の秦の占領地で推進されていたもので、それは秦の六国統一後に全国的に拡大され、秦の滅亡後は前漢へ継承された（漢化）。秦漢帝国の出現は、同時に地域文化の消滅であるが、帝国内の文化交流によってまた新たな地域文化が再編されてくる契機ともなった。それでは秦漢帝国の成立以前に各地に展開した地域文化とは、いったいどのようなものだったのであろうか。

この問題は二十一世紀ＣＯＥプログラム〝アジア地域文化エンハンシング研究センター〟の中核的テーマの一つである。長江流域文化研究所が担当する研究分野は、地域文化を巴蜀・楚の地域性から照射し、それが後に秦の六国統一によって消滅してゆく過程である。そこで二〇〇三年七月三十一日、本研究所はシンポジウム〝出土文字資料よりみた巴蜀・楚の地域文化〟を開催し、秦系文字・楚系文字・巴蜀符号と地域文化との関係について討論した。(2)その後も毎年シンポジウムを重ね、あるいは関連の講演会を実施してきたが、そこで議論された内容はすべてこのシンポジウムでの議論を淵源とし、そこから種々派生する諸問題に関するものであった。本書はこれまでシンポジウムで報告された方々の論文を中心にして、当研究所における共同研究の成果をまとめたものである。そこでこれらの成果をふまえ、主に〝楚文化〟に焦点を当てながら、地域文化に関する編者の考え方を述べてみたいと思う。

前四世紀、古代中国では諸国が割拠し、なかでも長江中流域を中心とする楚、その西北の関中盆地の秦、山東の田斉が鼎立していた。これらの諸国はやがて秦に征服占領されてしまうが、秦に占領される以前の楚の国制・社会・文化を検討する上で画期的な一次資料が発見されている。それが竹札に記された楚の文書、すなわち楚簡である。楚簡の中でもとりわけ重要なものが包山楚簡である。(3) それは一九八七・八年に湖北省荊門市の包山二号墓から出土した。年代は戦国中期偏晩。墓主の姓名は邵沱。楚の高官左尹をつとめた人物で、生前の官職や身分を反映してか、竹簡には訴訟関係の文書や「卜筮祭祷簡」が含まれていた。以下、この包山楚簡に基づき、楚の地域性にかかわる問題を具体的に検討してみよう。(4)

「卜筮祭祷簡」は全部で二六条(簡一九七〜二五〇)あり、それは前三一八年・前三一七年・前三一六年の三年間にわたる貞人(巫祝)たちの宗教活動の記録である。それによると戦国の楚では、封君や大夫等の貴族は、歳首(年度初め)の四月に貞人たちを屋敷に招き、向こう一年間の無病息災を貞問させる習俗があった。その状況は次のごとくである。前三一八年四月、貞人たちは左尹邵沱のために同年四月から翌年四月までの一年間の無病息災について貞問する(歳貞)。ところが翌年の前三一七年三月の貞問の中に初めて邵沱の病因を問う記事が登場し(疾病貞)、このころ邵沱に病気が発生したことが知られる。その二ヶ月後の五月にまた通例の歳貞が行われ、十一月に再び疾病貞が行われる。二年目の前三一七年には歳貞と疾病貞が前後不規則に行われ、三年目の前三一六年には同じ四月に歳貞と疾病貞とが一緒に実施され、翌五月には疾病貞のみが行われ、これを最後に「卜筮祭祷簡」の記録が終わっている。この「卜筮祭祷簡」と一緒に出土した副葬品のリストに「大司馬卓滑、郙を救うの歳、享月丁亥の日、左尹の葬甬車一乗」（簡二六七）云々とある。これは前三一六年六月丁亥の日に行われた卲㐌の葬儀に使用された甬車について記したものなので、卲㐌は最後の疾病貞が行われた翌月に死亡したことになる。

「卜筮祭祷簡」は楚の貴族社会の断面を映し出す一次資料であり、この種の資料は包山楚簡以外にも数種出土している。それらを年代順に並べると、平夜君成墓楚簡、天星観楚簡、望山楚簡、包山楚簡となる。これらのうち紀年をもつ包山楚簡のみ絶対年代が明らかで、その「卜筮祭祷簡」は楚懐王の十一年～十三年の間に属するものである。

「卜筮祭祷簡」の中には、卲㐌の一族の社会的地位をよく示している記事がある。(5) 前三一八年の第二条（簡二〇〇）がそれで、その中で貞人の石被裳は向こう一年間の無病息災を貞問すると、まず短期的な災いの存在が占断され、そのため石被裳は卲㐌側にそれを解除するための祖先祭祀を提案する。彼が祖先祭祀の対象として指定する卲㐌の祖先は、次の三つのグループからなり、各グループごとに供物の種類は異なっている。

①卲（昭）王……………………………………………春秋末の楚昭王
②文坪夜君・郚公子春・司馬子音（祖父）・蔡公子家（実父）…………近祖
③夫人……………………………………………………生母

①の「卲王」は春秋末年の楚の昭王（前五一五～前四八九、在位）のことで、卲㐌はこの王を直系の先祖とする家系である。②の「文坪夜君」以下の四人は卲㐌の近祖で、その中の司馬子音は祖父、蔡公子家は実父である。③の「夫人」は卲㐌の生母である。また近祖の一人の文坪夜君は「封君」、司馬子音の司馬は「官職名」、郚公子春と蔡公子家は共に「県公」と解され、これより卲㐌の一族は封君や県公などを輩出する楚の典型的な世族であることが知られる。

一方、卲㐌の官職を反映して、包山楚簡には多数の訴訟関係の文書が含まれている。陳偉氏はそれらの文書の分析を通じて、戦国中期の封君たちの封邑の規模が県レベルか、もしくはそれ以下のものが大半だったことを明らかにしている。(6) この事実は楚の封君を、たとえば春申君等をモデルとして捉えることの危険性を示唆している。これより戦国中期ごろの楚の封君や世族は、すでに王権の脅威ではなくなっていたと想定される。

このような視点から、再び「卜筮祭祷簡」をみてみると、その貞問の中にしばしば「出入して王に事《つか》える」、「出入して王に侍する」等々の定型句が見え、それは他の「卜筮祭祷簡」でも同様である。この定型句は何を意味するのであろうか。そこで「卜筮祭祷簡」の第一四条と第一五条に注目すると、その内容は貞人たちから提案された祖先祭祀案を卲󠄀𧈜側が採用し、これを実施した記録の一部であることが分かる。そしてその記録の中に祖先祭祀に関わった〝執事人〟が登場している。この執事人は同じ包山楚簡において訴訟業務に携わる官吏としても登場している。その執事人が祖先祭祀に関わっていることから、毎年歳首に行われるこのような年中行事は、封君や世族の私的営みとは解しがたく、むしろ楚王への忠誠を積極的にアピールするために行われた、公的色彩の強い儀礼ではなかったかと思われる。このことから、戦国中ごろの楚の封君や世族は、すでに王権に大きく依存する存在へと変貌していたとみなされるのである。

楚の貴族層の動向を伝える包山楚簡は、楚の懐王（前三二八～前二九九）の前期に属している。懐王と治世を共有する秦の王は、恵文王（前三三八～前三一一）、武王（前三一一～前三〇七）、昭襄王（前三〇七～前二五一）の三王である。同時代の秦では商鞅変法後もその法治主義を継承し、その律令制の実態は睡虎地秦簡・竜崗秦簡等から知られている。包山楚簡にも訴訟関係の文書は多数みえる。しかし不思議なことだが、律令に関するものは存在しない。秦と同時代の楚ではまだ秦のような律令制が整備されていなかったことになる。ここに秦楚間における支配体制の大きな差異が看取される。それは必ずしも楚の法制の未発達を意味するものではないであろう。むしろ秦と楚の国制の違いとみるべきで、つまり楚は封建制を維持しながら同時に王権を発達させていったと解されるのである。

そこで、そのような王権の伸張過程と並行して、楚文化としての「卜筮祭祷簡」がどのような展開を示しているかをみてみよう。包山楚簡よりやや前（懐王前期、もしくはその前の威王期）に位置づけられる望山楚簡については、編者は包山楚簡の体例を基準として両者の異同を分析したことがある。[7] 望山楚簡はほとんどが残片なので、厳密な分析は困難であるが、総じてその体例は包山楚簡と同様とみてよい。天星観楚簡は威王もしくはその前の宣王期のものとされるが、正式なテクストはまだ出ていない。ただしその中に歳貞とも疾病貞とも異なる〝月貞〟という貞問があるので、天星観楚簡は包山楚簡・望山楚簡とも異なる性格をもっているのかも知れない。

最近公表されたばかりの平夜君成墓楚簡は、さらに興味深い内容を示している。[8] この簡の年代に関して発掘簡報・『報告書』は曖昧な表現をしているが、要は天星観楚簡より前のものとみてよい。この簡の体例を分析すると、包山楚簡や望山楚簡にみられた歳貞と疾病貞の区別はみられず、貞問の月は七月・八月に集中し、また十一月を除いてどの月でも行われ、しかもそのすべてが疾病貞とみなされる。結論的にいえば、平夜君成墓楚簡はほぼ九年間にわたる平夜君成の闘病生活中に行われた貞人たちの疾病貞の記録、祭祷の記録、平夜君成が自ら恢復を求めて祈祷した記録等の集成である。

これらのことから、次のようなパースペクティヴが得られるであろう。包山楚簡の「卜筮祭祷簡」にみられる体系的な構造とシステムは、それ以前の卜筮祭祷習俗を吸収して整理統合された、一つの完成形態である、と。これを逆にいうと、「卜筮祭祷簡」的世界はもともと疾病貞に起源するものであったが、ある時期から王権の伸張にともなって貴族層を王権の政治秩序の中に取り込むために歳貞が登場し、歳貞と疾病貞が併存するようになったということでもある。包山楚簡の中で、同じ四月に歳貞と疾病貞が一緒に行われても、両者は混同されることなく、別個の貞問として截然として切り分けられているのは、それを傍証するものであろう。つまり戦国楚史の中で懐王期をピークとして王権が伸張してゆくと、それに引っ張られるようにして卜筮祭祷の構造とシステムも完成に向かってゆく。ところがその懐王が張儀に騙されて秦で客死すると、楚の王権秩序は急激に崩れてゆく。そしてそれに呼応するかのように卜筮祭祷の世界も崩れてゆき、後になって「日書」がそれに交替してゆくのである。[9]

楚簡の中から掬い出された卜筮祭祷の習俗は、われわれの検討課題である〝楚文化〟の実例の一つであることは間違いない。楚簡の分析を通じて、楚では四月を歳首とし、それ故にこの月に歳貞が行われた。このような民俗宗教的習俗は楚国以外の国ではまだ知られていない。しかしその元になっている楚暦は、先秦諸国で共通の暦法だった四分暦によっている。たとえ楚暦で四月を歳首としても、正月は正月として存在する。[10] これらのことから、楚簡から析出された文化現象というだけでは、それを直ちに楚文化とみなすわけにはいかない。

その典型例として、上博楚簡「柬大王泊旱」をみてみよう。[11] この簡書は平夜君成墓楚簡の年代よりもやや古い第三〇代の楚の簡王（前四三一～前四〇八）に関する故事を述べたものである。簡の配列に大きな問題があり、字形も字句もきわめて難解なものであるが、その内容は簡王が楚国を襲った旱魃に対して身を挺して「雨乞い」し、それが上帝に通じて、三日後に沛然と雨が降ったというものである。楚系文字で記されたこの簡書は、楚王の故事を述べているにもかかわらず、そのモチーフは『呂氏春秋』季秋紀・順民篇にみえる殷の湯王（成湯）や、『晏子春秋』内篇諫上にみえる斉の景公の故事と基本的に同じで、その中に楚の地域性を見出すことはできない。この簡書はむしろそれに先行する雨乞い故事を下敷きにし、それを楚の簡王ヴァージョンとして焼き直したものであろう。

楚文化というと、一般にどうしても中原的な光学を通してみてしまう傾向がある。春秋楚の君主が自らを蛮夷と称したという伝承から、楚人は何か特殊な言語を話し、そのための特殊な文字（楚系文字）も作られた、というように。しかし大西克也氏の研究によると、楚の言語は中原寄りで、むしろ秦の言語の方が他地域と孤立する傾向をもっていた。[12] 楚系文字の特徴に関して、滕壬生氏は次のように述べている。

歴史的・地理的原因により、楚国は春秋以来、独特の風格をもった文化を形成した。戦国時期に簡帛文字はしだいに主導的地位になり、中・晩期には日常生活の中で使用される毛筆の手写体文字が銅器銘文の風格に直接影響を与えた。（楚系簡帛文字は）濃厚な地域的特徴をもっている。書写風格の方面を表現すれば、字形は扁平・傾斜に向かい、筆勢はくるくる回って流麗で、横画は多くの場合上昇の弧形をなし、一般的には落筆が重く、収筆が軽く、首粗尾細の感が多い。……（中略）……形体の構成の方面を表現すれば、構成は同じでなく、筆画に変化が多く、符号は繁雑で特殊である。構成についていえば、楚系簡帛文字の中には多くの特殊な形体がある。[13]

これに対して趙学清氏は、中原地区の五国（斉・燕・韓・魏・趙）文字と楚系文字とを比較分析した結果、両者は同一の文字体系に属する、と指摘する。[14] じっさい、楚簡の毛筆による手写体文字がどれほど個性的にみえても、その字を構成要素に分解して再び隷定すれば、基本的に中原文字と異なるものではない。これらのことから、「卜筮祭祷簡」の暦法的基盤も、貞問や祭祷の内容を竹札に記している楚系文字も、それ自体必ずしも固有の地域性を示すものではなく、基本的には中原文化と共有されていたものであった。

しかしそれと同時に、「卜筮祭祷簡」には「冬柰」（正月）、「屈柰」（二月）、「遠柰」（三月）、「𦔻层」（四月）等々の楚国固有の月名がみえ、あるいは「宋客盛公𩅰の楚に聘するの歳」（前三一八年）のように、その年起こった重大出来事をもってその年の名を表す楚国独特の〝以事紀年〟法がみられることも事実である。つまり同じ四分暦を基礎にしながら、楚暦にはこのような楚独特の要素が認められる。楚系文字にしても、基本的には中原文字と同じでありながら、滕壬生氏の指摘するごとく、特殊な字画の構造、特殊な偏旁の存在、簡化・繁化・異化（筆画と偏旁の変異による変化）等による独特の変容（風格）をもっている。[15]

すると、こういうことになろう。包山楚簡から復原された楚の貴族社会の年中行事を、編者はこれを〝楚文化〟の一つと措定した。それを分解して一つ一つの要素に分けてゆくと、楚の固有性は消えてしまうが、しかしそれらの諸要素が一定の型に組み合わされた状態においては、すぐれて個性的な〝楚文化〟として現前し、かつ機能する。もともと疾病貞に始まるそのような習俗に対して、後に歳貞を組合せ、〝卜筮祭祷〟という固有の形に導いたものは、楚の王権の伸張であったと思われる。平夜君成墓楚簡から包山楚簡に至る過程は、まさに戦国中期以後の楚の王権の伸張過程と並行しているのである。王権の伸張が楚の貴族層をその政治秩序の中に取り込み、包山楚簡にみえるような卜筮祭祷習俗が完成したのであろう。

このように、暦法や楚系文字等の諸要素が一定の型に組み合わされた文化を、編者は〝文化複合〟（culture complex）という概念を援用したいと思う[16]。すなわちもともと必ずしも王権と関わりのない個々の文化的諸要素が、王権の伸張にともなってそれに対応する形で組み直され、新たに起ち上がってくる文化構築物としてである。戦国中期以降の楚文化、ひいては先秦諸国の政治文化も、このような視点から理解できるように思われる。

これに対して、同じ長江流域でも楚の上流に位置する古代四川の巴蜀の地域文化については、楚文化とはまた異なるアプローチを採らざるをえない。もともと本研究所の研究目的は、周縁としての長江流域から中国文明をみてゆくための視座を構築することであるが、文献史料に加えて出土文字資料の豊かな楚のばあいと異なって、先秦時代の文字史料が極端に少ない巴蜀地域では、自ずから考古資料や民俗資料に頼らざるを得ない。そこで本研究所では、考古方面では四川大学・成都市文物考古研究所と共に、一九九六年に宝墩遺址[17]、一九九八〜二〇〇〇年に芒城遺址の考古発掘調査を行った（共に新石器晩期の城址遺跡）。これと並行して民族・民俗方面では、岷江上流の羌族[18]、平武県の白馬チベット族、大渡河流域の嘉戎《ギャロン》チベット族等に関して、四川大学と共に聞き取り調査や資料収集を行った。さらにこうした現地調査と重ねて、漢代以後の文献史料になるが、大学院の演習で『後漢書』の南蛮西南夷列伝および西羌伝の講読を行った[19]。このように巴蜀文化に関しては、現地での共同のフィールド調査と文献史料を組み合わせて行う方法論を探ってきた。

本書ではこうした方法論を背景にして、主に秦に征服占領される以前の長江上流域の巴蜀文化、中流域の楚文化を検証することにつとめたが、とくに秦の巴蜀支配の特質について編者は本書シリーズの第一集に法制の視点から論じているので、併せて参照されたい[20]。

注

（1）この〝秦化〟・〝漢化〟という概念については、工藤元男「「秦の領域拡大と国際秩序の形成」再論―いわゆる〝秦化〟をめぐって―」（『長江流域文化研究所年報』第二号（早稲田大学長江流域文化研究所、二〇〇三年）を参照されたい。
（2）前掲『長江流域文化研究所年報』第二号。
（3）湖北省荊沙鉄路考古隊編『包山楚墓上下』（文物出版社、一九九一年十月）。
（4）以下の論述は、工藤元男「包山楚簡「卜筮祭禱簡」の構造とシステム」（『東洋史研究』第五九巻第四号、二〇〇一年）による。
（5）以下の論述は、「祭祀儀礼より見た戦国楚の王権と世族・封君―主として「卜筮祭禱簡」・「日書」による―」（『グローバル資本主義と歴史認識』歴史学研究増刊号、二〇〇二年）による。
（6）陳偉『包山楚簡初探』（一〇一～一〇七頁、武漢大学出版社、一九九六年八月）。
（7）工藤元男「望山楚簡「卜筮祭禱簡」の基礎的研究」（福井文雅博士古稀・退職記念論集刊行会編『福井文雅博士古稀記念論集　アジア文化の思想と儀礼』所収、春秋社、二〇〇五年六月）。
（8）以下の論述は、工藤元男「平夜君成楚簡「卜筮祭禱簡」初探―戦国楚の祭祀儀礼―（『長江流域文化研究所年報』第三号、早稲田大学長江流域文化研究所、二〇〇五年）による。
（9）「卜筮祭禱簡」から「日書」への交替に関しては、工藤元男「从卜筮祭禱簡看〝日書〟的形成」（『《人文論叢》特輯　郭店楚簡国際学術検討会論文集』所収、湖北人民出版社、二〇〇〇年五月）にその見通しを論じている。
（10）楚暦が四月を歳首としていることは、以上の楚簡以外にも、楚帛書によって裏付けることができる（森和「戦国楚における宜忌の論理―子彈庫楚帛書三篇の関係を例に―」本書所収）。

（11）以下の論述は、工藤元男「楚文化圏の卜筮祭祷習俗―上博楚簡〝柬大王泊旱〟を中心に―」（『長江流域文化研究所年報』第四号、早稲田大学長江流域文化研究所、二〇〇六年）による。

（12）大西克也「戦国時代の文字と言葉―秦・楚の違いを中心に―」（本書所収）。

（13）滕壬生『楚系簡帛文字編』（一六～一七頁、湖北教育出版社、一九九五年七月）。

（14）趙学清『戦国東方五国文字』（五七～六六頁、上海教育出版社、二〇〇五年十月）。

（15）滕壬生前掲『楚系簡帛文字編』一六～四六頁。

（16）石川栄吉他編『文化人類学事典』（六七二～六七三頁、弘文堂、一九八七年二月）。

（17）成都市文物考古研究所・四川大学歴史系考古教研室・長江流域文化研究所『宝墩遺址』（阿普、二〇〇〇年三月）。

（18）盧丁・工藤元男主編『羌族歴史文化研究』（中国西部南北游牧文化走廊研究報告之一、四川人民出版社、二〇〇〇年五月）、同主編『中国四川西部人文歴史文化綜合研究』（同二、四川大学出版社、二〇〇三年一月）。

（19）早稲田大学長江流域文化研究所「『後漢書』南蛮西南夷列伝訳注（一）（二）（三）」（『長江流域文化研究所年報』創刊号・第二号・第三号、二〇〇二・二〇〇三・二〇〇五年）、同「『後漢書』西羌伝（一）」（同第四号、二〇〇六年）。

（20）工藤元男「秦の巴蜀支配と法制・郡県制」（早稲田大学アジア地域文化エンハンシング研究センター編『アジア地域文化学の構築―21世紀ＣＯＥプログラム研究集成―』所収、雄山閣、二〇〇六年三月）。

第一部

巴蜀・楚文化論

長江上流における巴蜀地域文化

盧　丁（閻瑜訳）

はじめに

中国長江上流の四川古代文明の形成と発展は、東アジアの文明史上、重要な意義をもっている。紀元前八世紀前の「古蜀文明」及び七～四世紀の「巴蜀文化」には、独自の地域的な特徴がある。長江上流の成都平原における古代文明の形成と展開、中原文明、長江中・下流の南方文明及び西北遊牧文明との融合と発展は、秦・漢という統一した帝国文明の重要な一部分を構成した。

一、宝墩文化――平原集約化農業の始まり

四川は「川」・「蜀」と略称され、中国西南の長江上流に位置し、全面積は五七万平方キロメールで、地形的には東

西両部分に明確に分けられている。東部は四川盆地、西部は川西山地と平原である。四川盆地は中国における著名な大型盆地の一つで、周囲は標高一〇〇〇~二〇〇〇メートル、一部は三〇〇〇~四〇〇〇メートルに達する山地に囲まれ、盆地面積は約一七万平方キロメートルにのぼり、海抜の多くは三〇〇~七〇〇メートル以上である。盆地のうち龍泉山の西側が川西平原で、面積は九〇〇〇平方キロメートルにのぼる。川西平原のなかでは、岷江の沖積による成都平原が最も大きい。

四川盆地における紀元前四〇〇〇~三〇〇〇年の新石器時代の遺跡はすべて成都平原周囲の丘陵地帯で発見されている。これら早期の遺跡の多くは、涪江、岷江、嘉陵江、青衣江などの流域の台地に立地している。集落の遺跡と出土遺物から見ると、当時の先住民たちは、一般に河川流域の台地に集落を形成し、遊耕農業、狩猟、飼育、採集を主な経済生産様式としていた。この遊耕の生活様式によって、部落間や地域間の政治、文化と経済の交流を起した。しかし、園圃農業経済の場合、依然として主な経済生産様式は自給自足であり、商業貿易も発達していなかった。

紀元前四〇〇〇年前後、成都平原は人間の居住には相応しくなかった可能性がある。豊かな土地は焼き畑農耕（刀耕火種）のような経済に相応しくない。なぜなら、豊かな土地では農作物と同じように雑草がさらに強い生命力を持つからである。しかも、もっと重要なのは、灌漑排水のシステムがなければ、自然に形成された沖積平原では、毎年夏になると季節的な洪水がすべての村と園圃農業式の耕地を破壊してしまうからである。

園圃農業から集約化農業への移行は、短期間の飛躍によるものではなく、徐々に進行したと考えられる。集約化農業は灌漑技術の完成、畜力を利用した耕作の広がり、さらに金属工具の使用を標識とする。このうちもっとも重要なのは灌漑技術の完成である。そして灌漑技術の完成にもっとも有利な条件があるのは平原地区である。成都平原以外の岷江上流、青衣江などの流域には、新石器時代中期の伝統的な園圃農業地区があり、集約化農業に発展するには多くの制約があった。しかし、農業技術の発展および集約化農業がもたらす経済的な恩恵への誘惑があるため、平原周囲の居住民は洪水による家屋や耕地への被害という危険を冒しながらも、平原の周辺部に進出し、農業を主体とする経済様式を試み始めた。考古資料から見ると、平原周囲の遊耕農業部落は、紀元前三〇〇〇年前後に相次いで平原周辺部に進出し、新しい生産様式を試しはじめたことが分かる。考古学からみれば、これが成都平原における宝墩文化(1)の始まりである。

紀元前二八〇〇年前後の宝墩時代から紀元前三世紀にかけての二七〇〇年間に及ぶ長い年月の間、成都平原の住民を一番悩ませていたのは岷江の洪水である。昔から、岷江の夏季の洪水は成都平原に沖積地をもたらし、集約化農業にもっとも有利な条件を提供してきたが、同時にこの季節的な洪水は平原での定住生活に大きな災害をもたらしてきた。したがって、岷江の洪水を治めることが成都平原の集約化農業の前提になる。

中原の先秦時代の典籍においては、洪水と洪水を治めることに関する伝説が少なくない。『国語』巻三周語下では、古くからの治水の経験が総括され、また遠古の伝説上の人物についてまとめている。そこでは以下のように論じている。昔、共工氏は洪水を治めたとき、ただ「百川を防ぐ」ことしか考えず、情勢に応じて有利に導くということを知らなかったので、失敗して「天下に害をした」。有虞氏の時、鯀が洪水を治めるとき同じく共工の方法を使ったので、また失敗に終ってしまった。その後、禹が治水をする時、前の失敗の教訓があったので、共工の子孫たちの協力のもとで、情勢に応じて有利に導くというような治水の策略を取り、洪水を海に流れさせ、人々を「九隩に住まわせた(2)」。

宝墩時代の前期、人々は平原に自然に形成された台地上に村を作り、遊耕生活から徐々に定住するようになっていった。宝墩時代の後期になると、彼らは土を積み上げ所謂「城壁」の建設を始め、平原にいわゆる「史前城壁群(3)」を数多く残した。その中の、最も大きい宝墩古城は凡そ六六万平方メートルもあり、最も小さい芒城は約一万平方メートルである。

成都平原の古城遺跡が選んだ土地は、ほとんどが周囲の土地よりも高くなっている自然の台地である。台地の縁を城壁の外縁として、土をたたき締める方法で城壁を造っている。このいわゆる城壁の高さは限られたもので、普通は一〜

二・五メートルで、城門がない。このような遺跡や特徴的な「城壁」のあり方から、城壁については認識を改める必要がある。華北平原における高い版築による城壁は明らかに戦争を目的にして作ったものであるが、宝墩遺跡における城壁はもともと高さがなく、しかも水平に版築で完成させたのではなく、斜めに土をたたき締めることで構築しており、城壁の内外に大きな傾斜がある。このような構築方法では、北方華北平原のような高い城壁を造り上げることはとても難しい。

それでは、このような城壁は一体何のために作られたのであろうか。もし北方華北平原のように戦争の防衛施設とするならば、当時の平原における最も主要な敵は平原の住民であったのだろうか。それとも、西南に南下してくる遊牧民族なのだろうか。紀元前二八〇〇年前後、成都平原の宝墩文化はまだ文明社会に入っておらず、生産力が依然として低い段階にとどまっていた。村落の経済様式はほとんど自給自足であり、奪うに値する財産はあまりなかった。しかも成都平原は見渡す限りの平原で、歴史上の記載によると、平原で大規模な戦争防衛施設を作ったことは一度もなかった。かなり後の三国時代においても、魏国の鄧艾が軍隊を率いて陰平を隠れて渡り、成都平原西北の綿陽・江油から成都平原に侵入したため、平原にある蜀国は投降せざるを得なかった。従って、当時の平原住民を最も脅かしたのは洪水だと考えるべきである。いわゆる「城壁」は洪水を防ぐための囲壁であろう。

宝墩遺跡は最も早い時期に成都平原に入った人々の防水の経験を最もよく映し出している。紀元前三〇〇〇年前後、それ以前には成都平原周囲で活動していた部落・村落は、次々と成都平原周辺部に進出していった。彼らは年に一回の岷江の洪水による氾濫を防ぐために、比較的高い台地を選び、洪水を防ぐ堤防型式で、居住活動区を囲む垣を造っていった。このようにして、いわゆる史前城壁群が川西平原に現われたのである。この時期になると、農業生産は既に一定の高いレベルに発展しており、集約化農業の一部の要素は徐々に掌握されていった。定住する場所が決まったことにより、伝統的な遊耕生活は既に当時の社会経済の発展に相応しくなくなっていった。洪水に対しては、人々は当初消極的な防御方法を採っていた。定住する場所を選択するときには、まず比較的高い台地を考え、そして夏季の季節的な水害を防ぐために、台地の周りに土垣を造り上げた。この方法は、中原の史書に記録されている「壅防」と一致している。以上が成都平原における「古代城跡群」の出現に到る、客観的な背景である。

宝墩文化から三星堆文化、十二橋文化までの二千年あまりの歴史過程において、つまり紀元前二八〇〇年から紀元前八世紀前後の成都平原の遺跡では、洪水の被害を受けた後の再生文化層と洪水の沈殿層が発掘によってしばしば検出される。宝墩古城、三星堆古城の城壁には、洪水による沖積を受けた痕跡は明確である。従って、紀元前二八〇〇年頃を出発点として、成都平原の住民たちは単純な防水から治水までの過程を経過していったのであり、またこの間に村が堤防を造り洪水の災害を防ぐことから、岷江の支流の浚泄と堰を造ることへの過程を経ていった、と信じるに足る十分な理由となる。この過程はまた成都平原に文明国家が形成されていった過程でもある。

成都平原におけるいわゆる「古代城跡群」の出現は、およそ紀元前二八〇〇年前後、成都平原の周囲の遊耕農業部落が徐々に成都平原に進出し、定住したことを表わしている。これは平原周囲の丘陵地区における新石器の集落の衰退をもたらした。平原に進出した部落は遊耕農業的な、焼畑農耕による生産様式から、定住農業による生産を始め、その後次第に肥料を施し、除草などの技術を身につけ、単位面積の農作物の生産量を飛躍的に上昇させていった。

二、三星堆―金沙文化――平原都市国家の誕生と発展

古蜀国に関する歴史文献（例えば、『蜀王本紀』、『華陽国志』）などはほとんど漢代および漢代以後に成立したものであり、その関連記載の信頼度は低い。したがって、現在では文献に記録されている古蜀の人物と事件に対して、正しく判断して叙述することはとても難しい。

中原の戦国時代の文献のなかに、注目すべきものとして『山海経』海内経の記載がある。

> 西南、黒水の間に、都広の野有り。后稷、焉《ここ》に葬る。〔郭璞注…其の城は方三百里、蓋し天下の中にして、素女の出ずる所なり〕爰《ここ》に膏菽・膏稲・膏黍・膏稷有り、百穀自ら生じ、冬夏に播琴す。鸞鳥自ら歌い、鳳鳥自ら儛う。霊寿実華し、草木の聚る所なり。爰に百獣有り、相群れて爰に処る。此の草や、冬夏に死なず。

このなかで、都広の野が中原の農業神——后稷を埋葬したところである、と言っている。それは天地の中心であり、豊かな農産物があり、また農産物が皆な自生している。さらに数多くの獣も住み、植物は一年中青々としている。もしこの記載のなかに真実があるとするならば、それはある特定の歴史時期において、一部の人々が次のように考えていたということである。

「成都平原は農業神が埋められた地であり、また理想的な農耕の場所でもあり、土地が肥沃なために、農産物と果実を栽培する理想的な所でもある。この場所にはまた数多くの動物もいる」

后稷が本当に成都平原に埋葬されているかどうかは考証できない伝説であるが、実際には新石器時代から成都平原は陝西・甘粛地域との間に密接なつながりを持っていた。岷江上流の新石器時代の考古学文化には、多かれ少なかれ白龍江流域の新石器文化の影響[4]を見出すことができる。さらに、商代および周の初め頃には、陝西・甘粛地域の青銅文化と古蜀文明の間に密接な文化交流が存在していた[5]。したがって、(成都平原)都広の野における発達した農耕文明は、周辺地域に強い影響を与えたことが推測できる。その結果、一部の中原人は后稷(農業の神様)がそこに埋葬され、天下の中心だと思うようになったのである。

蒙文通氏は中国農業史の研究成果を引用し、次のように考えている。

「中国農業は古代において、三つの地域から独立して発展してきた。この三つの地域は、一つは関中、一つは黄河中流、もう一つは長江流域の蜀である。農業は人々に〝自我を中心とする〟思想も生じさせた。そこで、この三つの独立発展した農業区は、三つの〝天下の中心〟を生み出した。崇高を中岳とするのは、秦代と漢代の一般的な考えである。『爾雅』、『淮南子』においては泰山が中心であるという見方がある。同時に、『山海経』大荒経においては都広を天下の中心としている。『山海経』の中の大荒経がもっとも神秘的で、最も古い本であるに違いないが、蜀人の書だと考えられている(6)」。

一九八六年、四川の広漢三星堆で二つの祭祀坑が発見されたことは、世界を驚かせた(7)。中原文化とは異なった大量の青銅器、玉器及び黄金製品の出土は、紀元前一三―一〇世紀前後の成都平原にはすでに強大な都市文明国家が出現していたことを証明した。多くの歴史学者は、歴史文献『華陽国志』の記載と結びつけて、三星堆が文献に記載されている「魚鳧」ないしは「杜宇」のいずれかが残した都邑であると推測した(8)。また、四川では殷商時代にすでに強大な古蜀王朝が存在しており、しかもこの王朝は当時の中原の殷商王朝と東亜大陸を奪うほどの力を持っていた(9)、と考えていた人もいた。以上の見解は、後世の統一国家という観念をもとに推測したことにすぎない。実際に殷商時代の蜀が多くの学者が想像したような強大な大国であったとは考えられない。数世紀後の戦国時代、秦が巴と蜀を滅ぼしたとき、秦人は当時の蜀については、以下のように理解していた。

「蜀とは、西の辺鄙なところにある国で、少数民族国家のなかで一番大きい国である」

秦人は戦国時代の蜀を西方の少数民族国家のなかでは比較的大きな首領国家だと考えており、後世想像されたような統一した領域国家とは考えてはいなかった。

これまでのところ成都平原で発見された考古文化の遺跡や遺物から見る限り、紀元前一五世紀～紀元前八世紀の段階では、古蜀国に統一国家としての基礎はまだ備わっていなかった。成都平原の良好な農耕条件は、人口の集中した大都市が川西平原に現われるための自然環境的な基礎をもたらしたが、川西平原の集約化農業は依然として岷江の季節的な脅威を受けていた。成都平原で発見された商周時代の遺跡群を細かく分析してみると、以下のようなことがわかる。

成都平原における北西から東南までの遺跡には次のようなものがある。すなわち撫琴小区遺跡[10]、十二橋遺跡[11]、四川省農幹院（農業幹部が住む団地、訳者注補）[12]、青羊宮遺跡[13]、方池街遺跡[14]、人民西路小学遺跡[15]、君平街遺跡[16]、指揮街遺跡[17]、岷山飯店遺跡[18]などであり、筆者はその中の一部の遺跡の発掘作業に参加し、全ての調査と発掘の現場を見学した。これらの遺跡では、地山層はほとんどが砂礫層で、殷から西周時代の文化層は青黄色の砂礫層、そして春秋時代文化層は黄赤砂層あるいは黄青砂層である。これらの状況は、次のように説明される。

殷商時代の川西成都平原と現在の地質・地形を比べると、大きな差異がある。考古学的な考え方に基づけば、漢代は成都平原文化層の堆積が最も豊かな時代で、灰褐土が主になっている。沖積平原における農耕の黄金時代は漢代と考えられる。戦国時代以前において平原における耕地の規模は非常に限られたものであり、多くの地域は依然として水害の影響を受けていた。そのため、殷周時代における現在の成都市区では、青黄沙層が主要な堆積層になっていた。

二〇〇一年二月、成都市区で金沙遺跡が発見された[19]。この発見により、成都平原で三星堆遺跡の衰退後に都市の中心が土器にあったのか、という考古学編年の疑問に回答がもたらされた。

三星堆と金沙遺跡の発見で、我々は次のことが確認できた。紀元前一五世紀〜八世紀に平原上の農耕部落は農業技術において大きな発展を遂げ、農耕聚落の住民は小規模な灌漑施設を造りはじめ、集約化農業の規模を徐々に拡げていった。集約化農業の形成とともに手作業、商業は大きく発展し、都市が形成されていった。成都平原の部落と集落は集まって、共同の首領を選び出しはじめた。「蜀王」はこの時現われたかもしれない。成都平原では専業的な神職が現れ、農業や手工業では分業が始まり、大規模な共同労働も出現した。その反面、灌漑と治水では依然として消極的な防御様式を取っていた。つまり、台地に堤防を造り洪水を防ぎ、平原では高床式の建物を作って季節的な洪水の氾濫を防いだ[20]。ただし小規模な洪水を浚泄する経験を持っていた可能性もある。しかし、これはみな都市文明形成の初期のことであり、「蜀」の王権あるいは神権はまだ発展途上の段階に止まっていた。また中原文明および長江中・下流の文明も、成都平原に直接的、あるいは間接的に大きな強い影響を与えていた。青銅器や地域色の強い独特な玉器・金器を製造する手工業は、成都平原の都市文明のシンボルになった。平原においては、都市化国家が徐々に強大化していった。

中原の歴史文献の記載では、周武王が殷を伐った戦いのなかで、牧野で誓いをおこなっている。『尚書』には、このとき参加した指導者の中に蜀人がいたという記載がある。これがいわゆる「牧誓八国」のことである。この記載には、我々が考えるべき二つの問題がある。その一つは、牧誓篇の中の「蜀」という名称は国家名なのか、部族名なのか、といった問題である。いま一つは、牧誓篇の中の「蜀」と後の戦国時代における「蜀」国とはいったいどういう関係を持っているのか、である。

古代の蜀の歴史を研究する学者の多くは、商代の甲骨文の資料から商と古蜀国の関係を説明している。字形上から見ると、商代の甲骨文にある蜀字と西周の甲骨文の蜀字には形式上の違いがある。そのため固有名詞として、周原卜骨の蜀と同一の概念なのかは検討すべき問題である。従って、商代の甲骨文の資料で蜀と商の関係を論じ、商代甲骨文における蜀が戦国時代の四川の蜀であると確定するには、証拠不足の感は否めない。また多くの学者は、四川の成都平原において商文化の特徴をもつ青銅器が発見されたことから、商代の四川が中原と深い関係を持っていたのは確実だと断定している。実際には、商代の甲骨文にある「蜀」という字は、後の「蜀」と字形が異なっているだけではない。「蜀」の字は甲骨文第一期にしか見られなく、後の第四期には確認できない。したがって、殷墟の甲骨文に記載されている「蜀」が、後の文献にある「蜀」とは同じ概念ではない、と疑うのには十分な根拠がある。

『尚書』牧誓篇において「蜀」については次のように記録されている。

(王) 曰く、「逖《とお》し、西土の人」と。王曰く、「嗟《ああ》、我が友邦の冢君、御事・司徒・司馬・司空・亜旅・師氏・千夫の長・百夫の長及び庸・蜀・羌・髳・微・盧・彭・濮の人。爾《なんじ》の戈を称《あ》げ、爾の干を比《なら》べ、爾の矛を立てよ。予、其《まさ》に誓わんとす」と。

ここに取り上げている庸、蜀と羌は八つの国ではないようである。なぜならば、前半部で「我々の友邦の……、および庸、蜀などの人々」と言っているからである。ここでの「八国」は、ある地域の民族あるいは部族を広く指すと理解したほうが適切である。

青銅時代において、川西平原にいる部落国家が数千里も離れたところに行き中原の戦争に参加する、ということはかなり疑わしい。

さらに中原地区における西周と蜀の関係に関する記録を見てみたい。『竹書紀年』では、「夷王二年、蜀人・呂人来りて、瓊玉を献ず」と記されている。周原甲骨にも「克蜀」という記載がある。『逸周書』世俘解には、「庚子、……新荒、蜀を代。乙巳、新荒蜀磨至り、告禽す」とある。これらの記載はいずれも西周初期、周人と蜀とがある程度の交流を持ち、その間で戦争もおこった、ということを裏付けている。ではこの「蜀」は一体どこに位置しているのか。これもまた探求すべき問題である。ここで説明が必要であるが、殷末周初の「蜀」の字形は商代の武丁時代のものとは異なっており、後の春秋戦国時代の「蜀」の字は西周時代の字形に沿ったものである。

『逸周書』の記載から見ると、庚子から乙巳まで、わずか五日間しかない。もしこの記載が正確であれば、五日間で周原から川西平原まで往復することは不可能である。蒙文通先生もこの問題点に気付き、「蜀は梁州に位置しており、梁州以外に別の蜀もある」と考えている(21)。

ここで検討すべきは商代から西周初期において、「蜀」とは方国の名称なのか、それともある地域あるいはある地域の民族集団の名称なのか、ということである。歴史文献において、ある地域民族集団の名称が国家名に転じる場合は非常に多い。従って「蜀」という名称が本来はある地域の民族集団の呼称で、ある国家のみを指していたのではない、と考えることには十分な根拠がある。春秋戦国時代になって、ようやくこの名称は成都平原のある国の呼称に転じたのである。

中国における七〇～八〇年代の考古資料の発見が、多くの学者に新しい認識をもたらした。一九七四年から一九八一年にかけて、渭水上流の宝鶏の紙坊頭、竹園溝、茹家庄で発見された西周漁氏一族の墓地では、墓葬二七基、車馬坑二基、馬坑四基が発見されており、二五七五件の青銅器、玉器が出土した。このうち、兵器には蜀式の青銅戈と柳葉形剣があり、陶器には大量の尖底器があった[22]。これらはいずれも四川における商周時代の遺跡で発見された器と類似している。この墓地の考古学文化の内容は、まさに西周文化、蜀文化および中国西北の寺洼安国類型の文化複合体であった。

この他、漢中地域における陝南漢中城固銅器群の発見は、学者たちに陝南の青銅文化と四川成都平原の青銅文化に部分的な共通性があるとの認識をもたらした。これから、陝南が早期蜀文化の発祥地であり、殷墟卜辞の「蜀」は陝南に位置しており、成都平原の蜀は陝南から移っていった、という論点が提起されることになった[23]。また別の学者は、陝南は商文化と蜀文化が交差し共存する外縁地域であり、卜辞中の蜀は陝南地域を指す、という説を唱えた[24]。

西周初期において、蜀は一つの国であったのか、あるいは一つの部落集団であったのか。また考古学文化が表現する文化の様相は部落集団のもつ文化の様相と一致するのか。またそれは地域の政治体制が一体化したことの基準とすることができるのであろうか。もし『逸周書』の蜀を伐ったという記載を真実だと認めるならば、確かに陝南から周原までは五日間ぐらいの行程である。ではそこに記載されている「蜀」は結局のところ政治国家を指しているのか、それともある民族文化集団の一部なのであろうか。

禹貢篇の梁州の区分に関する部分は、関中と四川が戦国以前にすでに文化的な関係を持っていたことを明確に物語っている。白龍江・嘉陵江と岷江は早く殷商時代には中原と四川を一つに結びつけており、そこでは陝南は重要な交流のかなめであった。従って川西平原の文化は陝南を通して中原の殷商文化との交流を実現した。そうであれば、川西平原の三星堆文化における中原の特徴を持つ器物の由来を理解することは難しくない。

以上のことから次のような認識が得られる。商周時代には、成都平原でも、陝南地域でも、または白龍江流域や嘉陵江流域でも、共通の文化要素を持つ部落集団がそれぞれの地域で文明都市国家を建設していたのであり、彼らは中原の人々からみな「蜀」人と見なされていた。これらの都市国家の間の関係は、独立あるいは連合といった形式があったかもしれないが、後世に想像されたような統一した領域国家の概念でとらえられるものではなかった。

三、巴文化——平原縁辺国家の勃興

戦国から漢代の文献から見ると、巴は蜀の名称と同じく、川東（四川東部）に位置する重慶の丘陵地域を指していた。これは地域概念であると同時に部族概念でもあった。紀元前三一六年に、秦国が出兵して四川を征服した後、巴郡と蜀郡を設置した。巴と蜀は完全に地理概念になったのである。

巴人の起源については、戦国時代に多くの伝説がある。比較的早い文献『山海経』海内経には、「西南に巴国有り、太皞、咸鳥を生み、咸鳥、乗釐を生み、乗釐、後照を生む。後照は是れ始めて巴人と為る」と記載されている。

この一節は、戦国時代、巴人が定住するところは中原の西南部であり、それは川東の重慶地域だと語られていたことを説明している。また戦国時代の人々は、巴と中原とは血縁関係を持っている、という概念を持っていたことを示している。

『華陽国志』巴志には次のような記載がある。

『洛書』に曰く、「人皇始めて出で、地皇の後を継ぐ。兄弟九人、分ちて九州を理め、九囿と為す。人皇、中州に居りて八輔を制す」と。華陽の壌、梁岷の域は、是れ其の一囿にして、囿中の国は則ち巴・蜀なり。其れ野を輿鬼・東井に分かつ。其の君、上世未だ聞せず。五帝以来、黄帝・高陽の支庶、世〻伯と為る。

以上の記載は、明らかに戦国時代の統一思想の結果である。

『太平寰宇記』に引く『世本』には以下のような記載がある。

「廩君は何時の時代のひとであるのか」

『後漢書』南蛮西南夷列伝には『世本』からの次のような引用がある。


巴郡・南郡の蛮、本と五姓有り。巴氏・樊氏・瞫氏・相氏・鄭氏なり。皆な武落鍾離山より出ず。其の山、赤黒二穴有り。巴氏の子、赤穴に生まれ、四姓の子皆な黒穴に生まる。未だ君長有らずして、倶に鬼神に事う。乃ち共に剣を石穴に擲ちて、約すらく、能く中つる者を、奉じて以て君と為さん、と。巴氏の子務相乃ち独り之に中つるのみ。衆、皆な歎ず。又た各〻をして土船に乗らしめて、約すらく、能く浮く者を、当に以て君と為すべし、と。余姓悉く沈み、唯だ務相、独り浮くのみ。因りて共に之を立て、是れ廩君と為す。乃ち土船に乗りて、夷水より塩陽に至る。塩水に神女有りて廩君に謂いて曰く「此の地広大にして、魚塩の出づる所なり。願わくは留まりて共に居らん」と。廩君、許さず。塩神、暮に輒ち来りて宿を取り、旦に即ち化して蟲と為り、諸蟲と群れ飛して、日光を掩蔽せば、天地晦冥たり。積むこと十余日、廩君、其の便を思して、因りて之を射殺し、天乃ち開明たり。廩君、是に於て夷城に君たり、四姓、皆な之に臣たり。廩君死し、魂魄は世〻白虎と為る。巴氏、虎の人血を飲むを以て、遂に人を以て焉を祠る。


童恩正先生はこの記載が巴人の早期歴史を研究するための重要資料だと考えた。それは、この一節が巴人の発祥地とその風俗習慣、また原始社会後期、氏族貴族が酋長の地位を争い、また外へ移動する経路を明らかにしている、と考えたからである。童先生の時代ごとの記述から見ると、先生はこの記載が商代の史実ではないかと考えていたようである。(25)

『通典』と『太平寰宇記』には『後漢書』に引用された『世本』と類似した引用がある。

「君はそこで夷城の君となり、ほかの四人はみな彼の臣となった。巴梁の間の巴人がみなその部下である。戦国時代、秦恵王は巴中を合併し、巴氏を蛮夷の首領にした」

以上のような記載は、確かに川東重慶地区の巴文化の発祥に関する重要な資料である可能性がある。これらは以下の問題を明らかにしてきた。一、廩君は武落鐘離山から五姓の人が塩水に移住して国を建てた。二、五姓の間に婚姻関係があるかどうかについては、記されていない。しかし、五姓の人がみな塩水に定住したのは、地域が広く、魚と塩がとれるからである。三、春秋戦国時代に中原が巴梁州の間の人をみな巴と呼んでいたのは、彼等に共通の文化、宗教と言語があるからで、小さな種族の概念ではない。四、廩君が夷城で覇をとなえたのは、戦国時代からさほど遡るものではなく、巴地区という呼称は廩君が巴梁の間で覇をとなえた後にできたものであろう。

現在の考古の発見から見ると、史前時代に川東地区の新石器文化が十分に発達できたのは、丘陵地帯が理想的な遊耕地域であったことによる可能性が高い。夏商時代は中原および江漢平原、成都平原の青銅文化が全盛期に達していた時期にあたるが、川東ではまだ古代の銅鉱を発見していないものの、遺跡から銅のスラグが見つかっている。これは、当時の川東地域が平原の都市文明の手工業で使われる資源の産地となったことを表しているのかもしれない。西周、春秋戦国時代は川東の巴文化が急速に発展した時期であり、この時期の遺跡と墓葬の発見は非常に多く、文化層の堆積も豊かである。遺跡の規模も非常に大きく、外向型の貿易経済の要素も目立つのである。(26) 文献の記載とあわせて考えると、この時期、数多くの移民が平原地域から川東に入り、資源経済と貿易経済を基礎として、地域文明国家が出現し、発展した。したがって、川東地域の巴文化は、平原の集約化都市文明がある程度発展した段階に達したのち勃興を始めた地域文明国家と考えられる。

これから地域経済学の角度から川東地域を見てみよう。『華陽国志』巴志には次のような記載がある。

其の地、東は魚復に至り、西は僰道に至り、北は漢中に接し、南は黔・涪を極む。土は五穀を植え、牲は六畜を倶う。桑、蚕、麻、紵、魚、塩、銅、鉄、丹、漆、茶、密、霊亀、巨犀、山雞、白雉、黄潤、鮮粉あり。皆な之を納貢す。其の果実の珍しき者、樹に茘芰有り、蔓に辛蒟有り、園に芳蒻・香茗・給客橙有り。其の薬物の異なる者、巴戟天・椒有り。竹木の璝なる者、桃支・霊寿有り。其の名山に塗・籍・霊台・石書・刊山有り。

つまり、巴の区域は、東は奉節、すなわち川東と湖北の境界まで、西は川南宜賓地域まで、北は川北から漢中地域まで、南は貴州までになる。これらの地域は川西の成都平原を取り囲む丘陵地域と川東・川南（四川南部）・川北（四川北部）の丘陵地帯である。ここで産出する桑、蚕、麻、紵、魚、塩、銅、鉄、丹、漆、茶、蜜、霊亀、巨犀、山雞、白雉、黄潤、鮮粉などは、いずれも工芸作物や手工業製品である。川西平原の都市文化と江漢平原の都市文化がある程度に発展したことで、工芸作物と手工業製品の需要が産まれる。したがって、「巴」地域は経済地理学から見ると、川西平原と江漢平原という農耕の中心の附属経済区にあたる。

川東と川北地域では、漢代や魏晋時代でも手工業品としての塩、茶、銅、漆などが主な産品としていた。このうち、塩業は最も柱となる存在であった。発見された考古資料から見ると、塩業は戦国時代にすでに主要な経済産業になっていたことがわかる（忠県㽏井溝遺跡を参照）。平原周辺地域の経済は、地理環境により、都市商業の基礎の上に構築されなければならないので、この地域の国家や部落は平原の都市文明への一定の依存性を持っていると推測できる。『華陽国志』蜀志には、「後、王杜宇がいて、民に農業を教え、……巴国もその教化に感化されて農業に努力した」と記録されている。この記載は、農耕文明が地域ごとに前後関係をもっていたことを説明している。つまり平原の農耕文明が先に現われ、その後平原周辺の丘陵地域に広がっていったのである。しかし、丘陵地域は農業について有利な条件ではなく、その主な資源は手工業と工芸作物にある。従って農耕文明がある程度に発展した後、平原農業と丘陵経済が一体化するのは必然であった。川西の蜀と川東の巴は経済上の一体性を持つことから、後には巴蜀地区という名称が現れたのである。

川東丘陵地区では限られた平壩以外の大多数の山間部では、平壩のような灌漑の条件が整っていないことから焼き畑農耕がおこなわれてきた。清嘉慶本『恩施県志』では『黔中記』を引用し、「施州は、山崗と砂石ばかりで、路が通じないので、牛で畑を耕すこともできず、ただ木を切り、草木を焼き、五穀を植えるのみである」との記載がある。清の初期、土家族地区で土官を改めて一般の州県道府を建てた後、辺鄙な山間部は依然として焼き畑の習慣を保っていたため、政府が堆肥を蓄えて地力を増加するようにという告示を出したことさえある。したがって、巴は農業を発展させるのには理想的な地区ではなく、平原縁辺の手工業資源地域なのである。

巴地の主な特産が塩である。巴人が早期の生活していた清江の上流は「魚と塩を産出する」と言われるところで、廩君が王と称する伝説の中の「塩陽」・「塩水」なども、全てが塩と関係する。『華陽国志』巴志には、

臨江県（現在の忠県の東）　枳の東四百里。朐忍に接す。監・塗二溪に在り。一郡の仰ぐ所。其の豪門も亦た家ごとに塩井有り。

と記されている。また、川東には漢発県（現在の彭水県）と南充国県（現在の南部県）にも塩が産出する。『水経注』江水条には、塩井県すなわち現在の雲陽県あたりで塩を産出するとの記載がある。また湯谿水は

南流して之（其）の県を歴。塩井を翼帯すること一百所、巴川、資するに自給を以てし、粒の大なる者方寸、中央隆起し、形、張傘の如し。

とも記録している。また、巫渓に産出した塩は、水路を通して、長江の沿岸の各地まで運ばれていたとも記載している。これらの記載は現在の三峡長江地域の考古調査の結果によっても証明されている。

巴地のいま一つの重要な手工業は丹砂と水銀である。『史記』貨殖列伝には次のような記載がある。

（秦の時）而して巴蜀の寡婦清は、其の先、丹穴を得て其の利を擅すること数世、家亦た訾られず。……秦の皇帝以為えらく、貞婦なり、と。之を客とし、為めに女懐清台を築く。

まさに『大清一統志』巻四一七に記されているように、「丹興……劉璋置く。……山、名丹を出す」と書かれた通りである。丹砂を取って精錬するのは川東一帯の一貫した伝統産業であった。明清以来、精錬された丹と水銀は多くが川

東より水路あるいは陸路で湖南の辰州に運ばれ、全国的に有名な「辰砂」となった。秦漢時代には仙道教が流行し、川東における丹砂と水銀の採堀は空前の規模に達した。秦漢以前については、現在の資料による限り丹砂と水銀の採堀を証明できていない。しかし漢代の記載によると、その採堀は戦国時代以前にすでに一定の規模に達していたことが推測できる。

春秋戦国時代の巴国は、川東地域（すなわち秦漢時代の巴郡）において強大な政治的支配を行うことができなかった。『華陽国志』巴志では、「巴子の時、江州に都すると雖も、或いは墊江に治し、或いは平都で治す。後、閬中に治す。其の先王の陵墓、多くは枳に有り。」と記載している。ここから分かるように、戦国時代の「巴」という小国の政治文化の中心は不安定なものであった。川東の丘陵地域は交通や文化の交流には一定の制限をうけざるを得なかった。この地域の東側には江漢平原を占領する大国楚があり、西北側には春秋時代に盛んになった関中八百里の秦川を占領していた秦国があり、西側には川西平原を占領する蜀国もある。したがって、この地域は春秋戦国時代にはそれぞれの国が争奪をもくろむ焦点となっていたのである。丘陵地域の険しい地勢と豊富な工芸作物製品と手工業製品、および長江をたよりにする商業貿易がこの地域国家を支えていた。

川東の考古発見から見ると、最も重要な遺跡は一九七二年に重慶涪陵の小田渓で発見された戦国土坑墓である。この三つの土坑竪穴墓は一般的に巴の上流貴族あるいは王室の人の墓葬だと考えられている[27]。二〇〇二年初めごろ、小田渓では再び数基の大型墓葬が発見された。そこでは大量の青銅器と玉器が出土し、なかでも金メッキの双剣鞘が特に注目されている。これらの墓葬はほとんどが戦国時代のものである。これまで川東地域では、紀元前一〇世紀を遡る大型青銅文明の遺跡や墓葬はまだ発見されていない。

平原の都市文明は、ある程度発展した後には、各種の工芸作物経済と手工業経済によって補われなければならない。したがって、川西平原の都市文明の発展はもともと平原周囲の丘陵地域の経済と密接なつながりを持っていたのである。

川西平原の農耕地域と川東重慶の丘陵地域は、実際には経済的な共同体であった。そのため戦国時代以後の人々は、この経済的な共同体の住民を巴蜀の民と総称したのである。

秦漢時代の歴史文献の記載によれば、四川地域の人口のほとんどは成都平原に集中していた。漢代の長安は八万八百世帯で、人口は二十四万六千人であった。成都は七万六千二百世帯であった。人口密度から見れば、漢代の四川の住民は、事実上成都平原と臨邛、南安という小さな三角地帯に集中しており、この地域は巴蜀の人口の三分の一を占めていた。これは都市文明が長年発展してきた結果かもしれない。川東の地域国家の成立は、成都平原と江漢平原の集約化文明がかなり高度に発展し、地域資源が平原都市の経済にとって欠かすことのできない経済上の支えになった後に現われたのである。では川東地域ではいったいいつごろ文明国家が建設されたのであろうか。前述のように、地域資源、商業貿易資源の地域で文明国家が発展したのは成都平原や江漢平原より遅く、おおよそ紀元前一〇世紀前後と考えられる。

春秋戦国時代に川東の丘陵地域にあった巴国は、川西平原と江漢平原の間に位置し、丘陵地域の工芸作物製品、漁業・狩業や長江の運行によって盛んになった地域国家である。川西と江漢平原の間に位置し、商業や塩業資源で優位に立ち、経済的には周囲の平原大都市文明国家の重要な経済資源地域になった。このような地域的な優位性を持っていたために、平原の政治勢力による争奪点になることは避けられなかった。そのため、この時期には川西平原の蜀と江漢平原の楚による巴との連盟や巴の争奪に関する記載が多いのである。

結び

蜀国と巴国は紀元前七—三世紀頃に一度成都平原や川東重慶地区の雄となり、当時の秦国と楚国を脅かす存在となった。『春秋左氏伝』紀元前四七七年（周敬王四三年）には、春、「巴人、楚を伐ちて鄾を囲む。……三月、楚……巴の師を鄾に敗る」との記録がある。また『史記』楚世家には、「粛王四年、蜀、楚を伐ち、茲方を取る。是に於て、楚、扞関を為り、以て之を距ぐ」との記載もある。『華陽国志』には、「開明位し、号して叢帝と曰う。叢帝、盧帝を生む。盧帝、秦を攻め、雍に至る。保子帝を生む。帝、青衣を攻め、獠・僰に雄張たり」と記されている。

しかし、春秋戦国時代になると、黄河流域、江漢平原はまさに政治、経済、文化の発展の黄金時代に入った。この時代、各地域の発展の基盤と方向性はそれぞれ違っていた。斉魯地域は西周の伝統文化を受け継ぎ、礼楽、経学、詩書、六芸という文化を主にし、楚は宗教文化を主にし、理性と融合した後、道家の思想を生み出し、三晋地域は理性智慧に専念した結果、法家、兵家、農家、縦横家の思想が生まれた。この三つの思想は黄河流域、江漢平原で互いに融合し、相互に影響を与えあった。そして秦は、上記の三地の思想を吸収した後、最後に三晋文化――理性智慧の思想を主体文化とし、後に六国を統一することになる文化の基礎を作り上げた。

戦国時代後期、蜀と巴の地域は農耕経済及び文化において、中原各国との間にすでに大きな差異があった。『華陽国志』には、秦が蜀をやぶった後、「蜀侯惲が死んだ後、彼を祭った。その魂が霊を持ち、雲を起し、雨を降らせるので、洪水と旱魃のときには祈る。」という記載がある。この記載は、秦が蜀を滅ぼす以前に開明氏が建立した蜀という国家は治水の歴史を持ち、洪水を排水するための建設技術も備えてはいたが、中原六国と比べ灌漑や運送用の人工河川および大規模な引水のための灌漑設備のシステムが未完成であったため、平原農業はまだ「水旱の時祈る」という状況だった、ということを表している。漢代の記載によると、蜀地では神仙物語や神仙思想が非常に流行していた。金沙から出土した大量の象の牙、卜甲、玉器から見ると、蜀文化では卜占、鬼神の祭、そして巫仙などの文化がかなり流行っていたと考えられる。また平原の中心だった蜀国と周辺の資源の産地との間の衝突が激しくなっており、そのため『華陽国志』には「巴、蜀と仇たり」という記載もある。

中原の文献記録から見ると、戦国時代後期の蜀と巴は、政治や軍事面ではすでに中原国家に及ばなかった。そして巴蜀地区の内乱は秦軍の侵略を招くことになった。秦人は中原地区の進んだ水利灌漑と運送の経験をもたらした。蜀守李氷は一連の水利工事を進め、成都平原の水利システムを完全なものとし、平原に広い優良な耕地を造り上げた。これ以後成都平原は「水旱、人に従い、飢饉を知らず」となり、「天府之国」という美名を得た。このことは秦による大規模な移民政策のために、環境上の基盤を整備することになった。戦国末期、秦が六国を破った後におこなった巴蜀への移民政策は急速に巴蜀地方の宗教文化を瓦解させることになり、巴蜀文化は秦漢文明に融合されていったのである。

注

(1) 以下の文献を参照されたい。
成都市文物考古工作隊等「四川省成都市新津県宝墩遺跡的調査與発掘」(『考古』一九九七年第一期)
成都市文物考古研究所・四川大学歴史系考古教研室・早稲田大学長江流域文化研究所『宝墩遺跡』(阿普、二〇〇三年三月)

(2) 『史記』巻二夏本紀において同じ記載がある。

(3) いわゆる成都平原の紀元前の古城遺跡とは、成都平原の新津県龍馬郷宝墩村、温江県万春鎮魚鳧村、都江堰市大観郷芒城村、郫県三道堰古城村、崇州市元通鎮双河村および隆興鎮紫竹村において、相前後して発見した六つの古城遺跡とそれらの遺跡の中に発見された数多くの石器と陶器を指す。そのうち、新津宝墩遺跡がもっとも典型的であるため、「宝墩文化」と名づけられた。

(4) 成都市文物考古研究所「四川茂県営盤山遺跡試掘報告」(成都市文物考古研究所編著『二〇〇〇成都考古発見』科学出版社、二〇〇二年九月所収)

(5) 李伯謙『城固銅器群与早期蜀文化』(『考古与文物』一九八三年第二期)

（6）蒙文通『巴蜀史論述』（四川人民出版社、一九八一年八月）
（7）『広漢三星堆遺跡一号祭祀坑発掘簡報』（『文物』一九八七年第一〇期）
（8）『巴蜀歴史・民族・考古・文化』（巴蜀書社、一九九一年四月）
古賀登『四川と長江文明』（東方書店、二〇〇三年六月）
（9）屈小強等『三星堆文化』（四川人民出版社、一九九三年）
（10）「成都市博物館考古隊一九八六年考古発掘簡況」（『成都文物』一九八七年第一期）
（11）四川省文管会、四川省文物考古研究所、成都市博物館「成都十二橋商代建築遺跡第一期発掘簡報」（『文物』一九八七年第一二期）
（12）宕泉「青羊宮古蜀文化遺跡」（『成都文物』一九八一年第一期）
（13）四川省博物館「成都青羊宮遺跡試掘簡報」（『考古』一九五九年第八期）
（14）成都市博物館考古隊「成都市博物館考古隊一九八五年全年考古発掘整理簡報」（『成都文物』一九八六年第一期）
（15）成都市博物館考古隊「成都市博物館一九八八年田野考古工作紀要」（『成都文物』一九八九年第一期）
（16）資料は現在成都市文物考古工作隊に保存されている。
（17）四川大学博物館、成都市博物館「成都指揮街周代遺跡発掘報告」（『南方民族考古』第一巻、一九八七年九月）
（18）成都市博物館考古隊「成都市博物館考古隊一九八五年全年考古発掘整理簡報」（『成都文物』一九八六年第一期）
（19）成都市文物考古研究所編『成都考古発見二〇〇二』（科学出版社、二〇〇四年六月）
（20）四川省文物管理委員会、四川省文物考古研究所、成都市博物館「成都十二橋商代建築遺跡第一期発掘簡報」（『文物』一九八七年第一二期）
（21）蒙文通『巴蜀史論述』（四川人民出版社、一九八一年八月）

(22) 盧連成、胡智生『宝鶏魚国墓地』(文物出版社、一九九八年)
(23) 李伯謙「城固銅器群與早期蜀文化」(「考古与文物」一九八三年第二期)
(24) 林向「殷墟卜辞中的「蜀」――三星堆遺跡与殷商的西土」(『巴蜀考古論集』、四川出版集団、四川人民出版社、二〇〇四年。原掲は『殷墟博物苑苑刊』(中国社会科学出版社、一九八九年、及び『四川文物・三星堆遺跡研究集』一九八九年)
(25) 童恩正『古代的巴蜀』(四川人民出版社、一九七九年四月)
(26) 重慶文物局等編『重慶庫区考古報告集・一九九七巻』(科学出版社、二〇〇一年)
(27) 四川省博物館他「四川涪陵小田渓戦国土坑墓整理簡報」(『文物』一九七五年第五期)

蛇神から文昌帝君へ
―蜀地における陥河説話・五丁五婦説話の歴史的展開―

水間　大輔

はじめに

中国では「文昌帝君」とか「梓潼《しとう》帝君」などと呼ばれる神が信仰の対象の一つとして祀られている。学問の神として名高く、特に帝政中国下においては、科挙の受験に御利益《ごりやく》のある神として崇拝されていた。今日においても進学受験の合格祈願に参拝する者が絶えない。文昌帝君を祀る廟（文昌宮・文昌祠）は中国各地に建立されているが、四川省梓潼県七曲山には「大廟」と呼ばれる巨大な廟があり、信仰の中心地となっている。

文昌帝君信仰の歴史を従来の研究に従って概観すると、おおむね以下の通りになる。(1) 文昌帝君信仰は梓潼が発祥の地であり、その起源は遅くとも東晉まで遡ることができる。すなわち、東晉・常璩《きょ》『華陽国志』巻二漢中志梓潼県条に、善板祠という祠があり、その祭神は悪子とも呼ばれている。民は毎年、雷杼《ちょ》（雷を起こす道具）一〇枚を善板祠に対して供える。一年が終わって雷杼がなくなっていると、雷が雷杼を持って行ったと彼らは考えている。

とあるのによると、梓潼には「善板祠」という祠があり、「悪子」と呼ばれる神が祀られていたという。善板祠は大廟の前身と考えられている。悪子は後に「張」という姓がつけられ、「張悪子」と呼ばれるようになった。張悪子の「悪」は後掲の通り、文献によっては「蝁《あく》」や「亜」に作るものもあるが、「蝁子」といえばマムシを指す[2]。しかも、これも後掲するように、張悪子は蛇神であったとする史料があるので、蝁こそが原義であり、悪・亜はその通仮字として用いられているものと解される。それゆえ、『華陽国志』に見える悪子も蛇神として祀られていたと考えられる。

大廟（四川省梓潼県七曲山）

ところが、北宋になると、晋の張悪子あるいは張亜子という人が戦死した後に廟が建てられ、神として祀られたという話に置き換えられた。さらに、北宋中期以降では「梓潼神」とも呼ばれ、北宋末期以降は科挙の受験に御利益のある神として、特に士大夫層の信仰を集めるようになった。こうして科挙受験生に信仰されるようになると、それまでは梓潼の地方神にすぎなかった梓潼神は、中国全土で崇拝されるに至った。そして、元代の延祐三年（一三一六年）に詔勅が出され、梓潼神に対して「輔元開化文昌司禄宏仁帝君」という封号が元朝から授けられることによって、今日と同様「文昌帝君」と呼ばれるようになった。

さて、文昌帝君の事跡を記したものに、『清河内伝』、『文帝化書』などの書がある。これらの書は南宋から元代にかけて成立したものである。これらによると、文昌帝君は上古以来、何度も転生を繰り返し、

文昌帝君鋳鉄像（大廟内）

この世に現れたとされている。すなわち、最初は周の武王のときに、呉の張善勲という人物として生まれ、その後も転生を繰り返し、西周の宣王に仕えた張仲、前漢の高祖の子である趙《ちょう》王如意、北宋末期から南宋にかけて宋朝復興に尽力した張浚《しゅん》など、中国史上著名な人物も文昌帝君の転生者とされている。

なお、先述のように北宋以降、張悪子（張亜子）は蛇ではなく晉の人と考えられるようになったが、『清河内伝』及び『文帝化書』においては、この晉人張悪子も文昌帝君が転生した姿のうちの一つとされている。ただし、文昌帝君が張亜子として転生したときに、天帝から士大夫の禄を司る神としての職務を授けられたため、張亜子については転生者の中でも特別な地位が与えられている。例えば、『明史』巻五〇礼志四には、

梓潼帝君は記録によると、姓は張、名は亜子という。

とあり、文昌帝君自身の姓名が張亜子であるがごとくに記されている。

これらの転生説話の中に「陥河説話」と「五丁《てぃ》五婦説話」がある。説話の具体的な内容については次節以降で紹介するが、いずれも文昌帝君が蛇と化した説話である。注目されるのは、これらとよく似た蛇の説話が宋代よりも前の文献に見えることである。つまり、これらの説話は宋代より前から伝えられてきたものであり、起源はもっと古い時代にあることになる。しかし、同じ陥河説話・五丁五婦説話であっても、宋代より前の説話と文昌帝君の転生説話とでは、明らかに内容が異なっている部分も見られる。そこで、本稿ではこれらの説話を詳細に分析・比較し、それらの相違点がいかなる意味を持つのかについて考察したい。

第一節　陥河説話

文昌帝君の陥河説話を見る前に、宋代より前の文献に見える陥河説話から検討したい。まず、南朝梁・李膺《よう》『益州記』には次のように記されている(3)。

邛《きょう》都県に一人の老婆がいた。老婆の家は貧しく、身寄りもなかった。老婆が食事をとるたびに、頭に角が生えた小さな蛇が寝台の側に現れた。老婆はこの蛇を哀れに思い、食事を与えた。その後、蛇は徐々に大きくなり、とうとう一丈（約二・三メートル）あまりもの長さとなるまでに至った。ところが、あるときこの蛇が県令（県の長官）の駿馬を丸飲みして殺してしまった。県令は大いに怒り、老婆に蛇を引渡すよう迫った。老婆は、蛇は寝台の下にいると答えた。そこで、県令は寝台の下の地面を掘り起こしたが、掘っても掘っても蛇は現れなかった。県令は怒りを蛇から老婆へと転嫁し、老婆を殺してしまった。すると、蛇は人々の意識に直接語りかけ、県令をにらみつけ、「なぜ俺の母上を殺したのだ！母上のために復讐してやる！」と告げた。その後、毎夜、雷と風のような音が聞こえ、それが四〇日あまり続いた。民衆たちはお互いの姿を見ると、「何でお前の頭の上には魚が乗っているんだ？」と驚きあった。四〇日あまり経ったその夜、四〇里四方が城邑とともに、一瞬にして陥没し、湖となった。地元の衆はこの湖のことを陥河と呼んでいる。

この説話は邛都県で起こった出来事とされているが、邛都県とは『後漢書』巻八六西南夷列伝に、

邛都夷は前漢の武帝が初めて勢力を及ぼし、邛都県を設置したところである。その後、間もなく地面が陥没して池ができたので、その池は邛池と名づけられた。南方の人はこれを邛河と呼んでいる。

とあるように、前漢の武帝によって設置された県である。現在の四川省西昌市である。右の記述によると、邛都県が設置されて間もなく、地面の陥没によって池ができたとされているので、おそらく『益州記』の陥河説話も、武帝期に邛

四川省地図

都県で実際に起こった湖の誕生にちなんで作られた説話と考えられる。現在でも西昌市には「邛海」と呼ばれる湖があり、これが『後漢書』でいう「邛池」あるいは「邛河」、『益州記』でいう「陥河」にあたるとされている。

次に、左に掲げる通り『王氏見聞』にも陥河説話が見える。『王氏見聞』の撰者は未詳であるが、その成立年代は五代十国期と見られる[4]。

陥河神の由来は以下の通りである。嶲《すい》州越嶲県に張という姓の老夫婦がいた。彼らには子がなかった。張老人は毎日渓谷へ行き、薪をとって生計を立てていた。ある日、老人は巌穴の中で、刃物で指を傷つけてしまった。血が流れ、その滴が石の穴の中に入った。老人は木の葉でその穴を塞いで帰った。ところが、後日またその場所へ行き、木の葉をどけて見ると、血液が一匹の小さな蛇と化していた。老人は蛇を掌中にとり、もてあそんで過ごした。この蛇はまるで老人を慕っているかのようであった。そこで、老人は竹を伐採して蛇をその中へ入れ、抱いて帰った。老人は家へ戻ると、蛇にさまざまな肉を食べさせた。こうして蛇は老人に懐いていった。蛇は時を経るに従って、だんだん大きくなっていった。一年後のある夜、蛇は鶏や犬を盗んで食べた。二年後には羊や豚を盗んだ。張老人の隣家の者は、飼っていた家畜がいなくなったのを怪訝に思ったが、張夫婦は蛇が盗んだことをいわずに黙っていた。その後、県令が一頭の蜀《しょく》産の馬を失った。その馬の足跡をたどると、張老人の家に入っていた。そこで、県令が張老人に詰寄ったところ、馬は既に蛇の腹の中へ飲み込まれていた。県令は驚き、張老人がこのように危険なものを飼っていたことを責めた。県令は張老人が罪を認めると、張老人を殺そうとした。すると、雷が大いに鳴り響き、わずか一夕にして、県全体が陥没して巨大な池となった。池は広々としていて、際限がないほどであった。生き残ったのはわずかに張夫婦のみであった。その後、この県には人も蛇もいなくなった。それゆえ、この地は陥河県と改名され、また蛇は張悪子と呼ばれた。

この『王氏見聞』の陥河説話は巂州越巂県の出来事として記されているが、巂州越巂県とは唐代のいわゆる州県制下における地名であり、『益州記』と同じく漢代でいえば邛都県、現在でいえば西昌市にほぼ相当する。しかも、『益州記』では湖が陥河と呼ばれているが、『王氏見聞』でも蛇が「陥河神」、湖成立後の県名が「陥河県」と呼ばれている。それゆえ、『益州記』と『王氏見聞』の陥河説話は、いずれも同一の湖の誕生にちなんだものであることが知られる。

しかし、『益州記』と『王氏見聞』の陥河説話を比較すると、明らかに異なる点もある。すなわち、『益州記』では老婆が蛇を育てたとされているのに対し、『王氏見聞』では張という姓の老夫婦が育てている。また、『益州記』では老婆が県令によって殺されているのに対し、『王氏見聞』では張老人が県令によって殺されそうになるものの、蛇が県を水没させてくれたおかげで、妻とともに助かっている。さらに、『王氏見聞』では張老人の血が蛇と化したこと、蛇が県令の馬を食べる前に、近隣の家畜を食い荒らしていたこと、蛇が「陥河神」・「張悪子」と呼ばれたことなどが、新たに加わっている。

中でも注目されるのは、『王氏見聞』では蛇が張悪子と呼ばれていることである。先述の通り、『華陽国志』によると、梓潼では遅くとも東晉以降、悪子と呼ばれる蛇神が祀られていたので、これといかなる関係にあるのかが問題となる。

しかし、梓潼の悪子が陥河説話の蛇そのものであったことは、『華陽国志』の記述からは読みとることができず、陥河説話との関連を窺わせるものも見えない。だいたい、そもそもこの悪子が祀られているのは梓潼であって、陥河説話の邛都とは全く別の地域であり、かつ距離も相当離れている。それゆえ、梓潼の悪子と陥河説話の蛇は、本来は全く別の神であり、互いにそれぞれの地元、つまり梓潼と邛都でそれぞれ祀られていた神であったと思われる。南朝梁のときに記された『益州記』では、陥河説話の蛇が張悪子と呼ばれていないのも、そのときにはまだ両神が結びつけられていなかったからであろう。逆に、五代十国期の『王氏見聞』になって、初めて陥河説話の蛇が張悪子と呼ばれていることから、遅くともそれまでには悪子と陥河説話の蛇との融合が起こっていたことがわかる。それは同じく五代十国期に記された孫光憲『北夢瑣言《ほくぼうさげん》』(5)に、

梓潼県の張蝁子神は、五丁が引き抜いた蛇である。一説によると、巂州の張生が育てた蛇であるという。この蛇は祀られ、当時の人々はこれを張蝁子と呼んだ。

とあることからも確認される。「巂州の張生」とは、要するに『王氏見聞』でいう張老人のことであろう。それゆえ、『北夢瑣言』においても梓潼の悪子と陥河説話の蛇が融合していることになる。さらに、『王氏見聞』では前掲の文章に続いて、

その後、姚萇《ようちょう》が蜀を訪れた。梓潼の峰の上に至ると、路傍で休憩した。そこへ無位無官の者がやってきて、姚萇に対して「あなた様は早く秦へお戻りになられた方がよろしいでしょう。秦ではまさにその主がいなくなろうとしております。秦を安んずる者は、あなた様ではありますまいか」といった。姚萇がその姓を尋ねたところ、彼は「それがしは張悪子と申します。他日になってもお互い忘れないように致しましょう」と答えた。姚萇は秦へ戻った後、張悪子がいった通り、長安で皇帝となった。そこで、使者を蜀へ派遣し、張悪子を探させたが、見つけることはできなかった。姚萇は張悪子と出会ったところに廟を建てさせた。今の張相《しょう》公廟がまさにこれである。

とあり、五胡十六国の後秦の初代皇帝姚萇が梓潼で張悪子に出会い、しかも張悪子を祀る廟を梓潼に建てたとされているので、陥河説話の蛇はその後、むしろ梓潼で祀られるようになったごとくである。それゆえ、梓潼の悪子と陥河説話の蛇との融合は、後者が前者に吸収される形でなされたといえよう。

以上が宋代よりも前の文献に見える陥河説話であるが、それでは文昌帝君の陥河説話はいかなる内容であろうか。文昌帝君の陥河説話は『文帝化書』の「邛池化」という篇に記されている。ただし、同篇の内容はその前の篇にあたる「咸陽化《かん》」から続いているので、まずは咸陽化を読む必要がある。原文は長きにわたるので、ここでは引用しないが、要するに文昌帝君が前漢の趙王如意として転生したことを述べたものである。如意は実在の人物で、『史記』によれば漢の高祖劉邦と戚姫との間に生まれた子であり、高祖と呂后の間に生まれた盈《えい》（後に第二代皇帝の恵帝となる）の異母弟にあたる。咸陽化でも述べられているが、『史記』によれば、高祖は太子である盈よりも如意を可愛がり、しばしば如意を太子に立てようとしたこともあった。そのため、盈の母である呂后は、如意とその母である戚姫に対して怨みを懐き、高祖の死後、如意を殺害し、戚姫を虐殺するに至る。咸陽化では如意として死んだ文昌帝君が、母である戚姫が呂后に虐殺されたのを冥土から見るや、呂氏一族に対して復讐の念を懐いたというところで終わっている。そして、話は邛池化へと続くわけである。邛池化の陥河説話の部分を要約すると、以下の通りになる。

文昌帝君は呂氏一族によって殺された後、魂となってさまよい続け、呂氏一族に対する怨みをはらそうと機会を窺っていた。あるとき、文昌帝君は邛池邑を訪れた。邛池邑の県令の呂牟《ぼう》は呂后の転生者であった。しかも、邛池邑の人々には呂姓が多かったが、これは前世の因縁によるものである。また、文昌帝君の前世の母である戚姫も彼の地に転生し、張子へ嫁いだが、年老いても子供ができなかった。張夫婦は二人とも腕を傷つけて血を流し、石のくぼみの中に注ぎ、それを石で覆い、動物でもいいから子供を授けて下さいと、天に向かって祈った。文昌帝君はその願いに答え、蛇として転生することにした。後日、彼らの流した血液が蛇に変わっていた。これこそが文昌帝君の転生した姿であった。張夫婦はその蛇を拾って育てた。ところが、蛇は大きくなると、近隣の家畜を食い荒らすようになり、遂には県令呂牟の駿馬を食べてしまった。ちなみに、この馬は呂産が前世の報いによって転生した姿であった。県令は張夫婦を監獄に閉じ込め、蛇を三日間捜しても見つからなければ、張夫婦は殺されることになった。翌日、文昌帝君は儒士に化けて県令に謁見し、張夫婦を解き放つよう求めたが、聞き入れられなかった。そこで、文昌帝君は天に対して上奏し、前世において趙王如意と戚姫は罪もないのに、呂氏一族によって死に至らしめられたので、その怨みをはらしたいと述べた。上奏の回答がいまだ出ないうちに、文昌帝君は風と雷に変化して、雲と霧を吸ったり吐いたりし、また海水を汲み上げ、雨として城邑に降り注がせ、城邑を水没させた。文昌帝君は自分の体に張夫婦を載せて、この地を脱出した。今でいう陥河がまさにこれである。

『文帝化書』の陥河説話は『益州記』、『王氏見聞』と比べると、全体として説話の内容がさらに複雑化しており、内容が異なっているところや、新たに加えられている部分も見える。しかし、何といっても決定的に異なるのは、登場人物のほとんどが何らかの転生とされていることである。すなわち、蛇は文昌帝君の転生であり、しかも蛇に転生する前は趙王如意であったとされている。また、蛇の育ての親である老婆は戚姫、県令の呂牟は呂后、呂牟が飼っている馬は呂産のそれぞれ転生とされている。ちなみに、呂産も実在の人物である。呂后の兄呂沢の子であり、相国を務め、梁王に封ぜられている。

このように『文帝化書』では登場人物のほとんどが何らかの転生であり、かつ互いに前世からの因縁を有するとされているため、蛇のとった行動の意味が『益州記』や『王氏見聞』とは大いに異なってくる。まず、『王氏見聞』と『文帝化書』では蛇が近所の家畜を食い荒らしたとされているが、おのれの食欲を満たすためとはいえ、非常に反社会的な行動である。しかし、『文帝化書』においては、邛池邑の人々には呂氏が多く、しかもそれは前世の因縁によるものとされているので、彼らの所有物である家畜を食い荒らすことは、間接的にではあるが復讐となり、このような蛇の行動にも、ある意味では正当性が認められることになる。

また、『益州記』、『王氏見聞』、『文帝化書』の三書では、いずれも蛇が県令の馬を食べている。これもその行動だけを見るのであれば、蛇が一方的に県令へ害悪を加えているので、その飼主が責任を問われるのも、むしろやむをえないとさえ思える。しかし、『文帝化書』では、県令の呂牟は呂后の転生であるから、その所有物である馬を食べることは、やはり復讐ということになる。しかも、『文帝化書』ではこの馬自身も、呂氏一族の一人である呂産の転生とされている。

さらに、蛇は邑を水没させているが、『益州記』では母が殺されたことに対する復讐であり、また『王氏見聞』、『文帝化書』では父母が殺されようとしているのを助けるためとされている。いくら母を殺されたことに対する復讐、あるいは父母を助けるためであるとはいえ、県令のみならず、邑の人々全員を水没させ、多数の人命を奪うのは、極めて非道な所業である。しかも、母ないし父母が県令から責任を追及されたのも、もとはといえば県令の馬を食べた蛇が悪いのである。しかし、『文帝化書』においては、県令は呂后の転生であり、邑の人々も呂氏一族が多かったので、彼らをまるごと葬り去ることは、全て前世の復讐であり、ある意味での正当性が認められることになる。もっとも、邛池化の次の「解脱化」という篇においては、さすがに文昌帝君自身も悔いて反省している。しかも、文昌帝君はこの件について天帝から譴責を被り、神としての職務を剥奪され、邛池竜として邛池の中に幽閉され、文殊菩薩によって救い出されるまで、邛池の中で苦しむことになる。

以上のように『益州記』、『王氏見聞』、『文帝化書』の三書においては、蛇の行動は反社会的かつ非道であるが、それでも『文帝化書』では前世の復讐という大義がある。したがって、『文帝化書』においては蛇の行動が多少なりとも正当化されていることになるが、それは『益州記』、『王氏見聞』には見られなかった最大の特色といえるであろう。その意味するところについては結語で考察したい。

第二節　五丁五婦説話

次に、五丁五婦説話について検討しよう。五丁五婦説話は宋代より前の文献にも見える。まず、『蜀王本紀《ぎ》』には次のように記されている(6)。

天は蜀王のために五丁（五人の成人男子）の力士を生んだ。彼らは蜀の山をも動かすことができた。（中略）秦の恵王は蜀王と出会った場所を忘れないようにするため、五頭の牛の石像を彫刻させ、その背後に黄金を置かせた。蜀の人々はそれを見て、牛が大便として黄金を出していると思った。蜀王もそのように考え、卒千人を発し、五丁力士に石牛を引っ張らせ、成都までの道を三本造らせた。秦から成都まで道が通じるようになったのは、石牛のおかげである。（中略）秦王は蜀王が好色であることを知った。そこで、五人の美女を蜀王に献上した。蜀王は喜び、五丁力士に五女を出迎えさせた。彼らが梓潼まで戻ると、一匹の大蛇が山の穴の中に入っていた。五丁のうちの一人がその尾を引っ張ったが、引き抜くことはできなかった。そこで、五丁が一緒に引っ張ったところ、山が崩れ、五丁は圧死してしまった。その際、五丁は蛇を踏みつけて大声で叫んだ。秦王の五女と送迎に臨んだ者たちは、石になってしまった。蜀王は台に登って五女の到着を待ち受けていたが、彼女たちはやってこなかった。この台はこれにちなんで五婦候台と名づけられた。蜀王はみずから塚を造り、正方形の石を各塚に置いて墓誌とした。

これは戦国時代中期に行われた、秦の恵王による蜀の攻略・征服にちなんだ説話である。『蜀王本紀』の撰者については、例えば『旧唐書《くとうじょ》』巻四六経《けい》籍志上に、

蜀王本紀一巻　楊（揚）雄撰。

とあることから、前漢末期の揚雄とするのが一般的な理解である。しかし、これに対して徐《じょ》中舒氏は『漢書』巻三〇芸文《もん》志に『蜀王本紀』が見えないこと、及びその内容や文体から、揚雄の撰ではないとされる。そして、『三国志』巻三

八蜀書《しょ》秦宓《ひつ》伝の裴松之《はいしょうし》注に引用されている史料の中に「譙《しょう》周蜀本紀」とあり、また『北堂書鈔』巻一〇六楽部二歌篇二にも「譙周蜀王世紀」とあることから、三国蜀の譙《しょう》周の手に成るものと述べておられる。(7) しかし、『蜀王本紀』の撰者が譙であるのかはともかく、遅くとも後漢までにはこのような五丁五婦説話が形成されていたようである。というのも、『漢書』巻二八上地理志上には、梓潼県に「五婦山」と呼ばれる山があると記されているからである。『蜀王本紀』では蜀王が台に登って五女の到着を待ち受けていたため、この台が「五婦候台」と名づけられたと記されているが、唐代以前の成立と見られる撰者未詳の『蜀記』には、(8)

> 梓潼県には五婦山という山がある。またの名を五婦台ともいう。秦王が蜀王に五人の美女を贈った。蜀王は五丁に五女を迎えさせた。梓潼へ至ると、五丁は地面を踏みつけて大声で叫んだ。五女は驚き、みな石となってしまった。蜀王は台を築き、これに登って待ち受けていた。この台はこれにちなんで五婦候台と名づけられた。

とあり、五婦候台及び五婦台は梓潼県の五婦山の別名とされている。それゆえ、遅くとも『漢書』が編纂された後漢の段階では、既にこのような五丁五婦説話が形成されていたと考えられる。

五丁五婦説話は他にもさまざまな文献に記されている。前掲の『蜀王本紀』の記述は主に石牛の話と、五丁が五女を出迎える話とによって構成されているが、前者を記したものに三国蜀・来敏『本蜀論』(9)、東晉・常璩『華陽国志』巻三蜀志(10)、北魏・闞駰《かんいん》『十三州志』(11)、唐・賈耽《かたん》『郡国志』などがある。(12) また、後者については前掲の撰者未詳『蜀記』の他、『華陽国志』蜀志(13)、南朝梁・李膺『蜀記』(14)、北魏・酈《れき》道元『水経《けい》注』巻三二梓潼水などがある。(15) 『蜀王本紀』によれば、五丁は生き埋めになり、五女は石に化したとされているが、撰者未詳『蜀記』、『華陽国志』、『水経注』では五女も五丁もろとも生き埋めになったとされている。他にも、細部においては『蜀王本紀』の五丁五婦説話と異なる部分もあるが、基本的にはこれらの文献も『蜀王本紀』とほぼ同内容の説話を伝えている。

ところが、遅くとも五代十国期までには、陥河説話の蛇が梓潼の悪子へ吸収されたのと同様、五丁五婦説話の蛇も悪子へと吸収されていく。すなわち、前節で挙げた『北夢瑣言』では、梓潼の張蝁子神は五丁が山の穴から引き抜いた蛇であるとされている。さらに、『文帝化書』になると、五丁五婦説話の蛇までもが文昌帝君の転生とされるまでに至る。すなわち、『文帝化書』の「費丁化」・「石牛化」・「五婦化」・「顕霊化」と続く四篇には、文昌帝君の中にとり入れられた五丁五婦説話が記されている。その内容を要約すると、以下の通りになる。

蜀王開明のもとに費氏の五丁が仕えていた。蜀王は彼ら怪力の臣をえたため、安心し切って、秦との国境の防備を怠るようになった。このとき文昌帝君は蜀都北郭の張仲子として祀られていた。文昌帝君は文士に化けて張生と名乗り、王を諫めた。しかし、王が聞き入れないので、姿を隠した。五丁は張生の正体が北郭の張仲子であることを見抜き、張仲子の廟を破壊した。（費丁化）

秦の恵王は蜀を併合しようとたくらんでいたが、蜀への道があまりに険しく、兵士を通らせることができなかった。そこで、石牛を五頭造り、これを蜀との国境に置き、さらに牛の尾の下に、餅状にした黄金を置いた。そして、蜀の者がその黄金を持ち去ると、そのつどまた黄金を置いた。蜀王はこの話を聞くや、人を遣わして調べさせたところ、一月で千斤余りもの黄金がとれることがわかった。蜀王は五丁に命じ、険しい道を切り開かせ、石牛を国内に持ち帰らせた。文昌帝君は儒者に化け、道を切り開くのはやめるよう蜀王を諫めたが、聞き入れられなかった。（石牛化）

秦王はさらに、宗室の娘五人を蜀王のもとへ嫁がせた。蜀王は五丁を遣わして、秦の五女を国境まで出迎えさせた。文昌帝君は儒生に化け、蜀王を諫めたが、またもや聞き入れられなかった。（五婦化）

五丁は五女を出迎えると、蜀への帰途に就いた。文昌帝君は巨大化し、道の上に横たわって、道を遮った。そうすれば五女は怖がって、秦に帰るであろうと考えたからである。ところが、天帝は文昌帝君を忠なる者と評価する一方で、天命は蜀王を排除して、秦王を盛り立てることに決まったのであるから、邪魔はしないようにと告げた。そこで、文昌帝君は収縮してもとの大きさに戻った。そうこうしているうちに、帰国途中の五丁に出くわした。五丁は文昌帝君に向かって「こいつはうちの北郭の神張仲子だ！捕まえて食っちまおう！」といい、文昌帝君を追い回した。文昌帝君は山を腹這いになって逃げたが、洞穴に入ったところで、五丁に体をつかまれてしまった。文昌帝君は急なことであったので、やむをえず巨大化して百倍の大きさになった。そのとき起こった震動によって山が崩れ、五丁と五女は生き埋めになった。（顕霊化）

『文帝化書』では、五丁が追い回したのは巨大化した後に収縮してもとの大きさへ戻った文昌帝君とされており、蛇であるとは明記されていない。しかし、五丁がこれを捕まえて食べようとしているので、おそらくこのとき文昌帝君は人間以外のものに化けていたと思われる。しかも、文昌帝君は五丁から逃れる際、山を腹這い（原文では「腹行」）になって移動している。これはおそらく、蛇が地面を這っている姿を描いているのであろう。したがって、『文帝化書』においても、文昌帝君が蛇の姿に化したことを前提としているはずである。

さて、『文帝化書』の五丁五婦説話を宋代より前のものと比べると、全体的に複雑化しており、内容が異なる点や、新たに話が加えられている点も見える。しかし、決定的に異なるのは、蛇がとった行動の意味である。すなわち、宋代より前の五丁五婦説話においては、蛇がいかなる意図をもって行動していたのかは定かでない。ところが、『文帝化書』においては、蛇（文昌帝君）は秦の五女の入蜀を阻止するため、意図的に道路に横たわっている。文昌帝君がこのような行動をとったのは、五女を蜀へ迎える件について蜀王を諫めているように、それが秦の謀略であり、蜀王のためにならないと考えたからであろう。つまり、文昌帝君は蜀王のためを思って行動したことになる。それゆえにこそ、文昌帝君は天帝から秦による蜀征服の邪魔をするなという注意を受けるものの、その一方で忠なる者であるという評価も受けている。なぜ文昌帝君が蜀王に対して忠を尽そうとしていたのかというと、費丁化に、

私（文昌帝君）は既に蜀の神となり、蜀からいけにえを捧げられていた。

とある通り、蜀によって祀られていたからであろう。つまり、文昌帝君は蜀から祀られていたことに恩義を感じ、蜀王に忠を尽そうとし、蛇に化してこのような行動をとったのである。後世、清の屠用謙も文昌帝君のこのような行動に対し、

以下のように伝えられている。秦の恵王が蜀王に美女を贈った。蜀王は五丁に美女を出迎えさせた。文昌帝君は蜀王を諫めたが、聞き入れられなかった。五丁が怒って文昌帝君を追い回したところ、山が崩れ、五丁と美女はともに圧死してしまった、と。まさしく一代の忠臣である。（「詳請修建文昌廟文」）(16)

という賛辞を与えている。

結　語

以上の検討から、次のようなことが指摘できるであろう。すなわち、梓潼の悪子から文昌帝君へと発展する過程の中で、神の性格に変化が生じていることである。第一節で検討したように、同じ陥河説話であっても、『益州記』では蛇が県令の馬を食べたことについて、老婆が責任を問われ、県令によって殺されている。つまり、蛇の行動は結果的にであるものの、母を死に至らしめていることになる。文昌帝君といえば「孝」に厚い神として名高く、後世になると『文昌孝経』という書まで世に現われるほどであるが、このような『益州記』の蛇の行動は、およそ孝という規範からは著しくはずれたものといわざるをえない。ところが、それに対して『王氏見聞』、『文帝化書』では、蛇を育てた張夫婦はあわや刑罰を執行されそうになるものの、蛇が邑を水没させたおかげで助かっている。つまり、『王氏見聞』、『文帝化書』では、蛇は親を死に至らしめるほどの不孝をはたらいてはいないことになる。

また、陥河説話においては、蛇は近隣の家畜や県令の馬を食べたり、邑を水没させたりしているが、『文帝化書』で

は全て前世の復讐という大義がある。しかも、『文帝化書』咸陽化によれば、趙王如意として死んだ文昌帝君が、母である戚姫が呂后に虐殺されたのを冥土から見るや、呂氏一族に対して復讐の念を懐いたとされており、みずからが受けた危難に対する復讐というよりは、母の仇を討つことを目的としていることが強調されている。まさに孝の思想に合致するものといえよう。

さらに、第二節で検討した通り、宋代より前の五丁五婦説話では、五丁が蛇を穴の中から無理に引き抜こうとしたことによって山が崩れ、五丁と五女が死亡するに至ったのであって、蛇が意図的に五女の入蜀を阻止しようとしたわけではない。それに対して『文帝化書』では、秦の計略であることを見抜いた文昌帝君が大蛇に化し、五女の入蜀を阻止している。しかも、それは蜀王への「忠」を尽くすためであった。文昌帝君は「孝」とともに「忠」にも厚い神として名高く、後世『文昌忠経』という書も現われるほどであるが、このような文昌帝君の性格とまさに適合する。

以上を総合すると、確かに陥河説話・五丁五婦説話は文昌帝君の転生説話の中へ吸収されたが、そのままの形でとり入れられたわけではなく、蛇の行動が忠・孝などの道徳に適合するよう変更されたうえで、とり入れられていることが知られる。このような理解から『北夢瑣言』に、(17)

偽蜀（五代十国の前蜀）の王建の太子は名を元膺《よう》といった。聡明かつ博学であり、馬上から弓を射ることにかけては類稀なる才能を持っていた。しかし、犬歯が常に露出しているので、袖で口を覆っていることが多かった。側近たちもあえて元膺を仰ぎ見ようとしなかった。蛇のような目つきをしており、色黒であった。凶悪でいやしく、夜通し眠らなかった。しまいには反逆を起こして処刑された。処刑された日の夕方、梓潼廟の巫祝が張蝁子に「私は長らく四川におり、今ようやく帰ってきたばかりだ。なぜ私の廟がこんなに荒れ果てているのだ！」と責められた。これによって、蜀の人々は元膺が廟の蛇の精であったことを知った。

とあるのを見ると、非常に興味深いことがわかる。これによると、梓潼の蛇神張蝁子は太子元膺に化したとされているが、元膺は反逆の罪によって処刑されている。父であり、君主でもある王建への反逆は、不孝かつ不忠であり、後世、忠・孝をもって称えられた文昌帝君の所業とはとても思えない。ところが、なぜかこの説話に限っては、『文帝化書』などには全く記載がない。それはおそらく、この説話は忠・孝を重視する後世の文昌帝君の性格と合わず、いかように説話を読み替えても忠・孝には適合しないので、意図的に排除され、文昌帝君の転生説話の中には編入されなかったのであろう。

このように梓潼の悪子から文昌帝君へと発展する過程の中で、神の性格が道徳化していったのは、悪子が徐々に国家権力とのかかわりを持たせられるようになったことと関係があるように思われる。すなわち、悪子は、反乱のため都の長安から蜀の地へ逃れてきた唐の玄宗や僖宗を迎え入れ、長安の奪回に助力したり、また北宋初期の咸平二年～三年（九九九～一〇〇〇年）に蜀で起こった王均の乱に際しても、官軍による討伐を助けたとされている。それゆえ、悪子は唐代以降、皇帝から「済順王」や「英顕王」、さらには文昌帝君という封号が授けられたり、その廟の建設・修築が行われるに至る。このように悪子は国家的秩序の維持に貢献した神として祀られるようになったことによって、その性格もそれにふさわしいものへと変えられたのであろう。中でも忠・孝は前近代の中国において、国家的秩序を維持するのに必要な徳目として重視されてきたので、とりわけ文昌帝君の陥河説話・五丁五婦説話にも反映されたと考えられる。

ちなみに、「はじめに」でも述べた通り、張悪子の「悪」は、文献によっては「亜」に作るものもある。概していえば、宋代より前の文献では悪に作るものが多く、逆に宋代以降の文献では亜に作るものが多いようである。このように、後世では亜に作るのが一般的になったことについて、任乃強氏は「悪を諱《い》みて亜と為」したためとされる(18)。つまり、「邪悪」を意味する「悪」は神の名としてふさわしくないので、代わりに亜が用いられるようになったということであろう。このような悪から亜への変化は、悪子が文昌帝君へと発展する中で、徐々に道徳化していったこととまさに軌を一にするものといえよう。

注

（1）文昌帝君についての従来の研究は、王興平・黄枝生「文昌文化論著・資料索引（一九三一―二〇〇三）」（王興平・黄枝生・耿薫編『中華文昌文化――国際文昌学術研究論文集』巴蜀書社、二〇〇四年）に収録されている諸論文を参照されたい。

（2）『爾雅』釈魚に「蚨とは蜼の意」とあり、その郭璞注に「マムシの類。目が大きく、最も毒がある。今、淮南の人々はこれを蜼子と呼ぶ」とある。

（3）『益州記』は佚書であるが、この部分は『後漢書』巻八六西南夷列伝の李賢注、『太平御覧』巻七九一・四夷部一二南蛮七邛条、北宋・楽史『太平寰宇記』巻七五剣南西道四邛州臨邛県条に引用されている。三書の間では字句が若干異なっているが、本文で掲げたのはこれらのうち、『後漢書』李賢注に引用されている『益州記』を和訳したものである。ちなみに、二〇巻本『捜神記』巻二〇及び唐・焦璐『窮神秘苑』（『太平広記』巻四五六引）にも『益州記』と同じ内容の陥河説話が見える。『捜神記』は東晋の干宝の撰とされているが、宋代に散佚しており、二〇巻本は明代になって突如として世に現れたものであるので、その史料としての性格には疑問がある。西野貞治氏は二〇巻本について、一部残存していた『捜神記』に、類書などに引用されているものを綴りあわせ、さらに『捜神記』以外の史料に記されている説話をもこれに加えて形成されたと述べておられる。同氏「捜神記攷」（『大阪市立大学文学会人文研究』第四巻第八号、一九五三年）参照。二〇巻本の陥河説話は『益州記』のものと字句がよく似ているので、むしろ『益州記』から採録されたものかもしれない。それゆえ、本稿では『益州記』の陥河説話を分析の対象とすることにした。

（4）『王氏見聞』は佚書であるが、この部分は『太平広記』巻三一二に引用されている。

（5）ただし、この部分は『北夢瑣言』の佚文であり、『太平広記』巻四五八に引用されている。

（6）『蜀王本紀』は佚書であるが、この部分はさまざまな文献に引用されている。本文で掲げたのは、最も詳しく引用されている『太平御覧』巻八八八妖異部四変化下条を基礎としたうえで、『北堂書鈔』巻一一六武功部四謀策、『芸文類聚』巻七山部上総載山条、同巻九六鱗介部上虵条、『太平御覧』巻三〇五兵部三六征伐下条、同巻三八六人事部二七健条、同巻九〇〇獣一二牛下条、同巻九三四鱗介部六蛇下条を参照して補い、それを和訳したものである。

（7）徐中舒「論蜀王本紀成書年代及其作者」（『徐中舒歴史論文選輯』中華書局、一九九八年）参照。

（8）『蜀記』は佚書であるが、この部分は『太平御覧』巻四四地部九関中蜀漢諸山五婦山条、同巻一六六州郡部一二剣南道剣州条、『太平寰宇記』巻八四剣南東道三剣州梓潼県条、『新定元豊九域志』巻八剣州条に引用されている。引用されている史料によって文章が若干異なっていたり、一部省略されているものもあるが、『太平御覧』巻四四のものが最も詳しいので、本文に挙げたのもこれによった。

（9）「秦の恵王は蜀を征伐しようとしたが、道を知らなかった。そこで、石牛を五頭造り、黄金をその尾の下に置き、石牛は大便として黄金を出すといった。蜀王は力任せに、五丁に石牛を引っ張らせ、道を造らせた」とある。『本蜀論』は佚書であるが、この部分は『水経注』巻二七沔水上に引用されている。

（10）「恵王は喜び、石牛を五頭造らせた。そして、石牛の背後に黄金を注いでおき、「この牛は大便として黄金を出した」といった。（中略）蜀の人々は喜び、使者を派遣して石牛を要求した。恵王はそれを許した。そこで、蜀は五丁を派遣して石牛を受けとらせた。ところが、石牛が黄金の大便を出さなくなったので、怒ってこれを秦へ返却した。そして、秦の人々を「東方の牛飼いめ！」と嘲《あざけ》った。秦の人々はこれを笑い、「我々は確かに牛飼いだが、蜀を手に入れるだろう」といった」とある。

（11）「秦王は蜀の道を知らなかった。そこで、石牛を五頭彫刻し、黄金をその尾の下に置き、この天牛は大便として黄金を出すといった。蜀の人々はこれを信じ、五丁に牛を引っ張らせ、道を造らせた」とある。『十三州志』は佚書であるが、この部分は『初学記』巻八に引用されている。

(12)「周の顕王のとき、秦の恵王は蜀を征伐しようと企てた。そこで、石牛を五頭造り、黄金をその背後に注いでおき、「この牛は大便として黄金を出した」といった。(中略)蜀の人々は喜び、使者を派遣して石牛を要求した。恵王はそれを許した。そこで、蜀は五丁を派遣し、石牛を蜀へ入らせた」とある。『郡国志』は佚書であるが、この部分は『太平寰宇記』巻八四剣南東道三剣州剣門県条に引用されている。

(13)「恵王は蜀王が好色であることを知り、五女を蜀へ嫁がせた。蜀は五丁に五女を出迎えさせた。彼らが梓潼まで戻ると、一匹の大蛇が穴の中に入っていた。五丁のうちの一人がその尾をつかんで引っ張ったが、引き抜くことはできなかった。そこで、五人が助けあい、大声をあげて蛇を引っ張ったところ、山が崩れ、五丁及び秦の五女とそれに付き従う者は圧死してしまった。そして、山は五つの峰にわかれ、頂上にはそれぞれ平らな石が現れた。蜀王はこれを悲しみ、山に登った。これにちなんで五婦冢山と名づけ、平らな石の上に望婦堠・思妻台を造った。今、その山は五丁冢とも呼ばれている」とある。

(14)「西蜀王は五丁力士に秦の五女を出迎えさせた。彼らが梓潼まで戻ると、一匹の大蛇が穴の中に入っていた。そこで、五丁が力任せに蛇を引っ張ったところ、力尽きて山が崩れ、五丁及び秦の五女は圧死してしまった。この山は今に至るまで五婦山と呼ばれている」とある。李膺『蜀記』は佚書であるが、この部分は『太平寰宇記』巻八三剣南東道二綿州巴西県条に引用されている。

(15)「県に五女がいたので、蜀王は五丁に出迎えさせた。彼らがここまで戻ると、大蛇が山の穴に入っていた。五丁がこれを引っ張ったところ、山が崩れ、五丁及び五女は圧死してしまった。山はこれにちなんで五婦山と名づけられた。また、五婦候ともいう」とある。

(16)『重修梓潼県志』巻五芸文所収。

（17）注（5）参照。

（18）任乃強『華陽国志校補図注』（上海古籍出版社、一九八七年）九二頁注⑤参照。

〔付記〕本稿の「大廟」及び「文昌帝君鋳鉄像」の写真は、四川省梓潼県地方志編纂委員会編『梓潼県志』（方志出版社、一九九九年）より転載したものである。

古代四川の岷江上流域の楚系青銅器

〜牟托一号石棺墓出土の青銅礼楽器の分析を中心として〜

岡本真則

はじめに

石板で作った棺を土坑の中に埋葬した墓葬を石棺墓《せっかんぼ》という。石棺墓は中国西南の川西《せんせい》高原・藏東《ぞうとう》高原・滇西《てんせい》高原に見られ、特に四川省北部の岷江《びんこう》上流域に集中的に分布している[1]（図一参照）。岷江上流域では一九三〇年代に初めて石棺墓が発見され、一九六〇年代に馮漢驥《ふうかんき》・童恩正《どうおんせい》両氏が岷江上流域の調査を行って以降、その研究が本格化した。岷江上流域の石棺墓に関するこれまでの研究成果とその問題点は以下の通りである（馮・童一九七三、童恩正一九七七・一九七八、夏麦陵一九九五、小澤一九九六、宋治民一九八七・二〇〇一、李先登一九九八、江章華二〇〇二）。

一、石棺墓が存続した年代は戦国から前漢時代を中心とし、下限は後漢時代まで至る（表一参照）。

二、石棺墓から出土した遺物には、石棺墓独自の文化のほかに西北地区の寺窪《じわ》・安国《あんこく》類型文化（双耳罐《そうじかん》・単耳罐《たんじかん》などの土器を特色とする新石器時代の文化）、四川省の巴蜀《はしょく》文化（巴蜀《はしょく》式兵器と呼ばれる青銅兵器を特色とする戦国時代を中心とする文化)、雲南省の滇《てん》文化(銅柄《どうえ》鉄剣などを特色とする戦国時代を中心とする文化)との共通性が見られ、周辺文化の影響を強く受けていた。

三、石棺墓を残した種族は、岷江上流域に定住し、半農半牧を行っており、漢代にこの地域で活動していた冉駹《ぜんぼう》と考えられるが、その種族系統については氐羌《ていきょう》系種族、或いは氐《てい》族、西南夷《せいなんい》系種族とする諸説がある。

本稿で分析する牟托一号《ぼうたくいちごう》石棺墓(以下、牟托一号墓と称す)は、一九九二年三月に四川省茂県南新郷牟托村《もけんなんしんきょうぼうたくそん》で発見された(図一参照)。この墓葬がそれまでに発見された石棺墓と大きく異なる点は、副葬品を埋葬した陪葬坑《ばいそうこう》を伴い、多数の青銅礼器・楽器(以下青銅礼楽器と称す)が出土したことである(表二参照)。そのため牟托一号墓は、石棺墓とその文化(石棺葬《せっかんそう》文化という)の認識に新たな視点を与えるものとして大いに注目されている。ここで牟托一号墓の発掘状況について述べておきたい。

報告によれば、牟托一号墓は山の斜面に位置し、墓葬一基(整理番号M1)、陪葬坑三基(整理番号K1~3)からなる(図二、三、四参照)。一号坑(K1)は一号墓(M1)の陪葬坑、二号坑(K2)は別の墓の陪葬坑、[2] 三号坑(K3)は長年の雨水によって二号坑の遺物が流され、これらが堆積して形成されたものである(茂県一九九四)。またこれら遺存の年代は、出土遺物の下限である戦国後期と考えられる(李先登一九九八・江章華二〇〇一)。

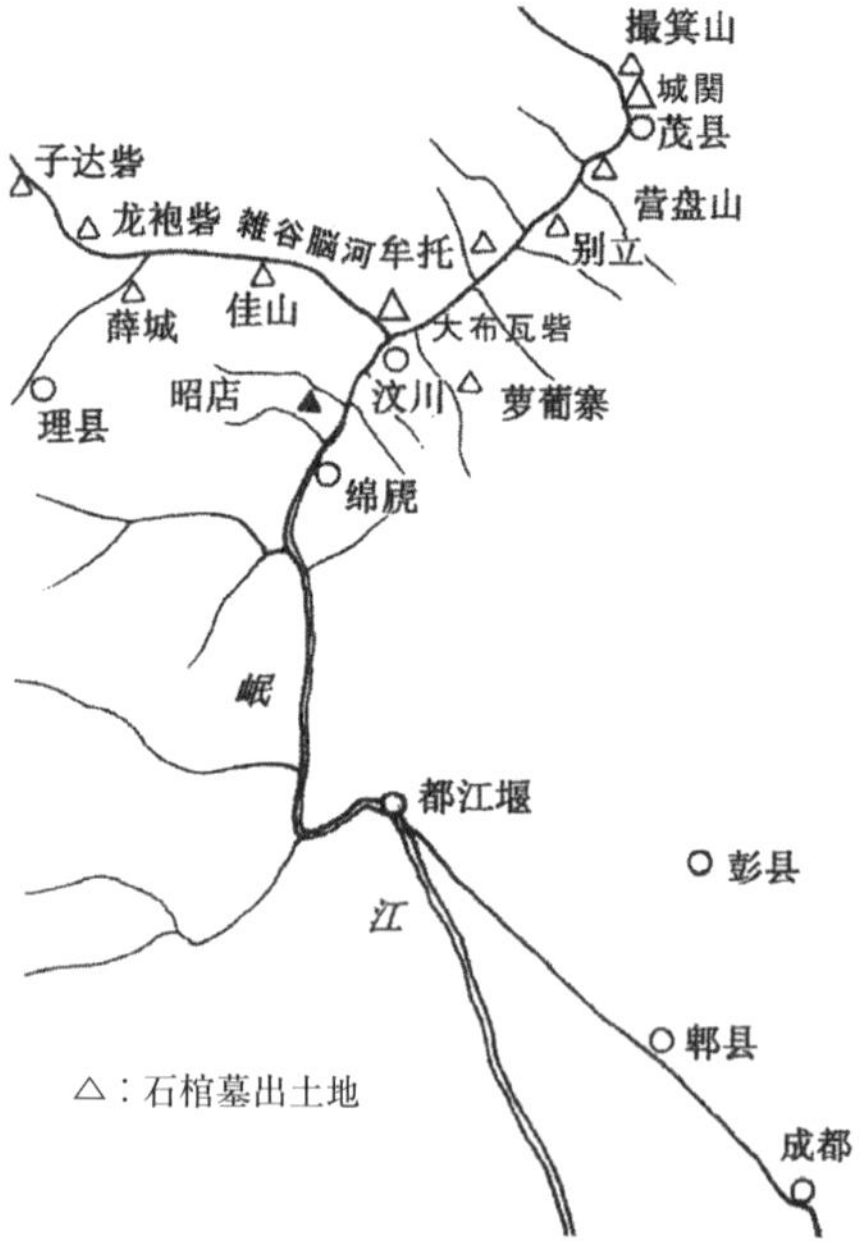

図一　岷江上流域石棺葬地図
(叶・羅一九九九掲載地図を基に一部改訂)

表一　岷江上流域の石棺墓の分期

		春秋前期	戦国			秦至漢初	前漢		参考文献
			前期	中期	後期		前期	中後期	
茂県	撮箕山	━	━	━	━	━			①
	営盤山			━	━				②・③
					━				①
	牟托村			━	━				③・④
					━				①
	城関		━	━	━	━	━	━	②
				━	━	━	━	━	③
					━	━	━	━	①
	別立		━	━	━	━			⑤
		━	━	━	━	━	━	━	③
	勒石			━	━				⑤
理県	薛城区龍袍砦				━	━	━		⑥
	薛城区子達砦				━	━	━		⑥
					━	━	━	━	③
	佳山					━	━	━	⑦
					━	━	━	━	⑦
							━	━	①
汶川県	蘿葡砦						━	━	⑥
					━	━	━	━	③
	大布瓦砦				━	━	━		⑥
							━	━	③
	昭店村	━							⑧

〔参考文献〕①江章華二〇〇一、②茂汶一九八三、③陳祖軍一九九六、④茂県一九九四、⑤蔣宣忠一九八五、⑥馮・童一九七三、⑦阿垻一九八七、⑧叶・羅一九九九

表二　岷江上流石棺墓出土青銅礼楽器比較表

名称	墓数	編号	青銅礼楽器	出土遺物総数	墓葬年代	典拠
茂県牟托村	1	M1	罍1、鼎1、盞1、甬鐘1、鎛鐘3、鈴1、杯3	170余	戦国後期	①
		K1	盞3、甬鐘1、鎛鐘1	33		
		K2	敦1、盞3、甬鐘4、鉦2	33		
		K3	鼎1（有銘）、罍1	6		
汶川県蘿蔔砦	3	SLM1		164	前漢前期（前175-118）	②
		SLM2～3		各4		
汶川県大布瓦砦	2	SDM1～2		不明	戦国末～前漢前期	
理県薛城区龍袍砦	1	SNM1		1、及び土器片数個		
理県薛城区子達砦	23	SZM1A・B～7		9、及び土器片数個、双耳罐砕片		
		SZM101～112		21、及び土器片数個		
		SZM201～203		各1		
理県佳山	15	84LIJSⅠM1～4		111	秦～漢初	③
		84LIJSIJ祭祀坑		7		
		84LIJSⅡM1～3		117	前漢前期	
		84LIJSⅢM1～4		107		
		84LIJSⅣM1～4	釜1、鍪1	28	前漢中期	
茂県営盤山	10	M1～10		247、及び土器片数個	戦国中後期	④
茂県城関	49	AM1～11、BM1	鈴1、盤6、釜6、鍪8	597	戦国後期～前漢初期	⑤
		BM2甲・乙～4		53	前漢後期～後漢初	
		BM5～11	盤5、釜1、鍪2	426	戦国後期～前漢前期	
		CM1～8	盤1、釜1、鍪1	311		
		DM1～16		54	春秋戦国之際～戦国末期以前	
		M1～2		2		
茂県別立	17	BM1～4		200余	秦漢期	④
		BM5～12			戦国前期	
		BM13～17			戦国中後期	
茂県勒石	14	LM1～14				

〔参考文献〕①茂県一九九四、②馮・童一九七三、③阿垻一九八七、④蔣宣忠一九八一、⑤茂汶一九八三

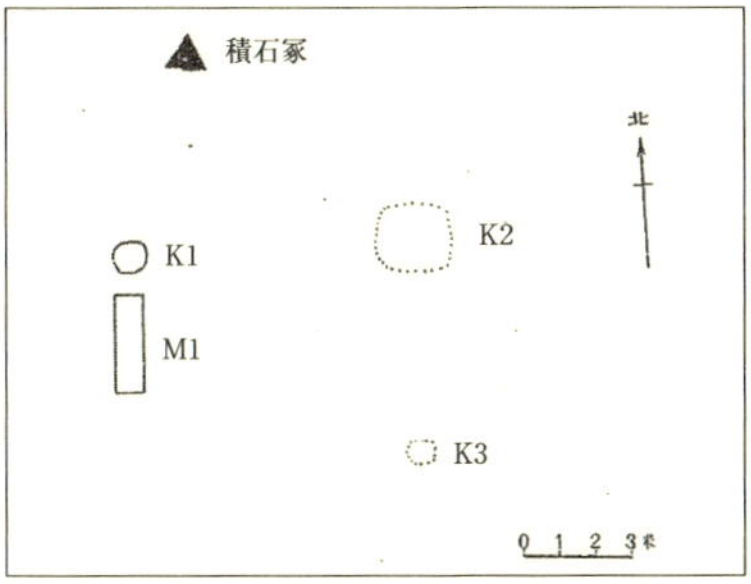

図二　牟托石棺墓M1、陪葬坑K1～3位置図

（茂県一九九四より）

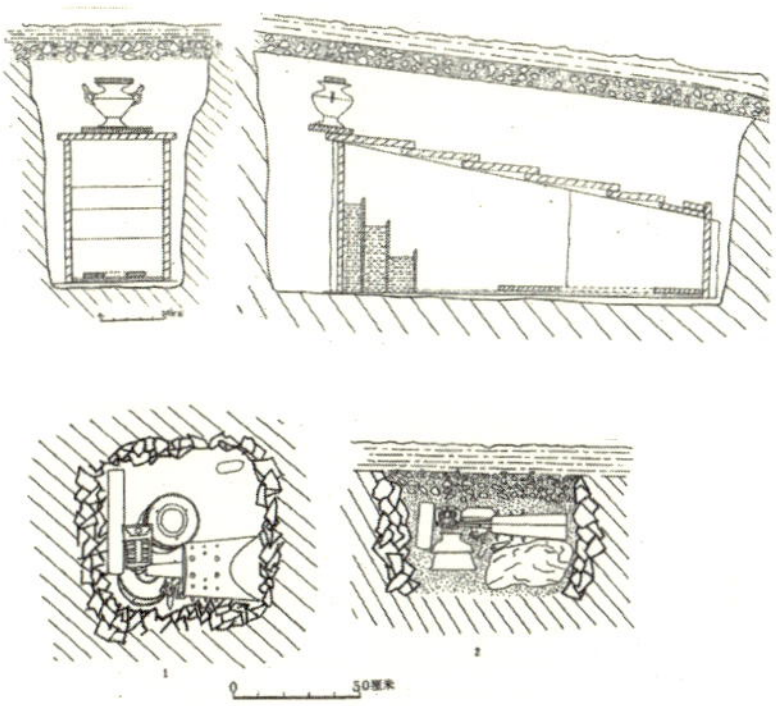

図三　牟托一号墓断面図（上）、牟托一号坑平面・断面図（下）

（茂県一九九四より）

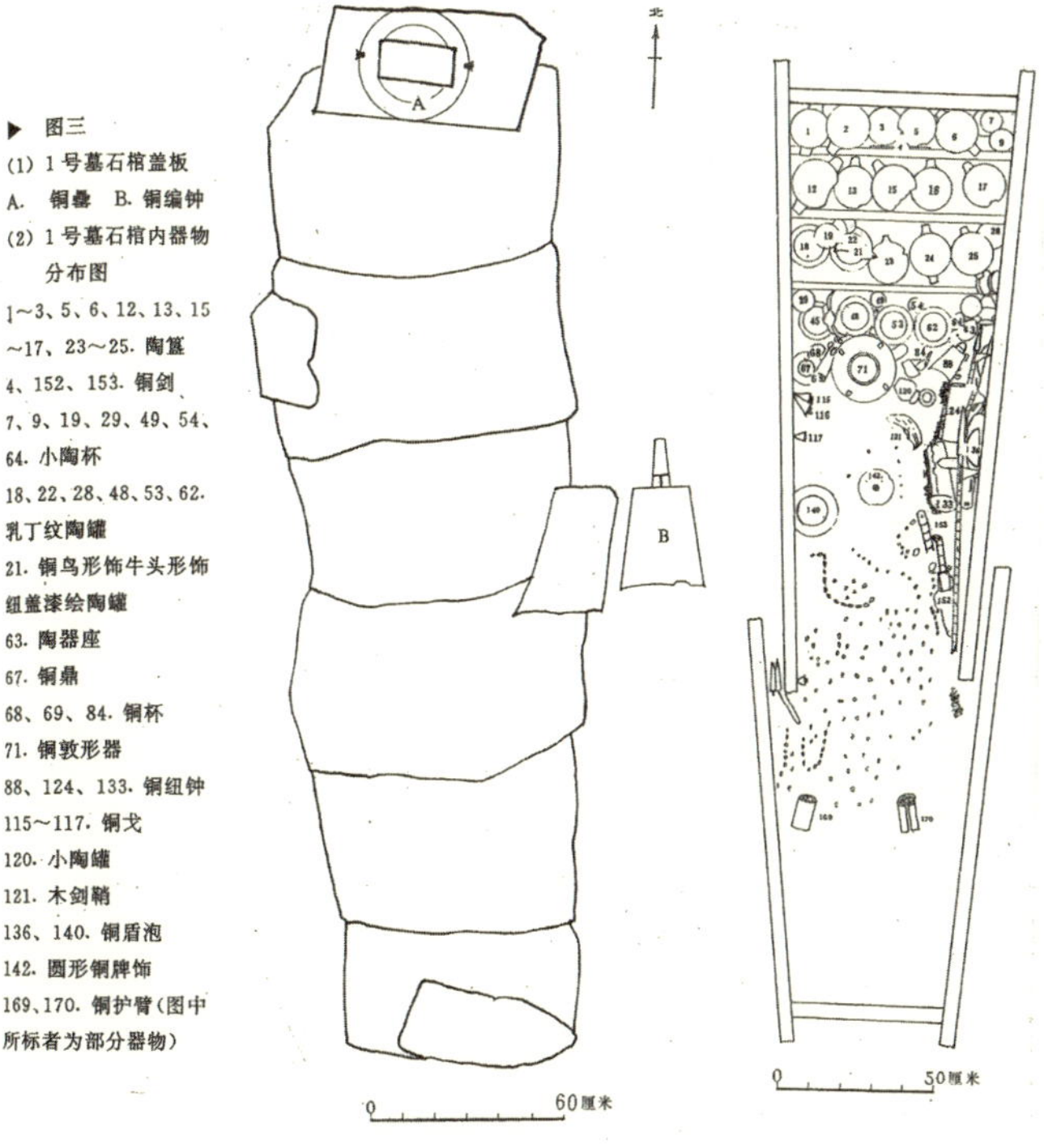

図四　牟托一号墓石板・石棺内器物配置図

（茂県一九九四より）

本稿では岷江上流域の石棺墓に関する先行研究をふまえ、牟托一号墓出土の青銅礼楽器を分析してその性格を明らかにするとともに、春秋戦国時代~漢代にかけてこの地域で活動していた種族の種族系統を再検討することで、彼らがこの地域一帯に石棺墓を残した歴史的背景を明らかにしたい。

一、青銅礼楽器の分析

牟托一号墓及び陪葬坑三基から出土した青銅礼楽器は二五件である。先行研究ではこの二五件の青銅器の文化系統を明らかにするために、類例として形状・紋様の類似した多くの青銅器が挙げられている（魏啓鵬一九九五、夏麦陵一九九五、宋治民二〇〇一、李先登一九九八、江章華二〇〇一）。しかし、その中には類例として見なしがたいものも多く見られるので、本節では改めて牟托村出土青銅礼楽器の類例を検討したい。表三は類例を器種別に対照させたものである。以下、その特色について述べる。

罍《らい》二件について。M1：A罍の類例は成都平原では見られないのに対し、K3：6罍の類例は牟托一号墓とほぼ同時代の成都平原で見られる。

K3：1鼎《てい》について（図五参照）。鼎の蓋《ふた》には「隹八月衣（初）吉丁亥、與子共自乍（作）緐（繁）鼎。其眉壽無疆子孫永寶用之」と銘文が鋳込まれている。これによれば、K3：1鼎は「繁鼎《はんてい》」という春秋中後期の楚系《そけい》青銅器[3]に見られる鼎の一種である[4]。類例は成都平原では見られず、陝西・山西・河南・湖北四省の境界一帯にあたる黄河・漢水・淮水流域に見られ、その年代は類例④が戦国時代とされる以外は全て春秋中後期である。

盞《さん》[5]四件について。M1：71盞の類例は典型的な楚系青銅器に見られる一方で、成都平原では見られない。また、M1：67盞の類例は成都平原でのみ見られる。

表三　牟托一号石棺墓出土青銅礼楽器比較表

器種	編号	件数	類　例	類例の断代
罍	M1:A	1	①内蒙古自治区寧城県旬子郷小黒石溝村石椁墓出土の銅罍（項・李一九九五） ②林一九八九；罍23～26、地方型（罍23：伝湖南省湘陰県出土、24：広西壮族自治区荔浦県出土、25・26：京大人文研考古資料） 〔備考〕①は垂環がある点がM1：Aと異なる。	①西周後期 ②全て春秋Ⅱ～Ⅲ
罍	K3:6	1	①四川新都出土の銅罍（5件、林一九八九；同墓出土青銅器群図表109）（新都一九八一） ②四川成都三洞橋青羊小区戦国一号墓出土の罍（成都一九八九） ③對罍（陝西省鳳翔県勧読村出土、林一九八四；罍54、一型〉（全集五一一八二） ④火龍紋罍（陝西省扶風県斉家村出土、林一九八四；罍59、一型）（全集五一 一七八～一八一） 〔備考〕③・④は垂環がある点がK3：6と異なる。	①戦国後期 （林；戦国ⅠB） ②戦国 ③西周中期 （林；西周Ⅱ） ④西周中期 （林；西周Ⅲ）
鼎	K3:1	1	①河南淅川下寺M7出土の鼎2件（M7：6、M7：7）（河南一九九一） ②湖北穀城下辛店出土のⅡ式鼎2件（林一九八九；鼎35、一五A型）（襄樊一九八六） ③湖北随州市季氏梁出土の銅鼎（林一九八九；同墓出土青銅器群図表31）（随県一九八〇） ④河南陝県後川春秋戦国墓M2061出土の銅鼎（M2061：3）（郭宝鈞一九八一） ⑤河南洛陽市613所東周墓出土の2式鼎（C1M6112：12）（洛陽一九九九） ⑥林一九八九；鼎36・37・71・73、一五A型（鼎36：白鶴美術館、37：The Art Museum, Princeton University, Chester Dale and Dolly Collection、71：山西省侯馬市上馬村5号墓、73：河南省淇県趙溝1号墓）	①春秋中期後段 ②春秋中期 （林：春秋ⅡA） ③春秋中期 （林：春秋ⅡA） ④戦国期 ⑤春秋中後期 ⑥鼎36·37＝春秋ⅡA 鼎71·73＝春秋ⅡB
盞	M1:67	1	四川成都市無線電機械学校出土の矮足鼎（全集一三一九三）	戦国
盞	M1:71	1	河南潢川県高稲場出土の蔡国の敦1件（編号なし、林一九八九；盞7、型なし）（信陽一九八〇a）	春秋末戦国初 （林；春秋ⅢB）
盞	K1:6	3	河南淅川下寺七号墓出土の盞（M7：8）（河南一九九一）	春秋中期後段
盞	K2:2	3		
敦	K2:1 （蓋）	1	①四川綿竹清道戦国船棺墓出土の銅敦3件（M1：149～151）（王有鵬一九八七） ②河南新鄭春秋鄭墓出土の銅敦（M1：5、林一九八九；敦26、六型）（河南一九八三）	①戦国中期備晩 ②春秋後期 （林；春秋ⅢA）
	M1:B	1	①広西壮族自治区恭城瑶族自治県出土の青銅甬鐘2件（編号なし、林一九八九；鐘84、地方型）（広西一九七三） ②林一九八九；鐘75～79、地方型（鐘75・76：湖北省武穴市、77：京大人文研考古資料、78：江蘇省高淳県、79：浙江省（京大人文研考古資料））	①春秋末～戦国初 （林；春秋Ⅱ～Ⅲ） ②全て春秋Ⅱ～Ⅲ
	K1:4	1		
	K2:3	1		
	K2:4	1		
	K2:6	1		
	K2:7	1		
	M1:124	1	未見	
	M1:133	1		
	M1:88	1		
	M1:2	1		
	M1:154	1	未見。茂県城関に出土例（AM3：15、茂汶一九八三）有るも形状異なる。	
	K2:8	1	林一九八九；鉦7、一型（江蘇省高淳県出土）	春秋Ⅲ頃
	K2:9	1		

甬鐘《ようしょう》六件について。類例の出土地域は湖北省・広西壮族自治区・浙江省で、戦国時代の楚の領域内である。

鎛鐘《はくしょう》四件について。これらは他に類例なく未詳であるが、宋治民・李先登氏らによれば、M1：124鎛鐘の陽刻《ようこく》四弁《しべん》花紋《かもん》や翼龍《よくりゅう》の背上に施された「山」形図案などの紋様は、中原文化や巴蜀文化には見られない地方的特色である（図六参照）（宋治民二〇〇一・李先登一九九八）。

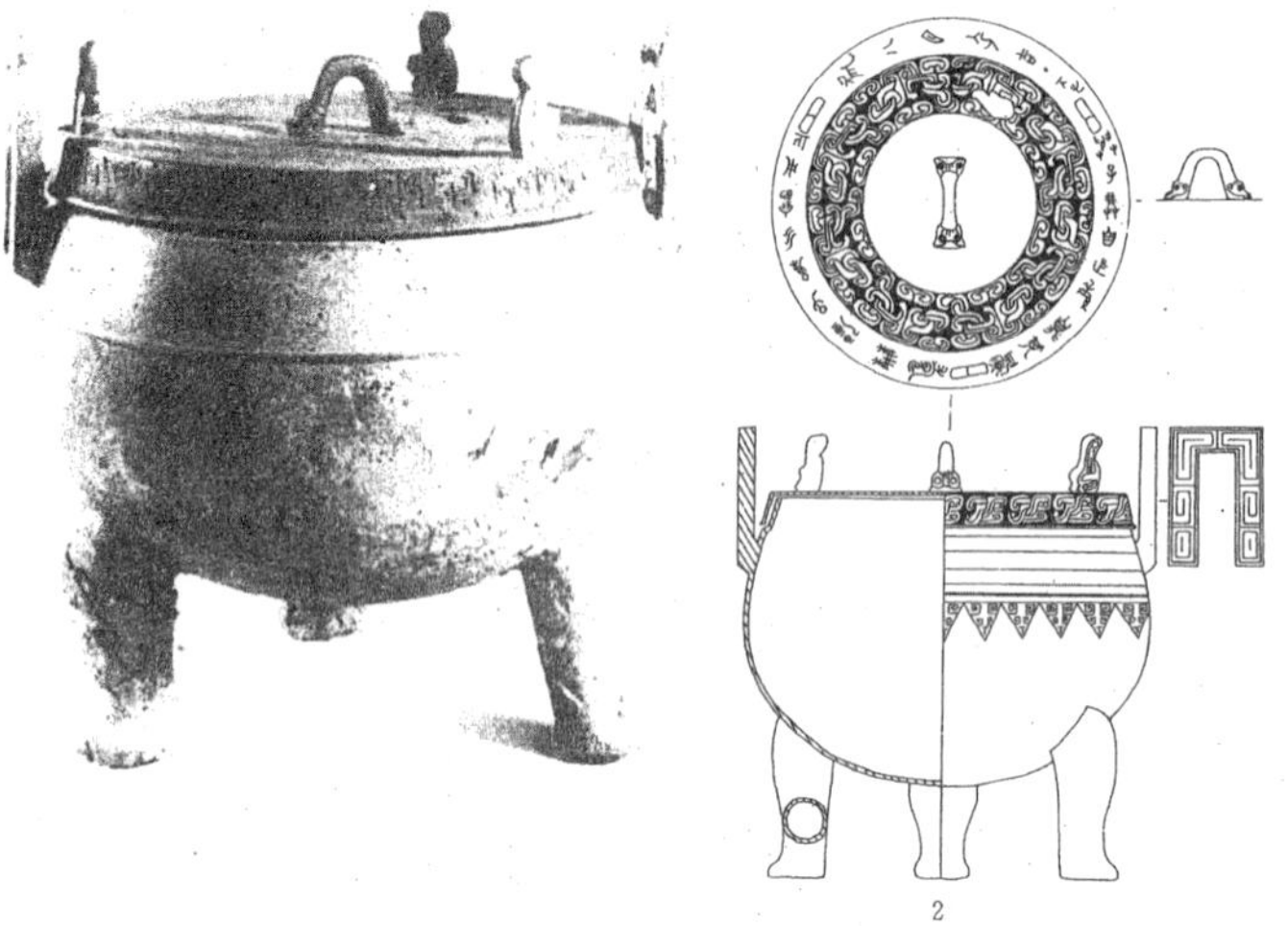

図五　K3：1鼎（茂県一九九四より）

M1：154鈴は、他に類例なく未詳である。

鉦《しょう》二件は器影が公表されていないが、報告の図（茂県一九九四、図五三―二）を見る限り、江蘇省高淳《こうじゅん》県出土の鉦が比較的近く、その出土地域は戦国時代の楚の領域内である。

以上、牟托一号墓出土の二五件の青銅礼楽器は、類例の出土地域との比較によって次のように整理される。

A、中原地区ないしは楚系青銅器に類例が見られ、かつ成都平原からも類例が見られるもの（K3：6罍、K2：1敦《たい》）。

B、中原地区ないしは楚系青銅器に類例が見られるのに対し、成都平原からは類例が見られないもの（M1：A罍、M1：71、K1：6、K2：2盞、K3：1鼎、甬鐘六件、鉦二件）。

C、成都平原からのみ類例が見られるもの（M1：67盞）。

D、他に類例が見られないもの（鎛鐘四件、M1：154鈴）。

ここで注目されるのは、これらの青銅礼楽器が所謂巴蜀《はしょく》青銅器ではなく、中原地区ないしは楚系青銅器に類例が見られ、特に楚

図六　M1：124鎛鐘の文様（茂県一九九四より）
左：陽刻四弁花紋（5箇所）　右：翼竜と「山」形図形

系青銅器との密接な関わりが看取されることである。この点に関して、牟托一号墓出土の青銅礼楽器の多くはその作りが粗雑であること、及び先に指摘したM1：124鎛鐘《はくしょう》に見える紋様のように地方的な特色が持つものがあること等を論拠に、これらは当地で中原地区の青銅器や楚系青銅器を模倣して製作されたものとする指摘がある（宋治民二〇〇一・李先登一九九八）。しかし表二に明らかなように、これらの類例は岷江上流域の他の石棺墓では見られない。従って、紋様に地方的特色を持つ鎛鐘四件についてはなお検討を要するが、これらは当地、即ち岷江上流域で製作されたとは考えがたく、他の地域から伝来したものと考えるべきである。

それでは、これらの青銅礼楽器はどこから岷江上流域へ伝来したのであろうか。ここで改めて先にA～Dの四つに整理した類例の出土地域と年代に着目してみよう。

上述Aに属すK3：6罍《らい》・K2：1敦《たい》の類例のうち、中原地区や楚の領域から出土したものの年代は、西周中期～春秋期であるのに対し、成都平原から出土したものの年代は、牟托村とほぼ同時代の戦国期である。従って、K3：6罍・K2：1敦は、戦国時代に成都平原で中原地区の青銅器や楚系青銅器を模倣して製作されたものが、岷江を遡って牟托村に伝来したものと考えられる。また、上述Cに属すK1：67盞《さん》についても、その類例の年代が牟托村とほぼ同時期の戦国期であることから、この時期に成都平原で製作されたものが、岷江を遡って伝来したと考えられる。これに対して上述Bに属すものについては、成都平原からは類例が見られない以上、岷江からではなく、他の経路から牟托村へ伝来したものと考えざるを得ない。宋治民氏は上述Bに属すK3：1鼎が牟托村へ伝来した経路について、漢水を遡り、上流に至って甘粛省南部・四川省北部を通り、岷江上流域に達したのであろうと推測する（宋治民二〇〇一）。先述したように、Bに属すK3：1鼎や盞三件の類例は、陝西・山西・河南・湖北四省の境界一帯にあたる黄河・漢水・淮水流域に集中的に見られる。このような分布状況は、宋治民氏の推測を実証するものといえよう。また、M1：A罍・甬鐘《しょう》六件・鉦《しょう》二件の類例の出土地は、この一帯ではないが、その殆どが成都平原ではなく春秋戦国時代の楚の領域内であることから、これらも漢水を遡って牟托村へ伝来したものと考えられる。

以上を要するに、牟托村から出土した青銅礼楽器二五件は岷江上流域で製作されたものではなく、他の地域から伝来したものと考えらる。そのうち、成都平原に類例が見られるものは、牟托村とほぼ同時代に成都平原で製作されたものが岷江を遡って牟托村へ伝来したもの、成都平原に類例が見られないものは、楚の領域内から漢水を遡り、甘粛省南部・四川省北部を経て牟托村に伝来したものと考えられる（後掲図七参照）。

二、春秋戦国時代の巴・蜀と楚

前節では、牟托一号墓出土の青銅礼楽器二五件が他の地域から伝来したものであることを明らかにし、その経路として、成都平原から岷江を遡る経路、及び楚の領域内から漢水を遡る経路との二つを想定した。本節では、この二つの経路から伝来した歴史的背景を春秋戦国時代における巴・蜀と楚の関係に着目して検討したい。

この問題を考える上でまず注目されるのは、牟托一号墓出土の青銅礼楽器で唯一銘文を持つK3：1鼎である。前節でも指摘したように鼎の蓋には

隹八月衣（初）吉丁亥、與子共自乍（作）緐（繁）鼎。其眉壽無疆子孫永寶用之。

隹《こ》れ八月初吉《しょきつ》丁亥、與子共《よしきょう》、自ら緐鼎を作る。其《そ》れ眉壽無疆《びじゅむきょう》、子孫永く之を寶用せん。

これ八月の初吉丁亥の日に與子共が自ら繁鼎を作った。永遠に長寿を保ち、子孫に至るまで永くこの器を宝として用いよう。

とある。これによれば、K3：1鼎を作ったのは「與子共《よしきょう》」という人物である。ここでこの青銅器を詳細に検討した魏啓《ぎけい》鵬《ほう》氏の説を紹介したい。氏はこの「與子共」の「與」を「舉《きょ》」の略字、さらに「舉」を「呂《りょ》」の仮借字として、(6)「與（舉）子」とは「呂子《りょし》」、即ち河南省南陽《なんよう》市宛《えん》県の西に封地のあった姜姓《きょうせい》の呂国とする。(7) 蒙文通《もんぶんつう》氏の研究に拠れば、この呂国は春秋時代の前五三一年に楚に滅ぼされた後、まず淮水流域の新蔡《しんさい》（現河南省新蔡県）に遷され、次に長江流域の黄州府（現湖北省黄岡市一帯）に遷された（蒙文通一九五八、一六〜一七頁・同一九九三、六五〜六六頁）。魏啓鵬氏はこの説をふまえて、K3：1鼎を黄州に遷された呂人が製作したものとする。(8) さらに氏は「呂子」が長江の河畔に遷された時期は、楚が対外への勢力拡大を図り、長江より西上して蜀を領有した重要な時期で、『水経注』巻三三江水《こうすい》条に引用された三国蜀・来敏《らいびん》『本蜀論《ほんしょくろん》』に見える楚人鼈霊《べつれい》（鼈は鱉《べつ》・鼊《べつ》とも記される）が長江を遡って蜀国に至り当地で王（開《かい》明《めい》王）となった説話は、(9) 当時楚国が実施していた貴人の辺地徙民政策(10)を反映したものであり、このような背景のもと、呂人の作ったK3：1鼎が牟托村へ伝わったのであろうと指摘する（魏啓鵬一九九五）。この説に従えば、K3：1鼎は春秋後期に黄州に遷された呂人によって製作され、貴族の辺地徙民という楚の政策の影響を受け、岷江上流域の牟托村へ伝

来したものと理解される。しかし、この魏啓鵬氏の説にはいくつか問題点がある。第一に音韻学上、「與（擧）」を「呂」の仮借字と解することは可能であるが、[11]金文では一般に「呂」字は「呂」や「甫」と記され、「與（擧）」と記す例は他に見られない。[12]第二に呂人が黄州に遷されたという指摘については明らかな証拠がない。[13]従って魏啓鵬氏の説にはにわかに従いがたいが、前節で検討した通り、K3：1鼎が「繁鼎」という典型的な楚系青銅器の一つであること、及び牟托一号墓出土青銅礼楽器のうち、前節でBに分類したK3：1鼎や盞三件などの類例の出土地域——陝西・山西・河南・湖北四省の境界にあたる黄河・漢水・淮水流域——をふまえれば、K3：1鼎が製作された背景を漢水・淮水流域にあった楚の附庸国《ふようこく》（当時楚や斉、秦などの強国に従属していた弱小国）に求め、かつ牟托村に伝来した背景を貴族の辺地徙民という楚の政策に求めた点は大いに注目される。

ここで春秋戦国時代における漢水・淮水流域にあった楚の附庸国とその青銅器について見てみよう。

まず注目されるのは、これら小国の青銅器がその国の所在地以外の地域から出土した例が見られることである。例えば、先述した呂国（所在地は河南省南陽《なんよう》市宛《えん》県の西）の青銅器は、湖北省信陽《しんよう》市と河南省淅川《せきせん》下寺《かし》春秋楚墓《そぼ》から出土している。さらに淅川下寺からは、淮水流域にあった江《こう》国と蓼《りょう》国の青銅器も出土している（信陽一九八〇b・河南一九九一、二五七〜二八七頁）[14]。報告によれば、淅川下寺出土の呂国・蓼国の青銅器は、両国滅亡後にこれらが楚人の手に渡り、墓に埋葬されたものである（河南一九九一、三二六〜三二七頁、四三四頁）[15]。また、黄《こう》国のあった河南省潢川《こうせん》県には蔡公子義《さいこうしぎ》工《こう》の墓葬があり、そこから七件の青銅器が出土している。報告によれば、その年代は前四九三〜前四四七年の間で、この墓が当時蔡《さい》国のあった下蔡《かさい》（州来《しゅうらい》、現安徽《あんき》省寿《じゅ》県）ではなく黄国の地にあるのは、蔡公子義工が戦争捕虜ないしは人質としてこの地に居たためである（信陽一九八〇a）[16]。このような楚による漢水・淮水流域諸国の滅国・遷徙の事例は、『春秋左氏伝《しゅんじゅうさしでん》』（以下『左伝《さでん》』と称す）や『史記』巻四〇楚世家《そせいか》からも多数確認される。[17]従って、楚の附庸国であった小国の青銅器がその所在地以外の地域から出土するという現象は、春秋〜戦国初期に楚が対外的に勢力を拡大する過程において、これら小国を滅ぼし或いは遷徙させ、その際に小国の青銅器が楚人の手に渡った、或いは小国の国人層たちが遷された先で製作したためと理解される。これをふまえれば、牟托一号墓出土の青銅礼楽器のうち前節でBに分類したもの――中原地区ないしは楚系青銅器に類例が見られるのに対し、成都平原からは類例が見られない青銅器――は、このような形で楚の領域内で流通していたものが岷江上流域の牟托村に伝来したものと考えられる。

それでは牟托一号墓出土の青銅礼楽器は、具体的にどのようにして岷江上流域へ伝来したのであろうか。この問題を考える際に注目されるのは、『呂氏春秋《りょししゅんじゅう》』開春論《かいしゅんろん》貴卒《きそつ》に見える次の記述である。

> 呉起《ごき》が荊《けい》（＝楚）王（悼王《とうおう》、位前四〇一～前三八一年）に次のように言上した、「楚に有り余っているのは領土であり、足りないのは民草であります。どうも私には納得が参りません」と。そこで楚王は呉起の諫言に従って貴人たちを移して無人の荒野の開墾に当たらせたが、そこで彼らはみな辛酸をなめた。

これは所謂呉起《ごき》変法に関する内容で、戦国前期後半、楚の悼王《とうおう》が呉起の進言を受けて、領土を拡大するために楚の貴族を辺境の荒地に植民・開拓させたことを述べたものである。岡田功氏の研究によれば、呉起の変法は当時強大な権力を有していた旧来の世族層を排斥して、王権を強化するために行われた政策で、反感を買った貴族に呉起が殺害された後もその体制は維持され、一応の成功をみた（岡田一九八二）。また、徐中舒《じょちゅうじょ》・唐嘉弘《とうかこう》両氏はこのような貴族の辺地徙民の具体例として、清・田雯《でんぶん》『黔書《けんしょ》』に見える宋家・蔡家や(18)、『史記』巻一一六西南夷《せいなんい》列伝及び『後漢書』巻八六南蛮《なんばん》西南夷《せいなんい》列伝に見える荘蹻《そうきょう》（豪《ごう》）の事例を挙げ(19)、これらの史料から、古代の楚人が西南地区に渡った経路として、次の三つを指摘する（図七参照）（徐・唐一九八一）(20)。

①漢中の大巴山に沿った経路

②夔《き》（丹陽《たんよう》附近）・巫《ふ》を経て枳《し》・渝《ゆ》に達し、さらに漢の僰道《ほくどう》を経て南中（漢代の益州・永昌郡）に達する長江沿いの経路

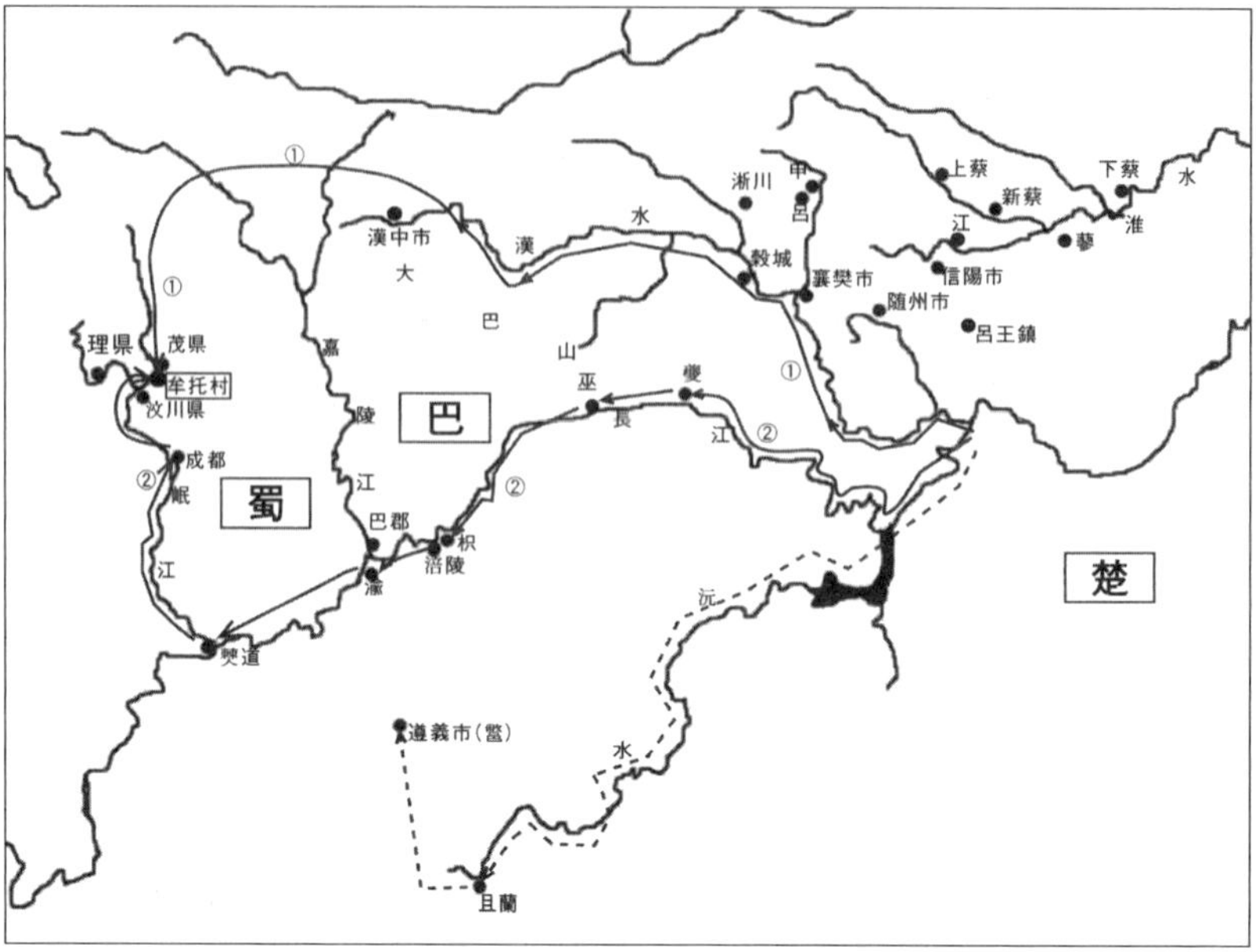

図七　牟托村出土青銅礼楽器伝来経路想定図

←──：①漢水を遡る経路、②長江・岷江を遡る経路
←- - -：徐中舒・唐嘉弘氏の指摘する第三の経路（第一の経路は①、第二の経路は②と合致）。

③清江《せい》・沅江《げん》に従って黔中《けんちゅう》・且蘭を経て、鱉《べつ》（遵義《じゅんぎ》）を中心とする地区に至る経路

両氏の指摘で大いに注目されるのは、第一に、前節で想定した牟托一号墓出土青銅礼楽器の伝来経路二つのうち、漢水を遡る経路が両氏の指摘する経路①と合致することである。第二に、経路②・③沿いに虎鈕淳于《こちゅうじゅんう》（青銅楽器の一つ。虎鈕とは淳于の上部にある虎を模した鈕《つまみ》）が集中的に出土していることである（鄧輝一九九四）。高至喜《こうしき》・熊伝新《ゆうでんしん》氏によれば、虎鈕淳于は楚から伝わった淳于の環鈕《かんちゅう》（環形の鈕）を巴《は》族が虎鈕に改めたものである（高・熊一九八〇）。これに従えば、虎鈕淳于は経路②・③から巴に伝わったと考えられる。さらに、前節でAに分類した牟托一号墓出土の青銅器――中原地区ないしは楚系青銅器に類例が見られ、かつ成都平原からも類例が見られるもの――についても、長江沿いの経路②から成都平原へ伝わり、そこで模倣されたものが岷江を遡って牟托村へ伝来したと考えられる。このほか、文献史料には楚・巴・蜀三国が頻繁に交渉していた

ことを示す記述が多く見られ、これらも牟托一号墓出土の青銅礼楽器が前節で想定した二つの経路（図七の①・②）から伝来したことを傍証するものである。例えば、漢水経路一帯（図七の①）において楚と巴の交渉があったことは、『華陽国志』巻一巴志《はし》に

　春秋時代の魯《ろ》の桓公《かんこう》の九年（前七〇三）、巴王が韓服《かんふく》を使者として楚に対し鄧と友好関係を結びたいと願い出た。楚子《そし》（楚の武王）は、大夫の道朔《どうさく》を派遣して巴の使者を率いて鄧に赴かせた。ところがその途上で鄧の南郊の鄾《ゆう》人が道朔と巴の使者とを攻め殺し、彼らが持っていた贈り物を奪い取った。そのため巴王は怒り、鄧を攻めて打ち破った。その後、巴と楚は共に兵卒を出して申を征伐することにしたが、その時楚王は、巴の兵卒に脅威を与えて驚かせてしまった。そこで魯の荘公の一八年（前六七八）、巴王は楚を伐ち勝利を挙げた。魯の文公《ぶんこう》一六年（前六一一）、巴は秦・楚と共同で庸《よう》を攻め滅ぼした。……魯の哀公《あいこう》一八年（前四七七）、巴は楚を伐ち、鄾の地でこれを敗った。[21]

とあり、『左伝《さでん》』荘公《そうこう》一八年（前六七八）条にも

　楚の文王が即位してから、楚の軍は巴人と一緒に申を攻め、巴人に楚軍の強さを示すために巴の軍隊を驚かせた。そこで巴人は楚に背いて那処《だしょ》を攻めて占領した。ついで楚都の城門を攻撃した。（那処《だしょ》の尹であった）閻敖《えんごう》は守備に耐えかね涌《よう》水を泳いで逃走した。そのため楚王は彼を殺した。閻敖《えんごう》の一族は乱を起こした。冬、巴人はこの乱に乗じて楚を攻めた。[22]

とある。また、長江・岷江経路一帯（図七の②）において楚と蜀との交渉があったことは、先述した来敏《らいびん》『本蜀論《ほんしょくろん》』に見える荊人鼈令《けいひとべつれい》の記述のほか、『史記』楚世家に

　粛王《しょくおう》四年（前三七七）、蜀は楚を伐ち、茲方《じほう》を取った。そこで楚は扞關《かんかん》（関の名）を造ってこれを防いだ。

とある。さらに巴・蜀の交渉については『華陽国志』巴志に「巴と蜀とは、代々戦い争った」、同巻三蜀志に「巴は蜀と仇であった」とある。

以上を要するに、牟托一号墓出土の青銅礼楽器二五件が伝来した二つの経路、即ち漢水を遡る経路、及び長江・岷江を遡る経路は（図七参照）、文献史料に見える楚人が西南地区へ渡った経路と合致し、その背景にはこの一帯における巴・蜀・楚の交渉、春秋中後期〜戦国前期の楚が対外への勢力拡大を目的として行った小国の滅国・遷徙、及び王権強化を目的とした辺地徙民政策があったと考えられる。

三、牟托一号墓を残した種族とその墓主について

牟托一号墓を残した種族に関して、報告では出土遺物に蜀文化と類似するものが多いことなどを理由に岷江上流域の石棺葬文化を蜀文化系統の一つとし、牟托一号墓を蜀人の墓葬とする。また墓主について、随葬品の多さからこれを王或いは首領身分の人とし、さらにK3：1鼎の銘文を論拠に、岷江上流域の石棺墓を残した種族は先秦時期に中原の周王朝文化と交わり、封地を与えられたのであろうと指摘する（茂県一九九四）。しかし、K3：1鼎が「繁鼎《はんてい》」という典型的な楚系青銅器の一つであること、及び前節で検討した牟托一号墓出土の青銅礼楽器の性格とその伝来背景をふまえれば、この説には従えない。本稿冒頭で指摘したように、石棺墓を残した種族は、従来、漢代に岷江上流域で活動していた冉駹《ぜんぼう》と考えられている。しかし先行研究では、冉駹に関する文献史料の解釈の相違や、石棺葬文化とその周辺文化との関係のとらえ方の相違などによって、その種族系統を氐羌《ていきょう》系種族、或いは氐族、西南夷《せいなんい》系種族とする諸説がある。(23)本節ではこの問題を再検討し、改めて牟托一号墓を残した種族とその墓主について考察したい。

冉駹に関するまとまった記述は、『史記』西南夷《せいなんい》列伝及び『後漢書』南蛮西南夷《なんばんせいなんい》列伝に見える。

西南夷の君長の国は数十あり、夜郎《やろう》が最大である、……筰《さく》より東北においても君長の国は数十あり、冉駹《ぜんぼう》が最大である。その習俗は土着するものもあり、移住するものもあり、すべて蜀の西方に居住している。冄駹より東北に

おいても、君長の国は数十あり、白馬が最大である。みな氐《てい》族である。これらはみな巴蜀の西南の外辺に居住する蛮夷である（『史記』西南夷列伝）。

西南夷は、蜀郡の徼外《きょうがい》に居住している。……巂《すい》より東北に筰都《さくと》国があり、更にその東北に冉駹国があり、ある者は定住し、ある者は家畜を追って移動する。冉駹より東北に白馬国があり、その種族は氐族である。この三国にもまた君長がいる。……冉駹夷は、武帝がはじめて勢力を及ぼした地域に住む部族である。元鼎六年（前一一一）に、この地を汶山《びんざん》郡とした。……その山には六夷《りくい》・七羌《しちきょう》・九氐《きゅうてい》がおり、それぞれ部落がある。その王侯はよく文書を理解し、法は厳重である。婦人を尊敬し、母方の一族に親しんでいる。人が死ねばその遺体を火葬する。気候は寒さが厳しく、盛夏であっても氷が解けないほどであるため、夷人たちは冬になると寒さを避け、成都に降りていって賃労働に従事し、夏になると暑さを避け、部落に帰る。人々はみな山に居し、石を重ねて建物を造り、その高いものは高さ十余丈に至り、これを邛籠《きょうろう》という（『後漢書』南蛮西南夷列伝）。

『後漢書』では、「冉駹國」・「冉駹夷」とあるように、冉駹が一種族のように述べられているが、『史記』巻一一七司《じ》馬相如《ばしょうじょ》列伝に「冄《ぜん》を入朝させ駹《ぼう》を従え」とあり、同巻一二三大宛《だいえん》列伝に「冄（の地）から出て、駹（の地）から出て」とあることからすれば、冉駹は冉・駹二つの種族である。先行研究によれば、『後漢書』で冉駹を一種族のように扱っているのは、この地域で最大勢力であった冉・駹二つの種族名をもって諸種族を総称したためである（李紹明一九六三・童恩正一九七八・夏麦陵一九九五）。従って、これらの史料から理解されることは、漢代の筰《さく》（現四川省漢源《かんげん》県東南）より東北には君長が数十おり、そのうち冉と駹が最大であったこと、また汶山《びんざん》郡が置かれた冉駹の地には「六夷《りくい》・七《しち》羌《きょう》・九氐《きゅうてい》」が居り、それぞれに集落があったということであり、冉駹の種族構成が複雑であったことがわかる。これは『華陽国志』蜀志にある次の記述からも窺える。

汶山《びんざん》郡はもともと漢代の蜀郡北部都尉の地で、武帝の元鼎六年（前一一一）に設置された。……六夷《りくい》・羌胡《きょうこ》・

羌虜《きょうりょ》・白蘭峒《はくらんとう》九種の戎がいる。

この冉駹の種族系統に関して、童恩正《どうおんせい》氏は冉駹の集落の中で氏の数が最も多いこと、及び『三国志』巻三〇魏書烏丸《うがん》鮮卑東夷《せんびとうい》伝の裴松之《はいしょうし》の注に引用された三国魏・魚豢《ぎょかん》『魏略《ぎりゃく》』西戎《せいじゅう》伝に氏族を「蚺氐《ぜんてい》」と称している例を挙げ、冉駹を氐族とする（童恩正一九七八・一九八〇）。しかし、この「蚺氐」については、冉駹が複雑な種族構成であった以上、冉駹のうちの「冉」が「氐」族であったと解釈できても、冉駹と総称された種族すべてが「氐」族であったとは解しがたい。さらに、『魏略』西戎伝ではその前文に

漢王朝は益州を開置してから、武都郡を設置し、その種人を排斥して山谷間に分け隠れさせた。

とあり、これによれば「蚺氐」を含む一段は、武都郡の氐について述べたもので、これを『史記』や『後漢書』に見える汶山郡の冉駹と同一種族とすることには疑問が残る。また宋治民氏は、冉駹が『後漢書』では「冉駹夷」と称され、その後文に「六夷・七羌・九氐」とあるように、夷・氐・羌が明確に区別されていることから、冉駹夷は夷人であり、氐・羌とは区別すべきとする（宋治民一九八七・二〇〇一）。しかし、李紹明・任乃強氏らが指摘するように、漢・魏・南北朝時代の史書・地理書では夷・羌・氐がしばしば混用されていることからすれば（李紹明一九六三・任乃強一九八七、一九六頁）、この説にも従いがたい。

以上から明らかなように、冉駹に関する文献史料から、その種族系統、即ち岷江上流域の石棺墓を残した種族を氐羌系、或いは氐族、西南夷系のいずれかに論定することは難しく、この問題は別の点から検討せざるを得ない。そこで注目されるのは、揚銘《ようめい》・夏麦陵《かばくりょう》氏らの研究である。両氏は石棺葬《せっかんそう》文化に見える馬鞍形双耳罐《ばあんけいそうじかん》・単耳罐《たんじかん》などの土器や仰身直肢葬の葬俗などが、氏羌系種族の遺存と推定される寺窪《じわ》・安国《あんこく》類型文化のそれに共通し、さらに両文化の中心地域である甘粛省東南部と岷江上流域とが隣接していることなどから、西北地区の寺窪・安国類型文化の居住民であった氐羌系種族の一部が南下して岷江上流域へ至りそこで石棺墓を残した、即ち、石棺墓を残した種族を寺窪・安国類型文化地

区から南下してきた氐羌系種族の一部とする。そして、この種族が南下した原因は紀元前一〇世紀よりほぼ二世紀もの長期に及んだ寒冷と日照りにあると指摘する。[24] さらに、岷江上流域における石棺墓の出現と流行は、この地区に採掘・加工しやすい板岩や片麻岩などからなる山が多いという自然地理条件によるものとする（揚銘一九九三・夏麦陵一九九五）。両氏の指摘をふまえれば、漢代に岷江上流域にいた冉駹は、史籍に「六夷・七羌・九氐」、「六夷・羌胡・羌虜・白蘭峒九種之戎」などと記されるように、複雑な種族から構成されていたが、その主要部分は寺窪・安国類型文化地区から南下してきた氐羌系種族の一部であったと考えられる。また、本稿冒頭で指摘した石棺葬文化についても、この氐羌系種族の一部が、移動先の自然地理条件に適応する中で次第に形成されたものと考えられる。

以上を要するに、岷江上流域の石棺墓を残した種族は、西北の寺窪・安国類型文化地区から岷江上流域へ南下してきた氐羌系種族の一部と考えられ、この種族は漢代において史籍に「六夷・七羌・九氐」、「六夷・羌胡・羌虜・白蘭峒九種之戎」と記されるような複雑な種族から構成された冉駹の主要部分であったと考えられる。

最後に牟托一号墓の墓主について述べたい。本稿冒頭で指摘したように、牟托一号墓は岷江上流域の他の石棺墓には見られない青銅礼楽器が出土し、また出土遺物の多さや陪葬坑の存在など他の石棺墓と比べて極めて特殊であること、さらに石棺墓を残した種族が寺窪・安国類型文化地区から南下してきた氐羌系種族の一部に求められ、これが冉駹の主要部分であったと考えられることなどから、李先登氏が指摘するように、牟托一号墓の墓主は冉駹の君長レベルの人物と考えられる（李先登一九九八）。

おわりに

本稿では、牟托一号墓及び陪葬坑三基から出土した青銅礼楽器の分析と石棺墓を残した種族の種族系統の再検討を通して、春秋戦国期～漢代にかけて岷江上流域で活動していた種族が、この地域一帯に石棺墓を残した歴史的背景を考察した。その結果、以下のことを明らかにした。

一、牟托村出土青銅礼楽器は、楚系青銅器との密接な関わりが看取されるとともに、その類例が岷江上流域の他の石棺墓では見られないことから、これらは当地で製作されたものではなく、外地から伝来したものと考えられる。さらに、これら類例の出土地域の相違から、牟托村への伝来経路として、楚の領域内から長江・岷江を遡って成都平原へ至り、そこで模倣されたものがさらに岷江を遡る経路、及び漢水を遡って甘粛南部・四川北部を経る経路との二つが想定される。

二、牟托村出土青銅礼楽器が伝来した歴史的背景は、前項で述べた二つの経路一帯における巴・蜀・楚の交渉、春秋中後期～戦国前期に楚が対外への勢力拡大を目的として行った小国の滅国・遷徙、及び王権強化を目的とした辺地徙民政策に求められる。

三、岷江上流域の石棺墓を残した種族は、寺窪・安国類型文化地区から南下してきた氐羌系種族の一部に求められ、この種族は、漢代において史籍に「六夷・七羌・九氐」、「六夷・羌胡・羌虜・白蘭峒九種之戎」と記されるような複雑な種族から構成された冉駹の主要部分であった。

四、牟托一号墓は陪葬坑を伴い、多数の青銅礼楽器が出土するなどの特殊性から、その墓主は冉駹の君長レベルの人物と考えられる。

五、所謂石棺葬文化は、寺窪・安国類型文化地区から南下してきた氐羌系種族の人々が、移動先の自然環境に適応する中で次第に形成されたものと考えられる。

以上のことは、戦国後期の岷江上流域における楚系青銅器の伝播《でんぱ》と受容、即ち、一地方における楚系文化の伝播と受容の在り方を示す事例として理解される。また、岷江上流域においてこのような青銅器が牟托一号墓、即ち冉駹の君長レベルの墓葬からしか出土してないことから、これらの青銅器は、墓主の身分の高さを象徴する、珍重すべきものとして受容されたものと考えられる。ここで注目されるのは、中原文化との交流を通して生じた楚系文化という一つの地域文化が、さらにその周辺へ広がったという事実である。そこには、岷江上流域にいた冉駹が楚系文化を通じて中原文化を受容したという二重の地域性が看取される。そして改めて問題となるのは、これより以後、秦の六国統一に際して、地域文化が中国文明に編入されていく過程の中で、このような中原文化受容の二重性がどのように位置づけられるかということであろう。

注

(1) ここでいう岷江上流域とは、汶川《びんせん》県より上流を指す。
(2) なお、二号坑との関係は不明であるが、一九九八年に牟托一号石棺墓附近で石棺墓の蓋板が発見されている（森二〇〇三）。
(3) 楚系青銅器とは、楚国の青銅器、及び楚系文化系統に属す青銅器を指す（劉彬徽一九九五、一頁）。
(4) 劉彬徽《りゅうりんき》氏によれば、「繁鼎」とは口沿《こうえん》と腹壁とが一直線で、口沿近くの外壁が「たが」のように突起している子母口《しぼこう》深《しん》腹《ふく》鼎をいう。しかし、K3：1鼎とその類例①・②・③（表三参照）は、器の口沿部が内折して蓋と子母口をなしており、氏が「饋鼎《きてい》」に分類する形である。氏は、春秋期の饋鼎は繁鼎と形が近いとも指摘しており、春秋～戦国前期頃において、両者の区別はそれほど明確でなかったのかもしれない（劉彬徽一九九五、一一四～一一五・一一七～一一九頁）。
(5) 報告によれば、K1：6及びK2：2盞には、他に同形のものがそれぞれ二件あるが、未公表である。また、報告はM1：67を鼎、M1：71、K1：6、K2：2を敦形器《たいけいき》とするが、本稿では夏麦陵・宋治民・李先登氏らに従ってこれら全てを盞とした（茂県一九九四・夏麦陵一九九五・宋治民二〇〇一・李先登一九九八）。劉彬徽氏によれば、盞とは春秋中期～戦国前期の楚系青銅器に見られる盆形の敦《たい》である（劉彬徽一九九五、一五二～一六七頁）。M1：67の類例も盞とすべきであろう。

（6）與・擧・呂の上古復元音は、それぞれdi̯ag（平声、上声、去声）・di̯ag（平声）・li̯ag（上声）である（董同龢一九四四、一五七頁）。

（7）『史記』巻三二斉太公世家《せいたいこうせいか》に「其の先祖は嘗て四嶽《しがく》と爲り、禹を佐《たす》けて水土を平ぐに甚だ功有り。虞夏《ぐか》の際、呂に封ぜられ、或は申に封ぜらる。姓は姜《きょう》氏」とあり、唐・司馬貞《しばてい》の注釈が引用する『地理志』に「中は南陽宛縣に在り、申伯の國なり。呂も亦た宛縣の西に在るなり」とある。

（8）氏はその論拠として、K3：1鼎の「八月初吉丁亥」は、張培瑜《ちょうばいゆ》氏の測算によれば、昭公一一年（前五三一）～哀公二七年（前四六八）において、哀公四年（前四九一）だけであることを指摘する（魏啓鵬一九九五・張培瑜一九八七、一六六頁）。

（9）『水経注』巻三三江水条引来敏『本蜀論』に「荊人鼈令《けいひとべつれい》死す。其の尸、水に随いて上り、荊人、之を求むるも得ず。鼈令、汶山《びんざん》の下《ふもと》に至り、復生し、起ちて望帝に見ゆ。望帝は、杜宇《とう》なり。天下を従える。女子の朱利、江源自り出で、宇の妻と爲り、（杜宇《とう》、）遂に蜀に王たり、號して望帝と曰う。望帝立ちて以て（鼈令を）相と爲す。時に巫山《ふざん》峽にして蜀水流れざれば、帝、鼈令をして巫峡を鑿《うが》ち水を通さしめ、蜀、陸處を得。望帝自ら德の（鼈令に）若かざるを以て、遂に國を以て禪《ゆず》る。（鼈令は）號して開明と曰う」とある。また、これと同内容の記述は、前漢・揚雄《ようゆう》『蜀王本紀《しょくおうほんぎ》』（『後漢書』巻五九張衡列伝李賢《ちょうこうれつでんりけん》注引、『文選《もんぜん》』巻一五張平子《ちょうへいし》「思玄賦《しげんふ》」李善《りぜん》注引、北宋・呉淑《ごしょく》『事類賦《じるいふ》』巻六引、『太平御覧《たいへいぎょらん》』巻八八八引、同巻九二三引、『太平広記《たいへいこうき》』巻三七四引）、『太平御覧』巻五六引応劭『風俗通義《ふうぞくつうぎ》』佚文《いつぶん》、『華陽国志《かようこくし》』蜀志《しょくし》、『太平御覧』巻一六六引北魏・闞駰《かんいん》『十三州志』にも見える。

（10）当時の楚における貴人の徙民政策は『呂氏春秋』開春論貴卒に見える。具体的内容については本節後文参照。

(11) 注（6）参照。

(12) 例えば、呂王鬲《りょおうき》（『殷周金文集成』六三五）・呂雔姫鬲《りょしゅうきれき》（同六三六）・呂伯𣪕《りょはくき》（同三九七九）・呂王壺（同九六三〇）などは「呂」に作り、一九七四年と一九七九年に河南省信陽市で発見された呂国銅器では「甫」に作る（信陽一九八〇b）。

(13) 蒙文通《もうぶんつう》氏は、呂が黄州府に遷された論拠として、同地に呂王城遺址（湖北省孝感《こうかん》市大悟《たいご》県呂王鎮《りょおうちん》。図一参照）があることを指摘する（蒙文通一九五八、一六～一七頁、同一九九三、六五～六六頁）。しかし、呂王城遺址の報告者は、呂国ではなく弦《げん》国との関連を指摘する（孝感一九九〇）。

(14) 淅川下寺《せきせんかし》出土の呂国青銅器は鎛《はく》八件（M10：73～80）と鐘《しょう》九件（M10：66～72、M10：83～84）、蓼《りょう》国青銅器は三六号墓出土の戈一件（M36：19）、江国青銅器は一号墓出土の鬲《れき》一件（M1：42）である（河南一九九一、四五・四六・六〇・六二頁）。なお、『春秋』・『史記』楚世家《そせいか》によれば、江国の滅亡は前六二三年、蓼国の滅亡は前六二二年である。

(15) 呂国青銅器の鐘《しょう》・鎛《はく》に関して、劉彬徽《りゅうりんき》氏は呂国滅亡後に呂の宗族の後人がこれらを製作したとする（劉彬徽一九九五、二三〇～二三二・三一八～三一九頁）。これに従えば、この鐘・鎛は呂国滅亡後に旧国人層達が遷された先で製作したものと理解される。

(16) 蔡国の滅亡は『史記』楚世家恵王四二年（前四四七）条に見え、黄国の滅亡は『左伝』僖公一二年（前六四八）条に見える。

(17) 『左伝《さでん》』・『史記』楚世家によれば、戦国時代初めの恵王の時代までに権《けん》・申・鄧《とう》・庸《よう》（漢水流域）、息《そく》・弦・黄・江・六《りく》・蓼《りょう》・舒蓼《じょりょう》・陳・蕭《しょう》・舒庸《じょよう》・舒鳩《じょきゅう》・頓《とん》・胡・蔡（淮水流域）、夔《き》・頼《らい》（厲《らい》）・唐（長江流域）の諸国が滅ぼされている。

(18) 同書上巻苗俗宋家《みょうぞくそうか》条に「宋家は蓋し中國の裔なり、春秋の時、宋、楚子の蠶食《さんしょく》する所と爲り、其の人民を俘《と》りて之を南徼《なんきょう》に放ち、遂に流れて夷と爲る、即ち宋宣慰《そうせんい》の祖なり。漢語に通じ、文字を識《し》り、耕績に勤む」、同蔡家《さいか》条に「蔡家は即ち宋人なり、亦た楚の俘る所と爲る」とある。

(19)『史記』西南夷列伝に「始め楚の威王の時、将軍莊蹻をして兵を将《ひき》いて江を循《したが》いて上《のぼ》り、巴・(蜀・)黔中《けんちゅう》以西を略せしむ。莊蹻は、故《もと》楚の莊王の苗裔なり。蹻、滇池《てんち》に至る。(地、)方三百里、旁《かたわ》らの平地、肥饒《ひじょう》なること數千里。兵威を以て楚に定屬せしむ。歸りて報《つ》げんと欲し、會《たま》ま秦、撃ちて楚の巴・黔中郡を奪い、道塞がりて通ぜず。因りて還《かえ》り、其の衆を以いて滇に王たり。服を變《か》え、其の俗に従い、以て之《ここ》に長たり」、『後漢書』南蛮西南夷列伝に「初め楚の頃襄王の時、将莊豪を遣わして沅水《げんすい》従《よ》り夜郎《やろう》を伐たしむ。軍、且蘭《しょらん》に至り、船を岸に椓《つな》いで歩戰す。既に夜郎を滅ぼして、因りて留まりて滇池に王たり」とある。

(20)徐中舒・唐嘉弘両氏はその論拠として、第一の経路については、その北端が『戦国策』秦策三蔡沢見逐於趙章に「棧道千里、蜀漢に通ず」とある経路に繫がるものであること、第二の経路は『漢書』巻八七揚雄伝で揚雄の先祖が楚から蜀に至った経路であること、第三の経路は『史記』西南夷列伝及び『後漢書』南蛮西南夷列伝において莊蹻が夜郎・滇池に行った経路であることを指摘する。

(21)これと同内容の記述は、『左伝』桓公九年条、同文公一六年条、同哀公一八年条にも見える。

(22)これと同内容の記述は、『華陽国志』巴志にも見える。

(23)岷江上流域の石棺墓を残した種族を冉駹とし、その族属を氏族とするのは童恩正一九七八。氐羌系種族とするのは、陳祖軍一九九六、蔣宣忠一九八一・一九八五、夏麦陵一九九五、李先登一九九八。西南夷系種族とするのは、宋治民二〇〇一。

(24)この寒冷と日照りについては、蒙文通一九五八(一〜七頁)、竺可楨一九七九(四七九頁)を参照。

参考文献

阿垻一九八七　阿垻藏族自治州文物管理所・理県文化館「四川理県佳山石棺葬発掘清理報告」（『南方民族考古』第一輯、一九八七年）

王有鵬一九八七　王有鵬「四川綿竹県船棺墓」（『文物』一九八七―一〇）

岡田一九八一　岡田功「楚国と呉起変法―楚国の国家構造把握のために―」（『歴史学研究』一九八一―三）

小澤一九九六　小澤正人「岷江上流域戦国時代石棺墓の一考察」（『史観』第一三五冊、一九九六年）

郭宝鈞一九八一　郭宝鈞『商周銅器群綜合研究』（文物出版社、一九八一年一二月）

河南一九八三　河南省文物研究所新鄭工作站「河南新鄭県李家村発現春秋墓」（『考古』一九八三―八）

河南一九九一　河南省文物研究所・河南省丹江庫区考古発掘隊・淅川県博物館『淅川下寺春秋楚墓』（文物出版社、一九九一年一〇月）

夏麦陵一九九五　夏麦陵「茂県牟托石棺葬与冉氏国」（羅世烈等主編『先秦史与巴蜀文化論集』歴史教学社、一九九五年一〇月）

魏啓鵬一九九五　魏啓鵬「茂汶新出与子鼎跋」（羅世烈等主編『先秦史与巴蜀文化論集』歴史教学社、一九九五年一〇月）

高・熊一九八〇　高至喜・熊伝新「楚人在湖南的活動遺跡概述―兼論有関楚文化的几个問題」（『文物』一九八〇―一〇）

項・李一九九五　項春松・李義「寧城小黒石溝石椁墓調査清理報告」（『文物』一九九五―五）

孝感一九九〇　孝感地区博物館「湖北大悟呂王城遺址」（『江漢考古』一九九〇―二）

江章華二〇〇一　江章華「岷江上游的石棺墓」（工藤元男『四川省成都盆地における巴蜀文化の研究』平成九年度～平成一二年度科学研究補助金（基盤研究（B）（二））研究成果報告書（課題番号09410108）、二〇〇一年七月）

広西一九七三　広西壮族自治区博物館「広西恭城県出土的青銅器」（『考古』一九七三―一）

竺可楨一九七九　竺可楨「中国五千年来気候変遷的初歩研究」(『竺可楨文集』科学出版社、一九七九年三月)
徐・唐一九八一　徐中舒・唐嘉弘「古代蜀楚的関係」(『文物』一九八一―六、後、徐中舒主編『巴蜀考古論文集』(文物出版社、一九八七年八月)に再録)
蔣宣忠一九八一　茂汶羌族自治県文化館「四川営盤山的石棺葬」(『考古』一九八一―五)
蔣宣忠一九八五　蔣宣忠「四川茂汶別立、勒石村的石棺葬」(『文物資料叢刊 九』文物出版社、一九八五年一〇月)
襄樊一九八六　襄樊市博物館・穀城県文化館「襄樊市、穀城県館藏青銅器」(『文物』一九八六―四)
任乃強一九八七　任乃強『華陽国志校補図注』(上海古籍出版社、一九八七年一〇月)
新都一九八一　四川省博物館・新都県文物管理所「四川新都戦国木椁墓」(『文物』一九八一―六)
信陽一九八〇ａ　信陽地区文管会・潢川県文化館「河南潢川県発現黄国和蔡国銅器」(『文物』一九八〇―一)
信陽一九八〇ｂ　信陽地区文管会「河南信陽発現両批春秋銅器」(『文物』一九八〇―一)
随県一九八〇　随県博物館「湖北随県城郊発現春秋墓葬和銅器」(『文物』一九八〇―一)
成都一九八九　成都市文物管理処「成都三洞橋青羊小区戦国墓」(『文物』一九八九―五)
全集五　中国青銅器全集編集委員会編『中国青銅器全集　五　西周一』(文物出版社、一九九六年七月)
全集一三　中国青銅器全集編集委員会編『中国青銅器全集　一三　巴蜀』(文物出版社、一九九四年六月)
宋治民一九八七　宋治民「試論川西和滇西北的石棺葬」(『考古与文物』一九八七―三)
宋治民二〇〇一　宋治民「四川茂県牟托一号石棺墓若干問題的初歩分析」(四川大学歴史文化学院考古学系編『四川大学考古専業創建四十周年暨　馮漢驥教授百年誕辰記念文集』四川大学出版社、二〇〇一年三月)
張培瑜一九八七　張培瑜『中国先秦史暦表』(斉魯書社、一九八七年六月)
陳祖軍一九九六　陳祖軍「西南地区的石棺墓分期研究―関于〝石棺葬文化〞的新認識」(四川省文物考古研究所編『四川考

古論文集』文物出版社、一九九六年一二月）
鄧輝一九九四　鄧輝「虎鈕淳于用途初探」（『四川文物』一九九四—一）
董同龢一九四四　董同龢『上古音韻表稿』（中央研究院歴史語言研究所、一九四四年一二月）
童恩正一九七七　童恩正「我国西南地区青銅剣的研究」（『考古学報』一九七七—二、後、同『中国西南民族考古論文集』（文物出版社、一九九〇年六月）に再録）
童恩正一九七八　童恩正「四川西北地区石棺葬族属試探—附談有関古代氏族的几个問題」（『思想戦線』一九七八—二、後、同『中国西南民族考古論文集』（文物出版社、一九九〇年六月）に再録）
童恩正一九八〇　童恩正「近年来中国西南民族地区戦国秦漢時代的考古発現及其研究」（『考古学報』一九八〇—四、後、同『中国西南民族考古論文集』（文物出版社、一九九〇年六月）に再録）
林一九八四　林巳奈夫『殷周時代青銅器の研究—殷周青銅器綜覧一』（吉川弘文館、一九八四年二月）
林一九八九　林巳奈夫『春秋戦国時代青銅器の研究—殷周青銅器綜覧三』（吉川弘文館、一九八九年一月）
馮・童一九七三　馮漢驥・童恩正「岷江上游的石棺葬」（『考古学報』一九七三—二）
蒙文通一九五八　蒙文通『周秦少数民族研究』（龍門聯合書局、一九五八年七月）
蒙文通一九九三　蒙文通『古族甄微』（巴蜀書社、一九九三年四月）
茂県一九九四　茂県羌族博物館・阿埧蔵族自治州文物管理所「四川牟托一号石棺墓及陪葬坑清理簡報」（『文物』一九九四—三）
茂汶一九八三　四川省文管会・茂汶県文化館「四川茂汶羌族自治県石棺葬発掘報告」（『文物資料叢刊　七』文物出版社、一九八三年二月）
森二〇〇三　森和「早稲田大学長江流域文化研究所二〇〇一年度夏期調査報告」（早稲田大学長江流域文化研究所『長

江流域文化研究所年報』第二号、二〇〇三年一〇月）
揚銘一九九三　揚銘「試論氐与蜀関係」（李紹明・林向・趙殿増主編『三星堆与巴蜀文化』巴蜀書社出版、一九九三年一一月）
叶・羅一九九九　叶茂林・羅進勇「四川汶川県昭店村発現的石棺葬」（『考古』一九九九―七）
洛陽一九九九　洛陽市文物工作隊「洛陽市613所東周墓」（『文物』一九九九―八）
李紹明一九六三　李紹明「関于羌族古代史的几个問題」（『歴史研究』一九六三―五）
李先登一九九八　李先登「四川茂県牟托石棺墓初歩的研究」（『中国歴史博物館館刊』総三〇期（一九九八年）、後、同『夏商周青銅器文明探研』（科学出版社出版、二〇〇一年九月）に再録）
劉彬徽一九九五　劉彬徽『楚系青銅器研究』（湖北教育出版社、一九九五年七月）

戦国楚文化の淵源
―楚文化・巴文化同源説？―

谷口　満

はじめに

楚文化の淵源を探索するというのは、きわめて困難な作業である。殷文化とか周文化とか、あるいは秦文化とか晋文化とか斉文化とか、そういった先秦文化の淵源を探索するというのも困難な作業であろうが、楚文化のそれは、それらのどれにもまして困難であるように思われる。その理由の一つについてはのちほどすぐにふれることになるが、そのようにきわめて困難な作業をあえて試みようというのであるから、作業の途中で無用な混乱をまねくことのないよう、議論の前提となることがらを、まずはじめに確認しておかねばならないであろう。

第一は、楚文化の淵源を探索するという場合の、その楚文化とは何かという前提である。というのも、楚文化といえばもちろん楚国の文化なのであるが、一口に楚国の文化といっても、時代や地域やあるいはその文化をになった階層や身分によって、文化の様相は同じではないと考えられるからである。したがって、どの時代のどの地域のどの階層・身分の楚文化を対象とするのかをあらかじめ決めておくのでなければ、そもそも議論を始めることができないであろう。この点について小論では、戦国時代の、国都である郢都及びその周辺の、大形墓や中型墓の墓主つまり上層階層の人々の文化をもって、対象とする楚文化としたいと思う。しばしば典型楚文化とよばれる楚文化である。なぜこの楚文化に限定して対象とするのか、その理由は次のように単純なものである。

楚国は西周はじめの建国から戦国晩期の滅亡まで、およそ八百年存続したといわれるのであるから、西周時代にも春秋時代にも当然楚文化は存在したわけであるが、しかし、これが西周楚文化のこれが春秋楚文化の要素だと、可視的にはっきり残っている要素はきわめて少ない。皆無ではないけれども、量は絶対的に不足しているのである。戦国時代になると量はそうとうに増加するが、ただ同じ戦国時代であっても、郢都から遠く離れた地方の楚文化、また郢都あるいはその付近の楚文化であっても、一般庶民あるいはそれ以下の階層の人々の楚文化となると、可視的にはっきり残っている要素は、やはりきわめて少ないといわざるをえない。ちなみに張正明氏は、はずすことのできない楚文化の代表的要素として次の六つをあげているが（張正明・一）、

①青銅器鋳造工芸　②絹織物工芸と刺繍工芸　③漆器工芸　④老子と荘子の哲学　⑤屈原の詩歌と荘子の散文　⑥美術と楽舞

具体的な例をあげるとなると、①・②・③についていえば、郢都周辺の大型中型戦国楚墓から出土する遺物にほとんど限られてくるであろうし、⑥にしてもやはりそれらの遺物から戦国時代のその様相を推測するのがせいぜいのところであろう。張氏のいう楚文化の代表的要素を、西周や春秋の楚国から、あるいは戦国時代の一般庶民層や下層社会から、あるいは戦国時代の郢都から離れた地方から抽き出してくることは、資料的にほとんど不可能なのである。張氏は〝楚文化〟といっているけれども、氏の念頭にあるのは実質としては戦国時代のいわゆる典型楚文化に他ならない。――④・⑤の思想や文学も確かに楚文化の重要な要素であるし、これも戦国楚文化の要素である。ただそういった思想や文

学が盛行していたのは、郢都及びその周辺なのかあるいは郢都から離れた地方なのか、はっきりしない。もしこれが地方で盛行していたとするなら、戦国楚文化のなかで地方に認められる数少ない文化要素ということができよう。こういったいわば文化の精神的要素をとりあげてその淵源を云々することも、きわめて興味深い作業ではあるが、その場合はよほどきちっとした思想史研究上・文学史研究上の方法論的前提を固めておく必要がある。後日を期することにして、小論の対象からは除外することにする——。

要するに、西周楚文化や春秋楚文化や地方楚文化や一般庶民・下層階層の楚文化を対象としようとしても、対象としうる文化要素がほとんど残存しておらず、対象とすることができないのが実情であり、しかもそのごく少ないものなかには、はたして楚文化の要素とみてよいかどうか判断つきかねるものも含まれており、厳密に考えていくと、拠るべき要素はほとんどなくなってしまうのである。楚文化の淵源を探索するという場合、西周楚文化や春秋楚文化や地方楚文化や一般庶民・下層階層の楚文化を取り上げて、その淵源を云々することももちろん必要であり、それは必ずしもまったく不可能というわけではない。しかし順序としては、確かな楚文化の要素であると誰もが認め、しかも事例の多い、戦国時代の郢都及びその周辺の上層階層の楚文化、つまり典型楚文化を取り上げてその淵源を云々し、そののち資料的に可能な限りにおいて、またできれば典型楚文化の淵源と深くかかわる限りにおいて、西周楚文化や春秋楚文化や地方楚文化や一般庶民・下層階層楚文化の淵源を云々するというのが、妥当な手順ではなかろうか。資料的に安定している戦国典型楚文化の淵源を云々することがないままに、資料的に不安定な西周楚文化・春秋楚文化・地方楚文化・一般庶民下層階層楚文化の淵源を云々することには、躊躇すべきであると思う。小論の論題に〝戦国楚文化〟という表記を使用しているのは、以上の意味に基づいているのである。

なおこの場合、二つの点についてことわっておかねばならない。一つは、当陽趙家湖・江陵雨台山・江陵九店など、郢都近郊の戦国小型楚墓から出土する文物をどうあつかうかという問題である。それらの墓主は大型墓・中型墓の墓主のような上層階層とはいえないかも知れないが、周知のように、大型墓・中型墓から出土するものと同じ文物が出土している例もあり、またたとえば雨台山の男性墓主は戦時に兵士となる資格をもったものがほとんどであって（佐藤三千夫）、その意味では正式の楚国構成員であったことになり、こういった情況から考えて、判断基準を間違えなければ、小型楚墓出土文物のいくつかは典型楚文化の要素に含めてよいであろう。今一つは、戦国時代といっても、この典型楚文化には下限をおかねばならないという問題である。すなわち具体的には、前二七八年の秦軍侵攻による郢都陥落＝陳遷都を一応の下限としなければならない。前二七八年以降も、陳及び寿春を国都として楚王室は五十年ほど命脈をたもつのであるが、郢都を中心としておよそ五百年連綿と続いてきた楚文化と、陳・寿春を中心に潁水・淮水流域に展開したこの楚国最晩期の楚文化は、やはり様相を異にしているはずである。前者が政治的にいえば楚国全盛時代の楚文化であるのに対して、後者が淮域に流寓しつつ秦の強勢の前に劣勢につぐ劣勢を余儀なくされていた時代の楚文化であることを考えても、後者は今対象としようとしている戦国典型楚文化からは除外すべきであると思われるのである。

第二は、楚国国都の位置問題について、どのような立場に立つのかという前提である。というのも、この問題をめぐってははげしい議論が戦わされてきていて、いまだに異論決しがたい状況にあるからである。どれほど多くの学説が並びたっているかについては、高介華・劉玉堂氏に網羅的な整理と詳細な解説があるが（高介華・劉玉堂）、大きくいえば南方説と北方説が対峙して、一歩も引かない情況ということができる。南方説とは、西周時代の国都丹陽を三峡の秭帰あるいは荊州西方の枝江にあて、春秋戦国時代の国都郢都を、春秋はじめから戦国晩期の陳遷都までのおよそ五百年間、一環して江陵紀南城にあてるもので、歴代の地理書が受け継いできているものである。これに対して北方説とは、丹陽を河南省南部の淅川にあて、春秋時代の郢都を宜城楚皇城、戦国時代の郢都を江陵紀南城にあてるものである――北方説のなかでももっとも極端な武漢大学故石泉教授の意見は、当初の丹陽を陝西省商県、その後の丹陽を河南省淅川、春秋戦国およそ五百年間の郢都を一貫して宜城楚皇城にあてている（石泉）――。南か北かに意見ははっきり分かれており、国都の位置に関する学説がこれほど対立している例は、他の先秦王朝や先秦諸国には見られない。

	西周丹陽	春秋郢都	戦国郢都
〔南方説〕	湖北省秭帰（湖北省枝江）	江陵紀南城	江陵紀南城
〔北方説〕	河南省淅川（陝西省商県）	宜城楚皇城	江陵紀南城

国都の位置は、その国の文化の淵源を探索する上できわめて重要な決めてになるはずであるから、つまり楚文化の場合、丹陽・郢都が北方にあったとすれば、楚文化の淵源は北方系文化を主流とすることになり、南方にあったとすれば南方系文化が主流となるわけであって、その位置がそもそも不確定であるということが、先に述べた楚文化淵源探索の作業をとくに困難にしている大きな理由の一つなのである。

各学説の議論は複雑であるが、この問題については、丹陽はともかく少なくとも郢都は、春秋時代のはじめから戦国晩期前二七八年の陳遷都に至るまでのおよそ五百年間、一貫して江陵紀南城であったとする学説に立つことにしたい（谷口満・一、二、三）。紀南城を中心におく荊州地区は春秋・戦国を通じて楚国の近畿地域であり、春秋・戦国を通じて典型楚文化の展開地域であったのである。

このような前提に立つとすると、郢都紀南城を中心とする荊州地区の戦国典型楚文化の淵源を探索するという場合、ごく自然に郢都紀南城を中心とする荊州地区の春秋典型楚文化をそのまま問題とすればよいことになろう。これが以下に試みる戦国楚文化淵源探索の大前提なのである。

なお戦国楚文化の淵源となると、春秋楚文化はもちろん西周楚文化にも遡る必要があるかも知れないが、しかし、西周丹陽の位置に関する自説を提出することができない現状にあるため、今のところ戦国楚文化と西周楚文化を結びつけることができないでいる。小論が戦国楚文化の淵源として問題にするのは、あくまで春秋楚文化どまりである。

一　楚文化・巴文化・巴楚文化

戦国楚文化の淵源はいったい何かということになれば、もちろんまずは楚王室をはじめとする楚国の上層階層が本来から保持してきていた文化の要素、それから広く南方に展開していた諸民族の文化要素――たとえば越系民族とか濮系民族とか――、それに周文化の要素、さかのぼって殷文化の要素、あるいは下っては秦文化の要素すら考えなければならないであろう。どの要素もなにがしかは戦国楚文化の淵源となっているはずである。そういったなかから、ここではとくに戦国楚文化と戦国巴文化の関連に注目して、戦国楚文化の淵源の一つを考えてみることにしたいと思うのであるが、なぜ両者の関連に注目しようとするのか、近年の動向を少しく振りかえっておかねばならない。――以下の叙述のなかで使用する楚文化・巴文化という表記は、原則として西周・春秋・戦国を通じて展開した楚文化・巴文化の全体をさしていうものとし、戦国楚文化・戦国巴文化という表記はそのうちの戦国時代の楚文化・巴文化に限ってさすものとする――。

ここ十五年あまり〝巴楚文化〟という呼び名がひんぱんに使われるようになってきている。張正明氏によれば、巴楚文化とは〝巴文化でもあり楚文化でもある文化、あるいは巴文化でもなければ楚文化でもない文化〟なのであるが、要するに同じ地域で巴文化の要素と楚文化の要素が混在する情況を指していっているのである。このような情況が明らかになってきたのは必ずしも古いことではなく、きっかけとなったいくつかの考古資料が発見されたのは二十年ほど前のことにすぎない。そのいくつかの考古資料情況のなかから、楚史・楚文化研究の一つの転機となった重要な事態を取り上げて紹介しておくことにしよう。それは西周時代の国都丹陽の位置をめぐる論戦の過程で生じた次のような事態である。

丹陽を三峡の秭帰にあったとする古くからの意見は、『水経注』「江水注」などに伝えられている伝承を根拠とするものであるが、具体的には、秭帰県城の東、長江の北岸にある〝丹陽城〟がそれであるとされてきた。三峡考古調査が進展するなかであるいはその丹陽城遺跡が発見されるのではないかと誰もが希望を抱くうちに、その希望をやすやすかなえるかのようにまさしくその位置に鰱魚山遺跡が発見されたのであるから、この意見に立つ研究者たちが俄然勢いをえたのは無理からぬところであろう。第一にはまず、遺跡の位置が文献伝承の伝える丹陽城の位置にピッタリ重なること、第二に遺跡の範囲が文献伝承の伝える丹陽城の周回距離にほぼあうこと、第三に西周時代の土器が出土すること、こういった理由から、楊権喜・劉彬徽氏をはじめとする楚史の専門家が丹陽＝秭帰説の正しさを声高に主張するようになり、一時的にではあるがこの意見が勝利をおさめたかのごとき情況が出現したのである。文必貴氏の論陣はその代表である（文必貴）。

ところが声高であったのはつかのまであって、他ならぬ楊権喜氏たちが鰱魚山遺跡は実は丹陽城でないと一転して自己批判するという、思わぬ事態が生じることとなった（楊権喜・陳振裕）。その理由は、鰱魚山遺跡遺跡から出土する西周及びそれ以前の土器は釜が中心であるが、それは巴文化の要素であって、鬲とか盂を中心とする楚文化の要素とは違っている、もし鰱魚山遺跡が丹陽城であるならばそこからは楚文化の土器が出るはずであるのに、そうではなく巴文化の土器が出ていることは、そこが丹陽城ではないことを示している、というものである。この背景には、当時林春氏などが提唱しはじめていた、夏・殷・西周時代の四川東部・三峡・湖北西部地区における巴系文化の存在という考古学的事実があるのであるが（林春）、ともかくこれは丹陽＝秭帰説の支持者たちにとって、きわめてショックなできごとであったといわねばならない。しかもその後の考古調査・発掘の結果、巴文化青銅器などの出土によって、秭帰では西周以降春秋戦国時代も巴文化が優勢であったという想定までもが登場するようになり、楚国の国都をここにおく丹陽＝秭帰説は、いうなれば絶体絶命の情況に追いこまれてしまうのである。

二十年ほど前に起こったこの事態が、丹陽位置問題のみならず、楚史・楚文化研究のさまざまな分野に深刻な影響を及ぼすことになったことはいうまでもない。たとえば秭帰といえば、古くから屈原の故郷であると信じられてきており（秭帰県城東北の楽平里）、観光名所の一つにもなっているのであるが、ここに戦国楚文化の痕跡がほとんど見られないとなると、この伝承の史実性はそうとうに疑わしいものになってくる。何年龍氏が指摘しているように、このころから屈原の故郷が秭帰楽平里であるという伝承を虚偽であると疑う研究者が増加してくるのであるが（何年龍）、以上のような考古学的事情がその背景にあることはまちがいないであろう。また一方で、にもかかわらず文献伝承を信用してあくまで丹陽＝秭帰説に立つとするならば、丹陽に国都を置いて楚国を建てた楚族は実は巴文化をもった民族であり、したがって楚族と巴族はもともと同系統の民族であるという、極端な意見が出されることにもなってくる。実際このころに、楚族と巴族は実は異名同体であるとか、楚文化と巴文化は実は同源であるとか、屈原は巴族の人であるとか、一見破天荒とも思われるような意見が登場してくるのである。

資料的な意味でいえば、この事態は楚史・楚文化研究に一種の混乱状態を引き起こしたといわねばならないであろう。ただこの事態が生じたことによって、楚史・楚文化の研究を進めるに際して巴族の動向や巴文化の内容を無視することができないことが、共通の認識となってきたことだけは確かである。そして、それにはもちろんより多くの考古資料の発現が必要であることも、共通の願望となったのである。

その後の展開は周知の通りであろう。三峡大ダムの建設にともなう三峡地区考古工作の進展、あるいはその周縁地域における考古工作の進展によって、楚文化・巴文化の遺跡・遺物が次々と発見され、三峡をはさんで四川東部と湖北西部及び南方の湖南西部において、巴文化・楚文化が混在している情況が多数の例をもって確認されることとなったのである。たとえばたがいの文化要素がはっきりと視認される戦国時代の様相をとってみると、西は涪陵小田渓や雲陽李家壩、三峡は巴東西瀼口といった戦国巴墓の出土物に戦国楚文化の要素が認められており、東は江陵や荊門といった戦国楚文化の典型区から戦国巴文化の遺物や遺跡が発見されていて、なかには同一の墓葬から戦国巴文化と戦国楚文化の遺物が一緒に出土するという例も見られるようになっている。春秋及びそれ以前の情況もほぼ同様で、巴文化の土器と楚文化の土器が共存する考古遺跡の例が数多く発見されているのである。ちなみに秭帰県境においても、官荘坪や柳林渓などから西周～戦国の楚文化土器が多数発見され、ここでは一貫して巴文化が優勢であったという従来の意見は訂正されて、現在では楚文化の強い西進の様相を指摘するのがむしろ一般的になっているといってよい。

西周から戦国にかけての両者混在のありさまを総じていうならば、巴文化のなかに、時代をおうごとに楚文化の要素が西進・南進して進入していくということができよう。西は成都平原、南は沅江上流まで到達していたというのが、共通の理解である。進入なのであるから、そこには相克とか駆逐とかいった現象が見られるのは当然であるが、ただ一方で融合や共存といった現象も見ることができる。いやどちらかといえば、他の先秦文化相互の関係に比べれば、融合や共存といった現象がかなり顕著であるといえそうなのである。このいわば特異な現象を前にして〝巴楚文化〟という用語がしだいに使われるようになり、ついには一九九五年に第一回の巴楚文化研究会が宜昌で開会されることになったのである。その成果は彭万廷・屈定富主編『巴楚文化研究』（中国三峡出版社・一九九七年）に集録されているし、またほどなくして彭万廷・馮万林主編『巴楚文化源流』（湖北教育出版社・二〇〇二年）も刊行された。この二書は巴楚文化研究の動向を知るうえで必読の文献である。また三峡大ダムの建設を契機として〝三峡学〟ともうべき学術潮流がにわかにおこりつつあるが、そこでも巴楚文化が一つの大きな研究課題となっており、重慶三峡学院三峡文化研究所『三峡文化研究一・二・三集』（重慶大学出版社）・三峡大学三峡文化研究中心『三峡文化研究叢刊一・二・三輯』などに多くの関連研究が採録されている。それに、西南少数民族の民俗調査や伝承収集が活発になるなかで、巴族の後裔とされる土家族やあるいは彝族・苗族の文化・習俗のなかに巴文化と楚文化双方の遺風を認めようとする研究も登場しており、湖北民族学院編『土家族研究叢書』（中央民族大学出版社）・雲南省社会科学院楚雄彝族研究所編『彝族文化研究叢書』（雲南人民出版社）などのなかに、いくつかの関連研究を見いだすことができるであろう。

近年における巴楚文化研究の進展は、質・量ともにまことにめざましいものがあり、もはや巴楚文化研究という一つの新しい研究分野は、その存在が一般に公認されたといってよい。そしてこのような研究の進展のうちに、楚史・楚文化の研究には巴史・巴文化の様相を無視しえないであろうという二十年前の漠然とした意識から一歩も二歩も進んで、戦国楚文化の淵源には戦国巴文化の淵源と重なるものがあるかも知れないという、そうとうに具体的な意識が生まれてきているのである。

二　虎のシンボリズム――戦国楚国虎崇拝の由来――

以上のような巴楚文化研究の潮流をふまえながら、戦国楚文化の淵源の一つを戦国巴文化との関連において探索してみたいのであるが、ここでは双方の文化に共通する文化要素を取り上げることによって、その作業に取り組んでみることにしたい。その共通する文化要素とは、両文化の典型独有器物にみられる虎意匠である。

戦国楚文化のもっとも特有な典型器物を一つだけあげるとすれば、それは虎座鳥架鼓であることに、誰も異存はないであろう（図1）。虎座鳥架鼓の出土する戦国楚墓は、北は信陽長台関、南は臨九里や長沙、最南は湘郷牛形山であろうか、東は鄂城から陶制のそれが出ており、それに例の棗陽九連墩楚墓からも出土したとのニュースが入ってきている。しかし大半は郢都紀南城周囲の荊州地区楚墓から出土しているのであって、しかも天星観などの大型墓、包山などの中型墓、雨台山・九店などの小型墓と、大型墓・中型墓・小型墓を問わず出土しており、この普遍性からしてもまさしく戦国楚文化の典型器物ということができるのである。なお周知のように、太鼓のつかない虎座飛鳥という器物も出土し

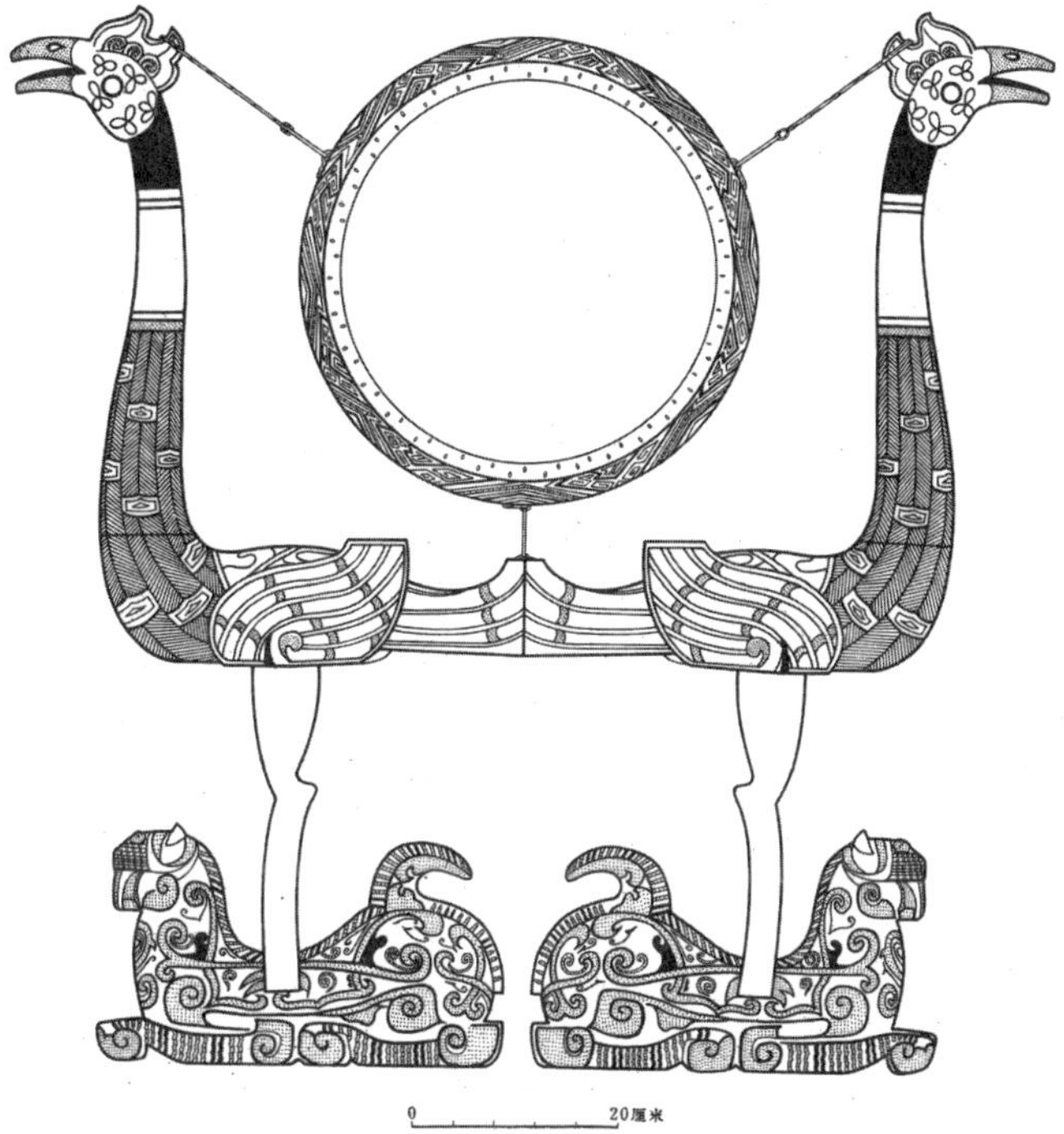

図1　虎座鳥架鼓

ているが、これも同じ文化的意味をもった戦国楚文化の典型器物であることはいうまでもない。

この虎座鳥架鼓は器形からすれば一つの楽器なわけであるが、もちろん単なる楽器ではない。そこに配置されている鳥と虎は、この世とあの世をつなぐ聖なる力をもった物として設定されているのであり、道教の宗教用具である龍蹻・虎蹻・鹿蹻と同じように、巫蹻の機能を与えられているのである。虎座鳥架鼓は楽器であるとともに聖なる力を付与された巫具でもあった。

ところでこの鳥と虎の意匠については張正明氏に興味深い意見があり、一応注意をはらっておく必要があろう。張氏は江陵馬山戦国楚墓から出土した、絹に刺繍で施された例の鳥・虎・龍の図柄を取り上げて、これは鳥つまり鳳凰が一頭の虎と二頭の龍を攻撃している図柄であり、具体的にいえば楚（鳥）が虎（巴）と龍（呉と越）を支配していることを象徴しているのだと指摘し、虎座鳥架鼓の鳥と虎も同様の関係で、支配と被支配、善神と悪神の関係にあると主張しているのである（張正明・二）。戦国楚文化の典型器物に見られる動物意匠の意味について、本格的な意見を出したのは張氏がはじめてであり、傾聴に値するところも多い。だだ、取り上げている刺繍図柄の意味については確かにそうであるのかも知れないが、虎座鳥架鼓の場合は、そうであるとすると鳥の宗教的力を悪神の虎が弱めてしまうことになってしまうであろう。ここはそうではなく、双方とも大きな宗教的力を期待されて、両者相まってより大きな力を生み出すと信じられて、設定されていると考えねばならない。すなわち、虎は決して悪神なのではなく、鳥に準ずる宗教的崇拝の対象であったとみなければならないのである（邵学海・一、二、谷口満・四）

このことは虎座鳥架鼓の出土する郢都紀南城を中心とする戦国時代の荊州地区において、鳥と虎が特別な崇拝物として信仰されていたことを示している。鳥が最高の崇拝物として戦国楚国でいかに崇拝されていたかについては、多くの実例をもってよく指摘されるところであり、何も怪しむにたりない（張正明・王劲）。まさに戦国楚国第一の崇拝物であったのである。一方の虎はしたがって、鳥に準ずる第二の崇拝物であったことになるのであるが、この戦国楚国の虎崇拝はどこに由来するのであろうか。戦国になって楚国以外のどこかからの借り物として突然出現したのであろうか、そうではなく春秋楚国のなかにすでに存在していてそれを継承したものなのであろうか。戦国楚文化の淵源を春秋楚文化のなかに探索しようというのが小論の立場なのであるから、もちろん後者の可能性を想定していることはいうまでもない。

春秋楚国の虎崇拝ということになれば、例の虎乳子文伝説が必ず想い起こされるであろう。子文は、周知のように春秋楚国を代表する賢人として『左伝』などにその治績が喧伝されている人物である。彼の出生と生育にまつわる伝説が虎乳子文伝説なのであるが、それは

楚の先君若敖は䢵から夫人を娶り、子の闘伯比が生まれた。伯比は若敖の死後、母方の䢵で成長したが、䢵の女と密通し子文が生まれた。䢵夫人はこの不祥の赤子を夢（雲夢）に棄てさせた。ところが虎がこの赤子に乳を飲ませ

て養育するという奇妙なことがおこり、彼は無事に生育するのである。ある日、䢵の君主が雲夢でこの事態を実見し、驚いて䢵の夫人に話したところ、それこそが棄てた赤子であるということになり、彼は収容され、楚国のことばで乳を〝穀〟、虎を〝於菟〟とよぶのにちなんで、〝穀於菟〟と名づけられた。彼こそが、のちの楚国の大立者になる闘穀於菟、字は子文に他ならない（『左伝』宣公四年・意訳）

というものである。これがいわゆる棄子伝説の一種であることはいうまでもない。

また、この若敖の子闘伯比を始祖とする闘氏、それとこの闘氏から枝分かれした成氏、この両族はあわせて若敖氏と呼ばれるのであるが、そのメンバーの個人名を調べてみると興味深い事実が判明する。というのも、この闘穀於菟をはじめ、虎の名をもつメンバー数名を確認することができるのである（谷口満・六、七）。ということになれば、つまり著名な祖先が虎の乳で生育したという伝説をもっているとか、一族のメンバーのいく人かが虎の名をもっているということになれば、若敖氏はどうみても虎崇拝集団であったことにならざるをえないであろう。

春秋楚国の政治史を一瞥すればすぐさま明らかになることであるが、令尹という最高職位を世襲的に独占していることに端的に示されているように、若敖氏は蔿氏及び屈氏とならんで春秋前期中期における楚国の最強世族であった。この三世族だけで楚王をしのぐ強勢でもって楚国を運営していたといってよいほどである。そのなかでも若敖氏の勢力はとくに強く大きかった。その若敖氏が虎崇拝集団であったのであるから、虎は春秋楚国における代表的な崇拝物であったと考えねばならない。しかも当然のことながら若敖氏や蔿氏・屈氏は国都郢都及びその周辺に基盤をおいて政局を壟断したはずであり、それに虎乳子文伝説の舞台となっている雲夢沢は郢都紀南城東方の沼沢地であることからして、春秋楚国の虎崇拝は国都を中心とした荊州地区でことに盛行していたと推定されてくる。要するに、春秋楚国には確かに虎崇拝が存在し、したがって戦国楚国の虎崇拝は戦国になって突然出現してきたわけではなく、春秋楚国に存在したそれを継承したものに他ならないと想定されるのである。実は春秋楚国には鳥崇拝の痕跡があまり認められない。このことは春秋時代にあっては鳥ではなく虎が第一の崇拝物であった可能性を示唆しているのではなかろうか。その虎崇拝と鳥崇拝の消長を追跡しつつ、簡単ではあるけれども楚国の形成と展開を概観してみることにしよう。

楚国の形成は西周晩期の若敖・蚡冒時代になしとげられたと思われる。そのことは春秋楚国において開国の祖先として回顧されていたのが若敖・蚡冒であったことに示されているのであるが、その形成の内実は次のようなものであったに相違ない。第一に、周囲の蛮夷から抜け出て、その上に一種の覇権を築くこと、第二に、政治的・軍事的拠点としての国都つまり郢都を建設すること、第三に、江陵方面から漢水中流域へ通じる幹線水路を掌握すること、第四に、この幹線水路の周辺に広がる〝雲夢之饒〟で知られる生産基地を掌握すること、第五に、雲夢沢などの宗教的聖地の祭祀権を掌握することである。すなわちまとめていうならば、郢都―荊州地区に基盤をおいてこの雲夢＝湖北低地を掌握したことが楚国形成の内実であり、それは若敖・蚡冒時代に実現されたのである。春秋に入って早々に武王や文王の漢水東側への進出が可能であったのは、蚡冒時代までに漢水西側の湖北低地掌握が完了していたからこそであろう。そして若敖氏及び薳氏・屈氏が春秋前期中期の楚国政治世界の中心にいたのは、彼らが若敖・蚡冒という建国の英雄の子孫としての正統性のもとに、荊州地区＝湖北低地の経済的基盤を背景にして、強勢を保持することができたからなのである――薳氏・屈氏は蚡冒の子孫である――。虎乳子文伝説が雲夢沢を舞台として生成された理由も、こう考えれば十分合点がいくであろう。

一方、武王以下の諸王は、漢水東側、淮水上流域、さらには方城を越えて陳・蔡そして鄭へと北方に進出し、むしろ北方に自己の基盤を置こうとするようになる。この動きは春秋以降、時代をおうごとに強くなっていくのであるが、それは当然のことながら、周文化を中心とする北方文化の積極的な受容をうながすことになったであろう。ここに、若敖以来の文化的伝統によりつつ荊州地区―湖北低地に基盤をおく若敖氏・薳氏・屈氏などの世族勢力と、周文化を積極的に受け入れつつ北方に基盤をもとうとする楚王との対立が生じたのである。しばしば指摘される、春秋時代における世族勢力と楚王＝公子勢力の対立という政治情況の背景には（齋藤道子）、こういった事情が存在したことを考慮しなければならない。この対立が進むなかで、おそらく若敖氏の虎崇拝に対抗するものとしての鳥崇拝が、楚王やその周辺で盛んとなり、しだいに虎崇拝をしのぐようになっていったにちがいなかろう（以上の概観については谷口満・七）。

世族勢力と楚王＝公子勢力のこの対立は、春秋中期荘王時代に勃発した皐滸の戦いにおいて一つの決着をみることになる。この戦いで楚王軍に敗北した若敖氏はほぼ滅亡に等しい状態となり、以後若敖氏のメンバーの名はほとんど見えなくなってしまうのである。それは西周晩期以来の世族政治の終焉を告げるものであり、春秋五覇にも数えられるいわゆる荘王の覇業は、世族の強勢を克服して君主権力を確立しえたというこの前提があったからこそ、可能となったものだったのである。以降、北方への進出・周文化の受容は従来にもまして進行していったにちがいなく、皐滸の戦い以降に残存した蔿氏・屈氏などの後裔にとっても、その流れに抗することはできなかったであろう。

しかし、これによって若敖以来の伝統が一挙にとだえて、すべて無くなってしまったわけではもちろんなかろう。なぜなら、この荊州地区—湖北低地は紆余曲折をへながらも、春秋中期以降も、戦国晩期前二七八年の郢都陥落に至るまで、楚国の近畿地域であり続けたからである。たとえば雲夢沢の祭祀のごときは、楚国社会における重要な宗教儀礼として、継続されつづけたにちがいない。したがって虎崇拝も、鳥崇拝に第一の地位を奪われながらも、若敖以来の古い文化を受け継ぐ人々、ことに巫とか祝といった宗教職能者たちを中心に守りつがれ、戦国にいたっては虎座鳥架鼓や虎座飛鳥の虎意匠となって、戦国楚文化典型器物のなかにその姿をとどめることになったのであろう。戦国楚国の鳥崇拝の実例が多種多様な器物や伝承にあまねくみられるのに対して、虎崇拝のそれがこういった一種の巫具など一部の器物にしかみられないのは、虎崇拝が春秋時代のかつての普遍性を失って、一部宗教職能集団のなかに限定されてしまっていたことを示しているのかも知れない。もちろんそうであったとしても、戦国楚国の虎崇拝は春秋楚国の虎崇拝を継承したものであることを認めなければならないのであり、この点、戦国楚文化の淵源の一つは確かに春秋楚国の虎崇拝にあったといえるのである。

なお、前二七八年の郢都陥落＝陳遷都ののち、荊州地区を中心とする江漢地区は周知のように南郡となって秦の領有に帰することとなるのであるが、それ以降、ここに虎座鳥架鼓や虎座飛鳥を見いだすことはできないようである。そればかりではない、楚国最後五十年の領域である、陳・寿春を中心とする潁水・淮水流域にも見いだすことができない。若敖以来の虎崇拝は江漢地区からほとんど姿を消すことを余儀なくされたばかりか、江漢地区から潁水・淮水流域にもちだされて継承されこともほとんどなかったのである。

春秋中期荘王時代の若敖氏の滅亡は、楚国虎崇拝の第一次の大きな変質点であった。これを契機として、従来の普遍性を喪失し鳥に第一の地位を奪われていくのである。前二七八年の郢都陥落は第二次の変質点、というよりは終結点であった。崇拝を支える人々の居住地であり崇拝の盛行地であった荊州地区―湖北低地が放棄されたのであるから、楚国本来の虎崇拝が消滅の事態においこまれたのはやむをえないところであろう。よしんば郢都陥落後の荊州地区―湖北低地や、あるいは潁水・淮水流域に虎崇拝の存在が認められたとしても、それは今問題としてきた春秋前期中期の虎崇拝とはもちろんのこと、変質をへながらもそれを受け継いだ戦国の虎崇拝とも、内容においても意味あいにおいてもよほど様相のちがったものであるにちがいない。戦国楚文化の淵源を春秋楚文化に求めようとする場合、その戦国楚文化から前二七八年以降五十年の楚文化を除外して考えたいという、最初に述べた判断の根

図2　建始二台子双虎鈕錞于

図3　虎紋中胡戈　戦国

図4　虎紋剣　戦国

拠が、ここにおいても了解されるものと思う。

さて、楚国の近畿地域で戦国楚文化の典型器物である虎座鳥架鼓や虎座飛鳥が盛行していたほぼ同じころ、西方・南方の巴族居住地域では、彼らの独有典型器物である虎鈕錞于が盛行していた（図2）。鈕（つまみ）の部分が虎形をしたこの虎鈕錞于は、巴族居住地以外からは出土せず、まさしく戦国巴文化の典型器物となっている――一部は漢代に下るものもあり、それは巴族が秦漢時代においても南方に独自の文化を築いていたことを示している――。また大三角形戈とか柳葉形剣であるとか、独特の器形をもつ青銅兵器も戦国巴文化の典型器物であるが、多くの場合それらに虎図柄が刻まれていることも、よく知られているところであろう（図3・図4）。虎は巴族にとって最高の崇拝物であった。それは廩君巴族という種族の虎崇拝に由来するものなのであるが、最高崇拝物であるということは、虎鈕錞于や巴系青銅兵器の虎意匠もその宗教的力を期待されて、虎座鳥架鼓の鳥や虎と同様に、この世とあの世をつなぐ蹻巫として設定されていたとみなければならない。虎鈕錞于や青銅兵器も、楽器や武器であるとともに巫具でもあったのである。

この戦国巴族の虎崇拝はどこに由来しているのであろうか。戦国以前の巴族には虎崇拝は存在しなかったが、戦国になって外部から借り物のように入ってきたのだとは、どうしても考えにくい。戦国楚国の虎崇拝が春秋楚国のそれに由来するように、戦国巴族の虎崇拝は春秋巴族のそれに由来すると考えるのが、常識というものであろう。そうであるとすると、春秋時代の楚国を構成していた楚族と春秋時代の巴族は、ともに虎崇拝をもつ、民族的・文化的にきわめて近しい民族であったという想定が、ここに浮かび上がってくるのである。それを論証することはむろん困難なのであるが、ささやかでしかも迂遠なものかもしれないが、以下に若干の考証を試みることにしよう。

三　楚式鬲の消長――春秋楚文化の行方――

前節に述べたことに従えば、春秋前期中期の春秋楚文化は、若敖氏の滅亡を一つの大きな契機として、しだいに周文化の影響を受けた楚文化へと変化していったことになるのであるが、そのことを裏付けるような考古学的現象はないであろうか。最初に指摘したように、春秋楚文化の残存資料というものはきわめて零細で、しかも取り扱いに注意を必要とするものが多い。そのなかから何とか一つだけ取り出すとすれば、それはいわゆる楚式鬲であろう。楚式鬲が本格的に注目されたのは、中国考古学会第二次年会の閉幕講話で故蘇秉琦氏がこれに言及した際であろうが、以後、楚文化研究に欠かせない要素として、楊権喜氏はじめ多くの研究者が専論を公表してきている。簡単にいうと、袋状の足で襠

（殷）の分かれた殷式鬲や、足が短くてあるかないかわからない寸詰まりの周式鬲とは一見して違うと判別できる、足高で襠のつながった鬲を楚式鬲とよぶのであり、西周から戦国という楚国の歴史にほぼ対応する長いスパンのなかで、しかも近畿地域である荊州地区を中心に出土することから、楚文化の重要な要素の一つであるとされているのである。

まずは郢都紀南城近郊の当陽趙家湖楚墓群から出土する楚式鬲を例にあげたいと思うが、それに当たっては、王光鎬氏の意見を検討しておかねばならない。趙家湖の楚墓群は、規模の大小や棺槨の有無、副葬品の多寡などによって、いわば身分順に甲類墓・乙類墓・丙類墓と分類されているのであるが、王氏は、鼎・簋の組み合わせや鼎・簠の組み合わせをだす甲類墓だけが周文化を受け継いで北から南下してきた楚族の墓であり、いわゆる楚式鬲をだす乙類墓・丙類墓の墓主は土着の蛮夷であって楚族の人ではない、したがっていわゆる楚式鬲は楚式鬲とよんではいけないのであり、楚文化の要素から外すべきであると主張したのである（王光鎬）。王氏の主張が当時の楚史・楚文化研究に一つの衝撃を与えたことは否定できないであろう。しかし冷静に検討してみると、やはり従うことができない。第一に、甲類墓からもいわゆる楚式鬲はでている。鼎や簋・簠に比べて目立たないだけである。つまり趙家湖の楚墓は甲類墓・乙類墓・丙類墓、いずれもいわゆる楚式鬲を出しているのである。それに第二に、もし甲類墓の墓主と乙類墓・丙類墓の墓主が民族的にも文化的にも異なった種族であったとすれば、彼らが、趙家湖墓区という同一の墓域に長年にわたって埋葬され続けたということがありうるであろうか。そうではなく、彼らはいずれもいわゆる楚式鬲をもつ同じ民族系統同じ文化系統の人々で、ただ身分の高い甲類墓の人々からしだいに周式の器物である鼎・簋・簠を受け入れつつあったために、それが副葬品の差になって表れているのにすぎないと見るべきであろう。王氏の意見をこのように否定して、いわゆる楚式鬲は楚文化の指標器であることを再確認し、以下には〝いわゆる〟をはずして〝楚式鬲〟という表記を使用したいと思う。

荊州地区各墓区出土副葬品の時間的推移を追うと、楚式鬲がしだいに減少し、それに代わって周式の鼎や簋・簠がしだいしだいに増加していっていることが、確かに確認される。それは西周から戦国へと長いスパンのなかに認められるのであるが、ただ仔細に観察すると、楚式鬲は実は春秋中期をピークに、その後急激に衰退していったことが判明する。趙家湖を例にとると、甲類墓では春秋晩期以降見えなくなり、乙類墓でも戦国のものは見られず、丙類墓では戦国のものが見られるものの、その量はきわめて少ない（趙家湖楚墓）。雨台山の場合も、春秋中期には総墓数の三分の二に見えていたものが、春秋後期には三分の一に減少し、戦国に入るとほとんど見えなくなってしまっている（雨台山楚墓）。これに反して一方では両墓区ともに、周式の鼎や簠・簋がやはりしだいに、というよりはむしろ急激といってよいほどに増加していっているのである。これはどうみても、若敖氏のそれをはじめとする春秋前期中期の楚文化が、春秋中期における若敖氏の滅亡を一つの大きな契機としてにわかに衰退しはじめ、代わって周文化系統の楚文化がしだいに優勢になっていったという先に述べた動きに、はっきりと対応しているといわねばならない。すなわち楚式鬲とは、楚文化の指標器であるという限定にさらに限定を加えるとすると、その盛行地域が荊州地区を中心としていることといい、その全盛期が春秋前期中期であることといい、春秋前期中期若敖氏全盛時代の春秋楚文化の指標器であるとすることができるのである。

ところで、春秋前期中期そして春秋後期へと、楚国国勢の拡張にともなって、この楚式鬲は四方へ拡散していくことになる。ただ四方とはいうものの、北や東へはほとんど拡散せず、南あるいは西に拡散していっている（高至喜）。たとえば長沙の楚墓であるが、春秋晩期では総墓数の三分の二以上から、戦国早期でも三分の一以上から出土しており、なかには新編八九号墓のように、鼎及び・と楚式鬲が一緒に出土しているいう興味深い例もある（長沙楚墓）。

そして長沙戦国早期楚墓の楚式鬲出土墓が、同期総墓数の三九パーセントに及ぶという事実は、きわめて重要であろうと思う。これは趙家湖や雨台山といった荊州地区楚墓区の同時期の比率に比べてかなり高いといわねばならない。この情況は、長沙以外の湖南西部・湖北西部の各地においても同様である。つまり、春秋前期中期の荊州地区―湖北低地に展開した春秋楚文化は南や西に拡散して、浸透に要する時間差もあり、近畿地域の政治的・文化的変動の影響を受けることがより少なかったということもあり、湖南西部や湖北西部の辺縁地域により遅くまで残存したと考えられてくるのである。具体的にいえば、西は三峡、西南は沅水・酉水・澧水流域、南は湘水といった地域に、より遅くまで残存したのである。

くりかえしになるが、春秋前期中期の春秋楚文化は、春秋中期を境ににわかに衰退しはじめ、前二七八年の郢都陥落によってほぼ消滅の状態に至ったと考えられる。もちろん衰退とか消滅とはいっても、すべての人々の間から痕跡が何も無くなってしまったというわけではなく、とくに一般・下層の社会には何らかの痕跡がとどめられたのであろうが、しかしそれももともとの内容からはそうとうに変質した、本来の面目を喪失したものにすぎなかったであろう。ただその動きがもっとも典型的にもっとも急激に進行したのは、楚国の近畿地域である荊州地区―湖北低地でのことであって、西方・南方の辺縁地域では進行程度が比較的ゆるやかであった。近畿地域ではにわかに衰退・消滅していった春秋楚文化の要素が、そういった地域ではかなり遅くまで、しかも本来の面目をかなりの程度とどめたまま残存したと想定されるのである。

西は三峡、西南は沅水・酉水・澧水、南は湘水という地域は、戦国時代においては周知のように巴楚文化の展開地域であった。楚文化の要素とともに、どちらかといえば楚文化よりも優勢に巴文化の要素が混在していた地域なのである。春秋楚文化の要素がより遅くまで残存し、しかも巴文化の展開地域でもあったこの地域を、戦国時代の楚国の人々はどのように見ていたのであろうか。屈原伝説・楚辞伝説の舞台と内容をもって考えてみると、あるいはその一端をかいま見ることができるのかも知れない（谷口満・八、九）。

屈原の故郷は三峡の秭帰、終焉の地は湘水下流の汨羅、彼が放浪したところは沅水・湘水流域、彼が楚辞を作る際に素材にしたのはやはり沅水・湘水流域の民歌であるとされ、舞台はいずれも今問題としている西方・南方の辺縁地域である。これに加えて、屈原伝説と楚辞伝説の基調には、滅びゆくもの失われゆくものに対する哀惜の念が流れているといわれるが、主人公が若敖氏・蔿氏とならぶ春秋前期以来の名門屈氏の一員であること、「離騒」に示される作者の誕生日は寅年寅月寅日であるとされ、作者の意識に虎崇拝の伝統が見られること、「哀郢」は五百年の名都、郢都の陥落を哀痛したものとされ、そこには若敖以来五百年の伝統が消滅することに対する悲哀が反映されている可能性があること、などなどを考えあわせると、屈原伝説や楚辞伝説を生成せしめそれらを受容した楚国の人々は、西方・南方の辺縁地域に往時の春秋楚文化の面影を見ていたことになるであろう。もしそうだとすると、そこは巴楚文化の展開地域であったのであるから、そこに残存していた春秋楚文化の要素はもちろんのこと、虎崇拝を中心とした戦国巴文化のなかにもその面影を見ていたことにはならないであろうか。ここに、戦国楚文化と戦国巴文化は、その淵源に民族系統・文化系統を同じくするものを持っていたのかも知れないという可能性が、ごく小さいものではあるが生じてくるのである。

四　鼉と虎――楚族と巴族――

いうまでもないことであるが、戦国楚文化と戦国巴文化の淵源には共通するものがあったこと、つきつめていえば楚族と巴族が民族として近しい関係にあったことを直接証拠づけるものはほとんど何もない。ただまったくないかといえば、そうではないのであって、処理のしかたによっては何とか効力を発揮しうる資料が一つ二つ存在する。ここではその一つを取り上げてみることにしよう。

虎鈕錞于や大三角形戈・柳葉形剣が戦国巴文化の典型独有器物であり、そこに巴族の最高崇拝物である虎の意匠が施されていることはすでに述べたが、そこには虎意匠以外のさまざまな意匠が施されている場合が多く、やはり戦国巴文化特有の現象となっている。そのなかでも虎鈕錞于の盤の部分に施されている奇妙な図案は、とりわけ目を引くもので

図5

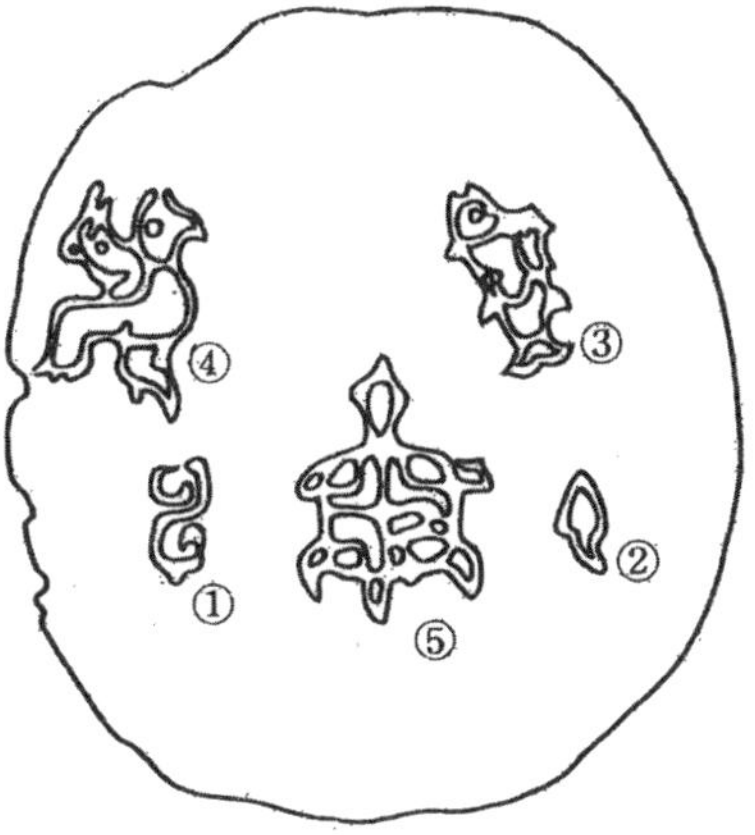

図6

ある。そのような盤部に図案をもつ虎鈕錞于は、万県・秭帰・利川・咸豊など、四川東部・三峡と湖北省西部清江流域からとくに多く出土しており、図5に掲げた図案数のもっとも多い万県出土（出土地点不明・四川大学博物館所蔵）のそれを、その代表例とすることができる（まるつき数字は、便宜上筆者がつけたものである）。虎鈕の虎、盤部真ん中の虎図案が巴族の虎崇拝を示すものであることは当然のこととして、その他の九図案が何を示しているのか、興味深いところであろう。

ところで、遠く離れた成都から、虎鈕錞于盤部図案ときわめてよく似た図案をもった青銅器が一件だけではあるけれども出土している。成都市内三洞橋の戦国時代遺跡から出土した青銅勺がそれで、図6のような図案が施されているのである（このまるつき数字も、筆者が便宜上つけたものである）。図6の①・②・③・④が、それぞれ図5の⑦の片方の図案・⑤の片方の図案・⑦の片方の図案・④の図案と同じものであることは、一目瞭然であろう。図5⑦の菱形のような図案は、実は他の戦国巴文化青銅器に見えているものに比べてやや細ぶりで、普通にはもう少し巾のあるものが一般的であり、そういった一般的なものと照合すれば、少し形はくずれているけれども、図6の①がその一種であることは疑うことができないと思う。そして、図6の①・②・③・④は、虎鈕錞于盤部図案だけではなく巴族青銅器や巴族銅印などにもよく見られる、代表的な巴族図案ばかりであることも、この際注意しておかねばならない。

つまり、三洞橋出土戦国青銅勺はどうみても戦国巴族の青銅器なのであって、ということは虎鈕錞于や巴族青銅器をもっていた戦国巴族の人が、何らかの理由で成都に居住していて、彼ら独有の図案をもった青銅勺を作ったのだということにならざるをえないことになろう。とすれば、疑問は一つ、戦国巴文化青銅器の常識からして真ん中の図案は当然虎図案でなくてはならないにもかかわらず、図6⑤に虎とは似ても似つかない亀か鼈（すっぽん）が配置されているのはなぜだろうか、という点である。ここにこそ、この成都出土戦国青銅勺の資料価値が存在するのであるが、この疑問を解くためには、例の鼈霊伝説をもち出してこなければならない。

岷江の中流域＝成都平原には、周知のように、蚕叢・柏灌・魚鳧・杜宇（望帝）・開明の五王朝が、順に並び立ったとされている。最後の王朝開明が秦に滅ぼされたのは前三一六年であり、それをもって成都平原の王朝時代は終焉をつげるのであるが、その開明王朝の始祖鼈霊にまつわる伝説が鼈霊伝説であって、おおよそ次のような内容である。

荊に鼈霊という名の人物がいた。彼が死んだ際、死体はどこかにいってしまい、荊の人たちが捜したにもかかわらず見つけることができなかった。実は彼の死体は鼈に姿を変えて長江を泳ぎのぼり、そして蜀の地に泳ぎついて再生したのである。蜀王望帝（杜宇）は彼を登用して宰相とした。時に玉山に大雨が降って、堯の時に起こったような大洪水になったが、望帝はそれを治めることができなかった。そこで鼈霊に玉山を切り開いて水を流させたところ、洪水はおさまって人々は元通り大地に住むことができるようになった。鼈霊が治水に出かけていったのち、望帝はその妻と通じてしまったのであるが、鼈霊の功績を見るにつけ、自分の徳は薄くてとうてい鼈霊にかなわないことを自ら認め、鼈霊に国を委ねて王位を譲り、どこかへ行ってしまった。堯が舜に位を譲ったようにしたのである。こうして鼈霊は蜀王の位につき開明と号した（『太平御覧』巻八八八所引『蜀王本紀』）。

ある人物が、死後ある動物に姿を変えて聖なるあの世に回帰し、そしてより高次の人間存在としてこの世に再生してくるという伝説は、王朝の始祖降臨によく見られる伝説であり、蜀開明王朝の始祖の場合、その動物が鼈（すっぽん）であったのである。このような伝説が残存していたということは、開明一族にとって鼈は最高の崇拝物であり、彼らの奉ずる祖先神や自然神は鼈の姿をとると観念され、そしてあの世とこの世を交通する聖なる力をもつと信じられていたことを、示しているであろう。

さて、この鼈霊伝説についていては、必ず二つのことが問題にされる。一つは、開明一族の崇拝物から派生したと考えられる開明獣とか神陸吾とよばれる神獣が、九首虎・九尾虎といった具合に、虎の形状をとっていることである（『山海経』「海内西経」「西山経」）すなわち、鼈霊伝説からすれば、開明獣も神陸吾も当然最高崇拝物鼈の姿をとってしかるべきであるにもかかわらず、なぜ虎の姿をとっているのだろうかという問題である。成都三洞橋出土の戦国青銅勺図案を手にした今では、この問題に答えるのはそう困難ではないであろう。

開明王朝とは、四川省東部・湖北省西部在住の巴族が長江を西上して成都平原に至り、望帝（杜宇）に代わって開いた王朝に他ならなかった。巴族の最高崇拝物は虎であったが、成都平原に至った一派にとって、彼らが治水における功績によって勢力を拡大したことを考えても、長江及びその支流岷江をさか上って成都一帯に至ったことを考えても、その最高神が陸の王者＝虎であっては、何としても不自然である。そこに虎は融即して鼈に姿を変えたという意識が生じて、彼らの最高神は鼈となったと思われる。治水神である鼈を奉ずることは、成都地区支配の正統性を表示するためでもあったのである。四川省東部・湖北省西部の巴族青銅器の図案が虎を中心に配置しているのに対して、三洞橋出土の青銅勺図案が鼈をその中心に配置しているのは、その何よりの証拠に他ならない――図6の⑤図案はこれだけでは亀か鼈か判断しかねるのであるが、以上の事情を考慮すれば、もはやこれは開明王朝の崇拝物鼈であると断定してよいであろう――。

もちろんこのことは、開明一族のなかから虎崇拝が消滅してしまったことを意味しているのではない。彼ら及び彼らの周辺では、図6の①・②・③・④の崇拝が、四川省東部・湖北省西部時代の崇拝をそのまま継続して盛行していたのと同様に、虎崇拝が依然として盛行していたと想定しなければならない。それが、治水神としての神格を主張しなければならない鼈霊伝説のような場では鼈がもちだされ、そうではない開明獣や神陸吾のような猛獣神であることを強調しなければならない場においては、虎がもちだされたのにすぎないまでのことなのである。

こうして鼈霊伝説をめぐる一つの問題を解くことによって、虎図案と鼈図案の相互配置についての疑問は容易に解決されてしまうのであるが、今一つの問題を解くのはそう容易ではない。それは鼈霊が〝荊〟の人とされているのは事実であろうか、という問題である。荊とは楚のことであるから、もし鼈霊が楚の人であるならば、開明一族は楚文化の保持者であったことなり、彼らが巴文化青銅器をもっていたことが、にわかには理解しがたくなってくる。張勛燎とか童恩正とかいった巴族・巴文化の著名な研究者たちは、開明一族は巴族の一派であり楚族の一派ではないと考えており、それが〝荊〟の人と書かれている理由については、巴族居住地の一部はもともと荊と呼ばれたことがあったためであるとか、巴族はのち楚国の支配を受けるようになり、居住しているのは巴族であるがその居住地は荊と呼ばれることとなったためであるとか、そういった説明をしている。はたしてそれでよいのであろうか。

すでに強調して述べたように、春秋時代の楚国では虎が最高の崇拝物であり、戦国時代になると鳥に第一の地位をゆずるものの、やはり重要な崇拝物であった。その春秋楚国の崇拝物であるが、虎以外にどのようなものが存在したであろうか。それを伝える直接的な資料はほとんどないのであるが、一つだけ注目しなければならないのは、熊儀（若敖）・熊眴（蚡冒）・熊通（武王）など、楚王がもっている〝熊〟という称号である。この称号は史上に登場するほとんどすべての楚王がもっている。そこで、この熊とはいったい何かということになるのであるが、これが〝クマ〟ではないということでは意見はおおかた一致しているものの、異説粉々で残念ながら定説というものはない。そのなかにあって、孫華氏がこれを〝三足鼈〟であろうと推測しているのはきわめて重要である（孫華）。もし熊は鼈であるならば、それを楚王の称号にしているのであるから、春秋楚国には当然鼈崇拝が存在したことになろう。

ちなみに、虎を表す文字としては、虎・兎・櫝・竇などが使用されたが、それぞれの上古音は、xag・tag・dak・dukであり、十分通じる範囲にある。一方、熊のほうは、『左伝』昭公十二年の〝成虎〟が春秋経文では〝成熊〟に作られていて、虎と同音互通の関係にあったようなのであるが、熊は金文では〝酓〟に作られていてその音はdziogであるから、可能性はきわめて高いといわねばならない（谷口満・六）。すなわち孫華氏の意見に従うとすると、楚国には鼈崇拝が存在し、しかも熊＝虎の同音互通の関係から虎と融即の関係にあった可能性が生じてくるのである。

鼈霊は楚の人であり、鼈霊伝説を伝える伝承が彼を〝荊〟の人と表記しているのは、事実をそのまま伝えているのだという意見を、ここに提出したいと思う。結論的にいえば、春秋楚国の楚族と、のちに戦国巴文化をになうことになる春秋時代の巴族と、西上して成都平原に開明王朝を開いた開明一族は、同一民族系統に属する集団であり、もともとはいずれも互いに融即する虎崇拝と鼈崇拝をもつ集団であったという意見を提出したいのである。春秋楚国若敖氏の虎崇拝、戦国巴族の虎図案、戦国開明王朝の鼈図案は、そのうちの一方が文献伝承や考古器物に示されて、今日に伝えられているのだということになろう。想像をたくましくするならば、この民族系統の民族はある段階で現在の湖北省西部から三峡・四川省東部及び湖南省西北部に分散して居住するようになったと考えられる。そのうちの一部の集団が楚族として荊州地区に楚国を打ち立て、その残りの集団が湖北西部から四川東部＝三峡を中心に勢力を築いてあの虎図案に象徴される戦国巴文化を生み出し、そしてある一派が荊州地区からはるばる長江を上って成都一帯に至り、開明王朝を開いたと思われるのである。鼈霊＝開明一族が成都一帯に至ったのは春秋中期ごろであろうといわれているが、それは若敖氏の滅亡・春秋楚文化の拡散という、春秋楚国の大変動の時期とちょうど重なっていることも、この際注意しておかねばならないであろう（谷口満・十）。

おわりに

　はじめに指摘したように、春秋及びそれ以前の楚文化の要素は、ほとんど残存していない。楚文化といえば、要素が豊富に残存している戦国時代の典型楚文化がいやおうなしに浮かんでくるのであるが、それは春秋以前の要素が零細である以上、いたしかたのない事態なのである。巴文化もそうである。戦国時代の巴文化といえば、小論で問題とした青銅楽器・青銅兵器をはじめ珍奇で典型的な要素を数多くあげることができるのであるが、春秋以前となると何もあげることができないばかりか、そもそも巴族がどの地域に分散・居住していたかを確定することも困難である。これに対しては、長江上流・中流域の釜文化こそが春秋以前の巴族の文化に他ならないという意見が出されると思うが、この釜文化の保持者たちが戦国巴族の祖先であり、この文化が戦国巴文化の直接の前身であると簡単に決めつけてよいかどうか、議論は分かれるにちがいない。春秋以前の巴文化を捜し出すことは決して容易ではないのである。開明王朝の文化もそうである。近年、十二橋や商業街など、成都市内で戦国遺跡の考古発現があいつぎ、開明王朝戦国文化の様相はしだいに明らかになりつつあるのであるが、それ以前の春秋となると、残念ながら皆目見当がつかないありさまである。もちろん三星堆や金沙の知見を参考にすることも可能ではあるものの、時代がかけ離れすぎていて、これを開明王朝春秋文化につなげることができないのが実情であろう。

　したがって、楚文化・巴文化・開明王朝文化をとりあげて相互に比べてみようとする場合、必然的に戦国楚文化・戦国巴文化・戦国開明王朝文化を取り上げざるをえないのであるが、その結果導き出される結果は、当然のことながら楚文化・巴文化の非親縁性であり、巴文化・開明王朝文化の親縁性である。しかし、この結果はあくまで戦国文化を比べてえられたものであって、戦国文化の相互関係は確かにそうであるとしても、だからといって春秋及びそれ以前においても、楚族・楚文化と巴族・巴文化は民族的・文化的に異質であり、巴族・巴文化と開明一族・開明王朝文化は同質で

図７　王紋証　戦国

図８　虎紋証　戦国

あると類推することは、単純すぎるのではなかろうか。戦国楚文化は戦国に至るまでにそれなりの変質をとげてきており、戦国巴文化も戦国に至るまでにそれなりの変質をとげてきているのであるから、春秋楚文化と春秋巴文化を比べようとするなら、変質前の春秋段階を対象にしなければならないはずである。

小論はこのような観点から、戦国楚文化・戦国巴文化に共通する要素である虎意匠に注目して、戦国楚文化と戦国巴文化の淵源に、つまり春秋楚文化と春秋巴文化に民族的・文化的に同質のものがあったのではなかろうかという意見を提出したのである。もっとも再三述べたように、楚文化・巴文化双方ともに春秋文化の資料は零細かつきわめて不安定なものにすぎないのであるから、資料の不足からくる論理の不十分さは十分に自覚しているつもりである。

最後に以上の意見を補完すると思われる二つの器物を取り上げて、小論をしめくくることにしよう。それは四川省東部涪陵小田渓戦国巴墓出土双王鉦（図7）と四川省博物館所蔵伝広漢出土三星虎紋鉦（図8）である。器形においても図案においても、どちらも典型的な戦国巴文化の青銅鉦であるが、ことに注目したいのは図案である。まず前者の水生動物と後者の虎が相互置換の関係にあり、これは鼉と虎の融即を示唆しているとみてよいであろう。それにもし三星虎紋鉦の広漢出土が確かなことであるなら、広漢は成都の近郊なのであるから、成都＝三洞橋青銅勺＝鼉図案中心・四川省東部＝虎鈕錞于＝虎図案中心という対応と、出土地点と中心図案がちょうど逆の広漢＝三星虎紋鉦＝虎図案中心・四川省東部涪陵＝双王鉦＝水生動物中心という対応が並立することになり、それはつまり成都一帯にも鼉崇拝・虎崇拝の双方が存在し、四川省東部一帯にも鼉崇拝・虎崇拝の双方が存在していたことを反映しているかのようで、まことに興味深い。

そして問題はこの水生動物である。よくみると奇妙なことに頭が無いのであるが、さらに奇妙なことに足が三本である。してみるとこれこそが三足鼉ではなかろうか。鼉にしては身体が細すぎるようであるが、涪陵といえばまもなく重慶であり、ちょうどそのあたりの長江を、身体を伸ばして泳ぎ上っている様子を描いているのだとすると、あるいは合点がいくのかも知れない。

〔引用文献〕（引用順）

張正明
一　『楚文化史』（上海人民出版社・一九八七年）
二　「鳳闘龍虎図象考釈」（滕壬生・張勝琳氏と共著）（『江漢考古』一九八四—一）
佐藤三千夫
「江陵雨台山楚墓について」（『白山史学』二二号）

高介華・劉玉堂
『楚国的城市与建築』（湖北教育出版社・一九九六年）
石　泉
『古代荊楚地理新探』（武漢大学出版社・一九八八年）
谷口満
一　「江陵紀南城考——楚郢都の始建と変遷——」（『東北大学東洋史論集』三）
二　「紀南城考古知見の再検討」（『東北大学東洋史論集』九）
三　「再論郢都的地望問題——紀南城是否春秋時期的郢都？」（『楚文化研究論集』第六集・湖北教育出版社）
四　「虎座鳥架鼓の彼方」（『東北学院大学論集歴史学・地理学』三三号）
五　「清江訪古記——虎鈕錞于の旅——」（『東北大学東洋史論集』八）
六　「虎乳子文伝説の研究——春秋楚国の若敖氏について」（『東北大学東洋史論集』六）
七　「虎乳子文伝説与若敖氏——試論楚国的形成」（『長江文化論集』・湖北教育出版社・一九九五年）
八　「屈原伝説二題——秭帰楽平里訪問記・魚腹伝説——」（『東北学院大学論集歴史学・地理学』二九号）
九　「屈原伝説の形成——汨羅と秭帰楽平里」（『日本秦漢史学会会報』四）
十　「鼈霊伝説の背景——長江上中流域における巴系民族の動向——」（『東北大学東洋史論集』十）
文必貴
「秭帰鰱魚山遺址与楚都丹陽」（『江漢論壇』一九八〇—一二）
楊権喜・陳振裕
「秭帰鰱魚山与楚丹陽」（『江漢考古』一九八七—三）

林　春
「宜昌地区長江沿岸夏商時期的一支新文化類型」（『江漢考古』一九八四―二）
何念龍
「新時期湖北屈学述評」（『江漢論壇』一九九四―九）
邵学海
一　「虎座飛鳥是楚巫蹻与巴巫蹻的重祖」（『江漢考古』一九九七―二）
二　「臥虎与飛鳥――巴楚文化融合的象徴」（『巴楚文化研究』・中国三峡出版社・一九九七年）
鄧輝
『土家族区域的考古学文化』（中央民族大学出版社・一九九九年）
張正明・王劲
「鳳及其与龍的浮沈」（『長江文化論集』・湖北教育出版社・一九九五年）
齋藤（安倍）道子
「春秋時代の楚の王権について――荘王から霊王の時代――」（『史学』五〇）
王光鎬
『楚文化源流新証』（武漢大学出版社・一九八八年）
趙家湖楚墓
湖北省宜昌地区博物館・北京大学考古系『当陽趙家湖楚墓』（文物出版社・一九九二年）
雨台山楚墓
湖北省荊州地区博物館『江陵雨台山楚墓』（文物出版社・一九八四年）

高至喜
『楚文化的南漸』（湖北教育出版社・一九九六年）
長沙楚墓
湖南省博物館・湖南省文物考古研究所・長沙市博物館・長沙市文物考古研究所『長沙楚墓（上・下）』（文物出版社・二〇〇〇年）
孫　華
『四川盆地的青銅時代』（科学出版社・二〇〇〇年）

〔図版出典一覧〕

図1　望山1号墓出土虎座鳥架鼓（湖北省文物考古研究所『江陵望山沙塚楚墓』・文物出版社・一九九六年）
図2　湖北建始二台子出土双虎鈕錞于（中国音楽文物大系総編輯部『中国音楽文物大系湖北巻』・大象出版社・一九九六年）
図3　四川郫県出土虎紋青銅戈（中国青銅器全集編輯委員会『中国青銅器全集・巴蜀』文物出版社・一九九四年）
図4　四川郫県出土虎紋青銅剣（　同右　）
図5　万県出土虎鈕錞于盤部図案（李純一『中国上古出土楽器綜論』・文物出版社・一九九六年）
図6　成都三洞橋出土青銅勺図案（呉怡「記成都出土幾件彫有図騰紋飾的青銅器」『成都文物』一九八六―三）
図7　涪陵出土双王鉦（中国青銅器全集編輯委員会『中国青銅器全集・巴蜀』・文物出版社・一九九四年）
図8　伝広漢出土三星虎紋鉦（　同右　）

上博楚簡《昭王毀室》等三篇の作者と作品のスタイルをめぐって

陳　偉（工藤元男訳）

われわれのいう「昭王毀室」等三篇の竹書とは、『上海博物館蔵戦国楚竹書（四）』に発表された「昭王毀室」・「昭王与龔之脽」・「柬大王泊旱」のことである。(1)これらの竹書はほぼ通読可能であるが、疑問点も少なくなく、今後の研究を待つべきものがある。ここで議論するのは、二つの問題についてである。（一）竹書の国別、つまり作者はどこの国の人か、（二）書かれた作品のスタイル、つまり古書中における竹書のジャンル。われわれは、竹書三篇の作者は楚人とすべきで、現在みられる竹書のなかで楚国の作品と確定できる数少ない文章であり、そのスタイルはみな同じで、ほぼ『国語』のジャンルに属する作品と考える。以下、その論証をこころみてみたい。

一、作者はどこの国の人か

現在みることのできる楚墓出土の竹簡は、ほぼ三種類に区分される。①葬儀の記録で、湖北省江陵望山一号墓竹簡、湖北省荊門包山二号墓竹簡中の葬儀類など。②官私文書で、荊門包山二号墓竹簡のなかの官府檔案と墓主邵𫍯の卜筮記録。③書籍。この竹簡は多数あり、河南省信陽長台関一号墓、湖南省慈利石板村三十六号墓で出土した破砕のひどい古書以外にも、荊門郭店一号墓出土の竹簡、および荊門・江陵一帯で出土したと推則され、それが香港の古物市場に流れ、のちに上海博物館に購買され収蔵された竹簡も珍重すべき多種の先秦古書を含んでいる。前二者の竹簡、つまり葬儀の記録と官私文書は、基本的には楚人が書写したものである。[2]比較してみると、典籍簡の事情はかなり複雑であることがはっきりする。郭店楚簡を例にとると、周鳳五先生は字体によって四種の類型に区分する。第一類は「老子」三組（甲乙丙）・「太一生水」・「五行」・「緇衣」・「魯穆公問子思」・「窮達以時」・「語叢」等の諸篇。「老子」は楚人によって書かれたもの。「太一生水」は楚国の「老子」の思想をもとに、それに改造をくわえた道家の宇宙論。「五行」・「緇衣」は孔子の孫の子思の著作。「窮達以時」・「魯穆公問子思」の二篇は、子思本人の著作、もしくは子思学派が伝えのこした著作。「語叢四」は〝稷下学派〟の気風が染みこんでいるようだ。第二類は「性自命出」・「成之聞之」・「尊徳義」・「六徳」等の諸篇で、斉魯地域の儒家経典に出自する写本。第三類は「語叢一」・「語叢二」・「語叢三」。戦国時代の斉・魯における儒家経典の文章で、その初期の様相を表しているとすべきだ。第四類はおもに「唐虞之道」・「忠臣之道」等で、楚国の学者が少し前に斉国より書き写してとり入れた儒家典籍である、と。[3]さらに黄人二君によると郭店「老子」は鄒斉の儒者が改造した版本とする。このように郭店簡はすべて鄒魯の儒者の著作、あるいは彼らの改編をへた作品である可能性がある。[4]『上海博物館蔵戦国楚竹書』第一冊〜第三冊に楚人の作品と確認できるものをわれわれはまだみることができない。その後『上海博物館蔵戦国楚竹書』第四冊が出版されて、ようやくこうした状況に変更が生まれた。そのなかに含まれる「昭王毀室」等の三篇の竹書は、楚人の手になる証拠をかなり顕著に持っているからである。

われわれはいっしょに書写された「昭王毀室」・「昭王与龔之脽」の両篇からみてみたい。この両篇の竹書の主要人物は、楚の昭王である。(5)「昭王毀室」の冒頭に「昭王、室を死湑之滮に為《つく》る」とあり、楚の昭王はこの〝死湑之滮〟という場所に宮室を建造したという。また「昭王与龔之脽」の冒頭に「昭王、逃宝に迈《ゆ》く」とあり、昭王はこの「逃宝」という場所に赴いたという。竹書の整理者は「考釈」で「〝昭王〟は、即ち楚の昭王」とする。これは正しい。「昭王毀室」には楚国の司法簡にしばしばみえる〝視日〟の語が登場する。包山楚簡や江陵磚瓦廠三〇七号墓出土の竹簡では、〝視日〟に送られた告訴状がすぐ楚王に処理されているので、われわれは〝視日〟を楚王の代名詞と推測したことがあった。(6)今、この「昭王毀室」の記述により、〝視日〟とは元来朝廷における楚王の日官に相当する官名で、楚王に奉呈される告訴状を受理する責任者ということがわかる。(7)「昭王与龔之脽」のなかで昭王は、「呉王、郢に挺す。楚邦の良臣の骨を暴す所、吾れ未だ其の子を憂うるを以てする有るなし」といっている。(8)これは昭王が楚君の身分であることを直接にしめすものである。

「昭王毀室」・「昭王与龔之脽」と類似する「柬大王泊旱」の冒頭で〝柬大王〟といい、「考釈」は柬大王を〝即ち楚の簡王〟とする。(9)この問題にかんする詳細な考証は、朱徳熙・裘錫圭・李家浩の三先生による共著「望山一、二号墓竹簡釈文与考釈」を参照されたい。望山一号墓の一〇号簡に、「悼固の為に柬大王・聖……を与祷す」とあり、「考釈」は次のように指摘している。

八八号・一一〇号・一一一号の諸簡にそれぞれ〝聖王・悼王〟という文があり、一〇九号簡でも〝聖逗王・悼王〟と称している。柬大王・聖王・悼王は相前後する三人の楚王である。『史記』楚世家に「恵王卒し、子の簡王中立つ。……簡王卒し、子の声王当立つ。声王六年、声王を盗殺し、子の悼王熊疑立つ」とある。〝柬〟・〝簡〟の二字は古くは通じている。柬択の〝柬〟は(『説文』に「柬、分別して之を択ぶなり」とある)、古書では多く〝簡〟に作る。〝声〟・〝聖〟の二字は古くは通じ、たとえば『左伝』文公十七年の『経』の〝声姜〟は、『公羊伝』で〝聖姜〟に作る。『史記』衛世家の〝声公訓〟は、『索隠』の引く『世本』で〝聖公馳〟に作る。『史記』管蔡世家の蔡声侯は、『戦国策』楚策四で〝蔡聖侯〟に作る。〝⿱卲心〟字は〝心〟に従う〝卲〟の声で、字書にみえない字である。〝卲〟はもと〝刀〟に従って声符を得、古音は〝悼〟ときわめて近く、〝⿱卲心〟は〝悼〟字の異体とすべきである（「考釈」⑥を参照されたい）。これより簡文の柬大王・声王・䟭王が楚世家にみえる簡王・声王・悼王であることは疑う余地がない。寿県の楚王墓から出土した曾姫壺に「聖趄之夫人曾姫無卹」とあり、〝趄〟〝逗〟は同じ字の異体とすべきである。劉節は〝聖趄之夫人は即ち声桓夫人〟とし（『古史考存』一三三頁）、〝聖〟は声王を指すとするが、それは正しい。柬大王は簡王とも称し、それは聖逗王のばあいと同じ例である。楚の頃襄王は襄王とも称された。『墨子』貴義篇に、「子墨子、楚に南游し、楚の献恵王に見《まみ》え、献恵王、老を以て辞す」とあり、蘇時学は〝献恵王は、即ち楚の恵王なり。蓋し当時已に両字の謚有るなり〟と言う。『文選』注引の『墨子』や『渚宮旧事』はみな〝書を恵王に献ず〟に作るが、恵王がもと献恵王と称したことを知らずに、後人が憶測して改訂したのであろう。(10) 新蔡葛陵簡甲二一号に〝福を昭王・献恵王・柬大王……に祈る〟(11)とあるように、簡王は昭王の孫、恵王の子である。(12) これは別の角度から朱徳熙等の先生方が〝柬大王〟は古書にみえる〝簡王〟であるとする分析を実証するものである。竹書三篇のなかではみな直接〝昭王〟あるいは〝簡大王〟と称し、王名の前に国名を冠していないことに注意される。それは明らかに本国人の立場から本国の事情を述べているからである。上文では、楚国の昭・恵（献恵王）・簡（柬大王）・声（声王）・悼（⿱卲心王）の諸王にたいする望山楚簡・新蔡楚簡の称謂について引用して述べた。新蔡楚簡で言及している楚国の先王には、さらに文王・平王（競坪王）がいる。包山楚簡で言及している楚国の先王は、昭王の他にも武王・粛王・宣王・威王（愄王）がいる。それらのなかの包山楚簡における粛・宣・威王（愄王）の三王については、楚国の官辺文書でも知られる。その他の楚国の先王は、楚の貴族の卜筮祭祷記録によって知られる。これらは楚人みずからその先王について述べたものなので、諸王の謚号で呼んでも、その前に国名をつける必要はなかった。「昭王毀室」等三篇の竹書の昭・簡二王にたいする呼称は、望山・包山・新蔡楚簡のそれと完全に一致し、その作者が後者と同じように楚人とすべきことを物語っている。

上海博物館蔵戦国楚竹簡には、楚国以外の国の故事について記したものがあり、そこにも国君にたいする呼称がみえ、われわれがこの問題をさらに理解するのに役立つ。

そこでまず「鮑叔牙与隰朋之諫」をみてみよう。これは斉の桓公の事跡を述べた文献である。もともと整理者はこれを両篇に分け、「競建内之」・「鮑叔牙与隰朋之諫」と称した[13]。陳剣先生はそれらを合わせて一篇とし、「鮑叔牙与隰朋之諫」と総称しているが、正しいであろう[14]。この篇の第一簡（原「競建内之」の一号簡）の上端は残欠し、ほぼ二字を欠き、第三字は下辺に一横画を残存させている。整理者は第三字を〝王〟とみなし、周の荘王を指すと推測する。しかし本篇の内容は周王とは無関係なので、この説には従えない。また整理者は〝或いは曰く〟として、〝ときに周王は衰え、列国はみな王を僭称して自立した〟と述べ、この〝王〟を斉侯を指すとしているようだ。しかしその後の文では明らかに斉侯を指して〝公〟としているので、この説も採れないことは明白だ。われわれは、わずかに残存する下辺の横画の字は〝二〟字であり、その下の第四字の〝坴〟は読んで〝睦〟となす、と推測する。〝二〟字はその下の文と連読し、〝二睦隰朋与鮑叔牙従〟となる。そうすると、すでに残欠している第一・第二の字は〝公□〟と推測される。ともあれ、この第一支の簡首に〝斉□（諡号）公〟の三字が登場する可能性はないとすべきである。それはとりもなおさず、この竹書においては斉の桓公の称謂を直接〝公〟と呼び、国名をくわえていない、ということでもある。たとえば「競建内之」一号簡に〝公、二大夫に問う〟とあり[15]、同三号簡に〝公曰く〟とあり、「鮑叔牙与隰朋之諫」七号簡に〝公、乃ち身《みずか》ら祭有司に命ず[16]〟とあるように、そこには諡号がないことの他に、上文で論じた「昭王毀室」等三篇の竹書と同様、国君の称謂の前に国名をくわえているわけでないので、斉人が斉の事情について述べたものに属するとすべきであろう。

それと同じことは『上海博物館蔵戦国楚竹書』第五冊の「姑成家父」についてもいえる[17]。この篇の冒頭に「姑成家父、厲公に事《つか》え、士と為る。予《わ》が行い、迅強を尚び、以て厲公に悪《にく》まる」とある。(18) 整理者が指摘するように、姑成家父は『左伝』・『国語』にみえる苦成叔、厲公は晉の厲公であり、竹書に記された内容は晉の三郤之難に関するものである。そのなかで厲公と称して〝晉〟といわないのは、上述の「昭王毀室」等三篇で昭王・簡大王と称して〝楚〟といわないのと同様で、晉人が晉の事情を述べているためである。

さらに郭店簡と上博簡には魯君について言及する箇所がいくつかある。郭店竹書「魯穆公問子思」章の冒頭に〝魯の穆公、子思に問う〟とある。(19) 上博竹書「曹沫之陣」の冒頭にも〝魯の荘公、将《まさ》に大鐘を為《つく》らんとす〟とある。(20) この二篇で魯君の呼称が登場するさい、初めてその前に国名を冠している。そしてすぐ後に〝公〟・〝荘公〟の呼称を使用している。これは先に述べた楚・斉・晉の例と異なり、おそらく作者が魯国の人もしくは魯国以外の人の手が加わったせいであろう。(21)

慣習によるにせよ、必要で述べるにせよ、ある環境にある人は、その環境内の人や事物を指ししめすのに、通常何らかの親密な観点をとるはずで、その環境と他の環境を区別する修飾語の一部は省略するものだ。逆もまたしかり。これと類似した状況が『国語』にも見出される。たとえば魯の成公は「魯語」上の「晉人殺厲公辺人以告」章では直接〝成公〟と称され、「周語」中の「簡王八年魯成公来朝」章では〝魯成公〟と称されている。魯の襄公は「魯語」下の「襄公如楚」等の章で〝襄公〟と称され、「晉語」八の「魯襄公使叔孫穆子来聘」章では〝魯襄公〟と称されている。晉の文公は「晉語」四の「文公在狄十二年」等の章では〝文公〟と称され、「元年春公及夫人嬴氏至自王城」章では直接〝公〟と称され、「魯語」上の「晉文公解曹地以分諸侯」章では〝晉文公〟と称されている。楚の恭王は、「楚語」上の「恭王有疾」章では直接〝恭王〟と称され、「晉語」六の「厲公六年伐鄭」章では〝楚恭王〟と称されている。同一人物のこうした称謂上の相違は、各章の作者によるもの、または後世の編者によるとを問わず、その基本的原因は各国の語がその国の立場に立つ記述であることによるとすべきであろう。(22) これは楚竹書の称謂の意味に対する先の推測を裏付けている。

二、作品のスタイル

スタイルの上からみてみると、「昭王毀室」等三篇の竹書は、『国語』に類する作品のようだ。典籍の一ジャンルとしての〝語〟のもっとも早い例は、『国語』「楚語」上の「荘王使士亹傅大子箴」章にみえる。すなわち士亹《しび》が太子の傅（師傅）に就いた後、申叔時に意見を求めたときのことである。申叔時が提示したその授業計画のなかに、

之に『語』を教えて、其の徳を明かにし、先王の務めて明徳を民に用いしことを知らしむ。

とあり、韋昭の注に、

『語』とは、治国の善語なり。

とある。韋昭は「国語解叙」のなかで『国語』の主旨に対する多くの文を書き残しているが、そのなかで彼は、

（左丘明）故に復た、前世の穆王以来、下は魯悼の（ときの）知伯の誅に迄るまで、邦国の成敗、嘉言善語、陰陽律呂、天時人事、逆順の数を采録し、以て『国語』と為す。

と指摘している。

「昭王毀室」等三篇の竹書の状況は以下の如くである。「昭王毀室」篇のなかで昭王は、新築した宮室を廃棄し、君子の父母を合葬させている。「昭王与龔之脽」は、呉軍が郢に侵入した戦役において〝骨を暴《さら》した〟〝楚邦之良臣〟に対する昭王の親身の情を記している。「柬大王泊旱」は、簡王の君臣が大旱の前に〝楚邦〟の〝常故〟を堅持し、滅私奉公した故事を記録している。(23) このような内容は、申叔時のいう〝先王の務めて明徳を民に用いしことを知らしむ〟、また韋

昭注にいう〝治国の善語〟、あるいは韋昭の「国語解叙」にいう〝邦国の成敗、嘉言善語〟と比較するまでもなく、みな相一致している。

すでに李零教授によると、上海博物館所蔵楚竹簡の「昭王毀室」のような文献は〝語〟の範疇に属す、と指摘されている。かれは近刊の著書『簡帛古書与学術源流』において、古書を次の七種に区分している。(一)六芸類、(二)史書類、(三)諸子類、(四)詩賦類、(五)兵書類、(六)術数類、(七)方技類。このなかの史書は、さらに次の四つに細分されている。①書の類(『尚書』、『逸周書』等)、②春秋の類(『春秋』、『竹書紀年』等)、③世譜の類(『世本』等)、④事語の類(『国語』、『国策』、『説苑』、『新序』等)(24)。〝事語の類〟とは〝故事の類〟の史書のことで、〝三皇五帝故事〟・〝唐虞故事〟・〝三代故事〟の方面では「容成氏」・「唐虞之道」等の竹書がある。しかし〝春秋戦国故事〟がもっとも豊富である。楚国の方面では、「昭王毀室」等の三篇があり、この他にも「叔百」・「子玉治兵」等まだ発表の待たれる多くの竹書がある。晉国の方面では、「三郤之難」(これは「姑成家父」に対して李零氏が名づけた別の篇名)がある。斉国の方面では、「景建納之」(整理者が区分する「競建内之」・「鮑叔牙与隰朋之諫」の両篇に相当し、それはまた陳剣先生が一篇のものとみなす「鮑叔牙与隰朋之諫」と同じ)とまだ発表が待たれる別の一篇である。呉国の方面では「呉命」がある。〝その他〟の方面では「昭王聴賽人之告」等の三篇がある(ともに未発表)(25)。さらに李零先生はこう指摘する。

〝語〟は〝事〟を主とし、掌故類の史書(〝事語〟ともいう)である……。従来、われわれのイメージでは、古代の史書で〝春秋〟がもっとも重要だったが、出土発見からみると〝語〟の重要性の方がさらに大きい。この種の史書のもつ〝物語性〟は〝記録性〟にまさり、それは一種の〝再回想〟および〝再創造〟であるためだ(26)。

〝事語〟類の史書概念の範囲に対して、李先生はさらに次のように分析する。

第一、劉向の「戦国策書録」佚文によると、それは『国語』類の古書を含むだけでなく、『戦国策』の古書も含み、すくなくとも春秋故事と戦国故事の共通名である。第二、それはいわゆる〝諸子百家〟の〝語〟とも関連があり、諸子の書であり、今では哲学あるいは政論とみなされることが多いが、古代では私家の史乗、つまり後世のいわゆる稗官野史である。第三、それは諸子が仕官を求めて遊説するさいの話のタネ集で、『韓非子』説林および内外儲説のようなものを生み出した。第四、それは『左伝』の〝君子曰く〟、史の賛、賦の乱、さらには各種の箴銘、および小説家言とも関係がある。この種の〝語〟はしばしば圧縮された形式で現れ、成語格言をなす。本質からいって、それは掌故の性質に属する古書で、後世の辞賦・類書とも一定の関係がある。[27]

李零先生の分類は、伝世および出土先秦古書の基本状況と合致している。いわゆる〝事語〟類の史書に対しても精細である。だが細部においてはこの方面でもまだ討論すべき余地が残っている。

相対的にいって、いわゆる〝事語〟類の史書に対する命名としては、〝語〟の方が〝事語〟よりも適切とすべきである。〝事語〟を書名とするものは劉向の「戦国策書録」にみえることを、われわれは知っている。

> 校する所の中（皇宮）の『戦国策』の書は、中書の余巻にして、錯乱相糅莒せり。又た国別なる者は八篇有れども、少《か》きて足らず。……中書の本号、或いは『国策』と曰い、或いは『国事』と曰い、或いは『短長』と曰い、或いは『事語』と曰い、或いは『長書』と曰い、或いは『脩書』と曰う。臣向以為《おもえ》らく、戦国の時の游士、用いらるる所の国を輔《たす》けて、之が為《ため》に筴謀《さくぼう》す。宜しく『戦国策』と為すべし。

〝事語〟とは前漢末の皇宮の蔵書中にあった『戦国策』のような古書に対するいくつかの題名の一つにすぎず、劉向に採用されたものではない。〝語〟が書であることは、「楚語」で申叔時がその名を挙げ、『国語』は『史記』のなかにしばしば引かれているので、[28]その成書時期はかなり早く、来歴もそうとうはっきりしている。くわえて〝事語〟の方はあまり含意がはっきりしない。張政烺先生は次のように指摘する。

> この《語》という書は、記言を主とするが、記事を捨てておくことができなかったので、〝事語〟を書名としている。劉向の「戦国策書録」は、かれの拠った底本がすべて六種で、その第四のものを《事語》としている。その書はす

でに目にすることはできないが、その形式は馬王堆帛書「戦国縦横家書」に近似すると推定され、つまり叙事であるとともに、記言でもある[29]。

しかし黎翔鳳は、次のようにいう。

> 『詩』公劉の〝于時《ここ》に語語す〟の伝に、〝論難を語と曰う〟とある。あることについて論難することを「事語」といい、あるいは「論語」という。もし一国の事ならば、「国語」という[30]。

この説によれば、〝事語〟とは事の語であって、事と語（言）ではない。『戦国策』のような古書にも〝国事〟と命名されたものがあったことに照らせば、こうした理解の可能性もありうるであろう。〝語〟の含意は韋昭の解釈と『国語』の実例によってかなり明確である。ほぼ言説あるいは講述の意味として[31]、かなり安心して使用できる。それは、この種の古書に対して伝統的な呼称を用いるならば、〝語〟あるいは〝語〟類の文献と呼ぶのがもっとも良い、ということでもある[32]。

〝国語〟の〝国〟とは、国別に編成されたその形式を指すか[33]、あるいはそこに述べられている邦国のことを指す可能性がある。韋昭「国語解叙」の〝邦国の成敗、嘉言善語〟、「楚語」注の〝治国の善語〟によれば、後者の可能性がより大きいようだ。劉向のみた『戦国策』に類する古書には〝国策〟・〝国事〟の書名があり、もともと国別のものは八篇だけであった。これらの〝国〟字とは国別を指すのではなく、国事を指し、このように解すると〝国語〟の名とも対応する。それは長沙馬王堆三号墓から出土して、整理者に「春秋事語」と命名された書が、国別には配列されていないことでも傍証できる[34]。「楚語」上で申叔時が〝之に『語』を教えて、其の徳を明らかにして、先王の務めて明徳を民に用いしことを知らしむ〟というこの〝語〟は、〝国語〟を指すとすべきである。李零先生は語類文献に対してかなり広く理解している。『周礼』春官・大司楽に、

> 楽語を以て国子に興・道・諷・誦・言・語を教う。

とあり、孫詒譲の正義に

謂うこころは、言語応答、詩楽に比し、意指を通じて、鄙倍を遠ざく所以なり。

とある。これは李零先生の〝語〟類文献の第三種の類型にちかく、先秦の〝語〟がたしかにかなり複雑なことをはっきりと示すものである。こうした意味合いにおいて〝国語〟は〝語〟の一種なのであり、〝語〟類文献に属するなかに国家の事柄に関する叙述があるのだ。

〝国語〟類の文献を取りあげると、多くの人はすぐ古代の史官の記言伝統を連想する。王樹民先生は次のように指摘している。

〝語〟は元来古代における記言（言葉を記した）の史書の一種である。『礼記』玉藻篇に〝動けば則ち左史、之を書し、言《ものい》えば則ち右史、之を書す〟とあり、古代の史書に記言と記事の両種の形式があったことを反映している。記言の書にはその内容の性質にさまざまな違いがあるため、多くの書名が存在する。「楚語」上に、申叔時は太子の教育を論じて、〝之に令を教え、物官を訪《はか》らしむ。之に語を教え、其の徳を明らかにして、先王の務めて明徳を民に用いしことを知らしむ。之に故志を教え、廃興する者を知りて、戒懼せしむ。之に訓典を教え、族類を知りて、比義することを行わしむ〟といっている。いわゆる〝令〟・〝語〟・〝故志〟・〝訓典〟はみな記言に関する書である。……〝志〟・〝語〟は、貴族統治者が重要とかんがえた事件と当時の人びとの言論で、そのつど近侍の臣下によって記録され、これを保存して参考のために備えた。記事がありうる以上、記言もありえ、ほぼ〝語〟は記言を主とし、〝志〟は言と事を併せ重んじた。そこに記された〝語〟は、教育的意味に富むことに重点がおかれ、そのため〝其の徳を明らかにす〟ることができるのであり、政権が安定し文化が発達した諸国では、たいていこの種の書があったであろう。……春秋時代、諸国の《語》はまだその国の統治者に直接管理されていたが、戦国時代になってしだいに民間に流入し、さまざまな伝本が生じる結果となった(35)。

じっさい、古人の考え方によると史官の記言とは『尚書』の類のことである。たとえば、『礼記』玉藻篇の鄭玄注に、

其の書の、『春秋』・『尚書』は其の存する者なり。

とあり、『漢書』芸文志にも、

左史、言を記し、右史、事を記し、事を『春秋』と為し、言を『尚書』と為し、帝王、之に同じからざる靡《な》し。

とある。『国語』については、韋昭は「国語解叙」で史官に記録されたものとはいわず、わざわざこれを解釈して、

実は経芸と并陳し、特《ただ》〃諸子の倫《たくい》のみに非ざるなり。

といっている。早期の〝語〟が史官による記録かどうかは、当面立論することは困難である。もし『国語』と竹書中の〝国語類〟文献についていうならば、それはおもに後人が伝聞により記したもので、当時の実録ではないとすべきであろう。

(本論文は、教育部哲学社会科学研究重大課題攻関項目〝楚簡綜合整理与研究〟(03JZD0010)の援助によるものである)

注

(1) 上海古籍出版社、二〇〇四年十二月、「図版」三一〜六七頁、「釈文考釈」一七九〜二一五頁をみよ。

(2) 湖北省随州市で出土した曾侯乙墓竹簡も、葬儀類に属する。曾国は戦国早期にあってすでに楚国の附庸であった。人々が楚系簡牘や文字について言及するとき、しばしばこれをそのなかに含める。

(3) 「郭店竹簡的形式特徴及其分類意義」(『郭店楚簡国際学術研討会論文集』所収、湖北人民出版社、二〇〇〇年五月)。

(4) 「読郭簡〈老子〉并論其為鄒斉儒者之版本」(同右)。

(5) 楚の昭王、名は珍、平王の子、前五一五〜前四八九年在位。詳細は『史記』楚世家をみよ。

（6）拙著『包山楚簡初探』（武漢大学出版社、一九九六年八月、二九～三〇頁）、同「楚国第二批司法簡芻議」（『簡帛研究』第三輯、広西教育出版社、一九九八年十二月）を参照せよ。当時は、〝視〟をみな〝見〟に釈していた。郭店楚簡の発見後、学者は初めて〝視〟字であると考えるに至った。裘錫圭「甲骨文中的見与視」（『甲骨文発現一百周年学術研討会論文集』所収、［台北］文史哲出版社、一九九八年五月）を参照せよ。

（7）拙稿「関於楚簡〝視日〟的新推測」（簡帛研究網二〇〇五年三月五日、http:// www. jianbo. org/ admin3/ list.asp?id=1344）。

（8）暴は、陳剣先生の読みに従う。「上博竹書〈昭王与龔之脾〉和〈柬大王泊旱〉読後記」（簡帛研究網二〇〇五年二月一五日、http:// www.jianbo.org/ admin3/ 2005/ chenjian002.htm）をみよ。昭王がこの段で述べている話の背景は、前五〇六年の呉師入郢の役である。詳細は『左伝』定公四年、『史記』楚世家昭王十年の条をみよ。

（9）楚の簡王、名は中、恵王の子、前四三一～前四〇八年在位。詳細は『史記』楚世家をみよ。

（10）『江陵望山沙冢楚墓』（文物出版社、一九九六年四月、二五四～二五五頁）。

（11）河南省文物考古研究所『新蔡葛陵楚墓』（大象出版社、二〇〇三年十月、一八七頁）。

（12）楚王の世系は、『史記』楚世家をみよ。献恵王が恵王であることは、朱徳熙等の「望山一、二号墓竹簡釈文与考釈」に引述された蘇時学の説を参照せよ。

（13）「図版」は一七～三九頁、「釈文考釈」は一六三～一九一頁をみよ（『上海博物館蔵戦国楚竹書（五）』、上海古籍出版社、二〇〇五年十二月）。

（14）「談談〈上博（五）〉的竹簡分篇、拼合与編聯問題」（簡帛網二〇〇六年二月一九日、http://www.bsm.org.cn/show article.php?id=198）。

（15）「二」を、何有祖君は「士」とするが、これも一説とすることができよう。「上博五楚竹書〈競建内之〉札記五則」（簡

帛網二〇〇六年二月一八日、http://www.bsm.org.cn/show article.php?id=198）。

（16）「有司」は、原釈文では下に続けて読む。句読を改めた理由については、拙稿「〈鮑叔牙与隰朋之諫〉零識（続）」（簡帛網二〇〇六年三月五日、http://www.bsm.org.cn/show article.php?id=263）を参照せよ。

（17）「図版」六九～七八頁、「釈文考釈」二三九～二四九頁。

（18）「迅」字の釈については、沈培「上博簡〈姑成家父〉一個編聯組位置的調整」（簡帛網二〇〇六年二月二二日、http://www.bsm.org.cn/show article.php?id=219）を参照せよ。その他の原釈文と異なるところの処理は、小文「〈苦成家父〉通釈」（簡帛網二〇〇六年二月二六日、http://www.bsm.org.cn/show article.php?id=239）を参照せよ。

（19）荊門市博物館『郭店楚墓竹簡』（文物出版社、一九九八年五月、一四一頁）。

（20）馬承源主編『上海博物館蔵戦国楚竹書（四）』（上海古籍出版社、二〇〇四年十二月、二四三頁）。

（21）「魯邦大旱」篇の冒頭に、「魯邦大旱、哀公謂孔子」（『上海博物館蔵戦国楚竹書（二）』上海古籍出版社、二〇〇二年十二月、二〇四頁）とある。状況は「魯穆公問子思」や「曹沫之陣」と異なる。先に〝魯邦〟が現れて、その後に〝哀公〟の称が使用されているのは、前を承けて〝魯〟字を省略した可能性があり（作者は魯人ではない）、または作者がもともと〝哀公〟と言い慣れていたためかも知れない（作者は魯人）。

（22）「呉語」・「越語」の称謂はこれと異なる。たとえば「呉語」呉王夫差起師伐楚章では〝呉王夫差〟と称し、「越語上」越王句践棲于会稽之上章では〝越王句践〟と称し、他国の語の来源とちがいがあるようである。姚鼐は「又た其の一国の事を略載せる者は、周・魯・晉・楚なるのみ。斉・鄭・呉・越の若きは、首尾一事にして、其の体も又た異なれり。『国語』を輯する者は、得る所の繁簡に随って之を収む」（『惜抱軒文集』巻五辯鄭語）と指摘している。さらに王樹民先生は、〝おおむね周・魯・晉・鄭・楚の各語は、その多くが当時の人によって記されたもので、その時代は比較的早い。また斉・呉・越の三語は後人の追記の筆になるもので、戦国中前期の人により書かれたとすべきであろう〟（『国語集解』前言、中華書局、二〇〇三年六月、一頁）とみなしている。
（23）前掲の陳剣論文、劉楽賢「読上博（四）札記」（簡帛研究網二〇〇五年二月一五日、http://www.jianbo.org/admin3/list.asp?id=1318）を参照せよ。
（24）三聯書店、二〇〇四年四月、一八九～二一〇頁。
（25）『簡帛古籍与学術源流』（二六七～二七六頁）。李氏は、「昭王聴賽人之告」を楚昭王のときのことを記したものと指摘している。この篇がなぜ楚国のものに属することにならないのか、現在もまだはっきりしない。
（26）『簡帛古書与学術源流』（二〇二頁）。
（27）『簡帛古書与学術源流』（二七八頁）。
（28）十二諸侯年表序・太史公自序をみよ。
（29）「《春秋事語》解題」（『文物』一九七七年第一期、後『張政烺文史論集』中華書局、二〇〇四年四月、に再録）。
（30）『管子校注』事語の解題（中華書局、二〇〇四年六月、一二四〇頁）。
（31）こうした言説あるいは講述は、もちろん〝語〟類の古書中の人物の言論と関連するが、じっさいには別の可能性もあり、つまり全篇文字による叙述・伝授を指す。このような状況でいうと、〝国語〟とは〝国事〟である。
（32）じっさい、李零教授指導下の研究生張鉄の修士論文『語類古書研究』（北京大学中文系、二〇〇三年五月）では、〝事語類〟と言っていない。
（33）王樹民先生は、〝当時流伝していた各国の『語』を集め、一書に編集して、『国語』とし、つまりそれは列国の語の意味である〟といっている（『国語集解』「国語的作者和編者」、中華書局、二〇〇二年六月、六〇二頁）。
（34）馬王堆漢墓帛書整理小組「馬王堆漢墓出土帛書〈春秋事語〉釈文」（『文物』一九七七年第一期）、前掲張政烺先生論文。
（35）前掲王樹民氏論文。

第二部

巴蜀・楚・秦の文字文化と言語

戦国楚における宜忌の論理

―子弾庫楚帛書三篇の関係を例に―

森　和

緒言

楚は、春秋戦国時代に長江中流域を中心とする中国の南方（華中区）に興隆した国である。その自然地理と社会習俗は『漢書』巻二八・地理志下によると、楚には長江・漢水、川沢・山林の資源がある。長江の南は土地が広大で、あるところでは火耕水耨（古代の農耕方法の一つ）をしていた。人々は魚や稲を食べ、漁猟や山林伐採を生業としており、果蓏（果実と草の実）・蠃蛤（蜷や螺などの巻貝と蛤の類）があって、食物はつねに充分であった。そのため力が弱く才乏しくて無益の生を保ち、蓄えがなくても飲食は足り、飢えや寒さを憂えることはないが、その一方で富裕な家もなかった。「巫鬼を信じ、淫祀を重んず」、というものであった。このような楚地の文化・習俗については、近年この地域の墓葬から戦国時代〜前漢時代の竹簡などが多数出土しており、従来の文献史料に加えて一次史料に基づく研究が進められている。その中でも特に、〝日書〟と総称される占いのマニュアルと、戦国楚の貴族のために臨時あるいは定期的に行われた占いや祭祀の記録である〝卜筮祭祷簡〟は、「巫鬼を信じ、淫祀を重んず」とされた楚の具体例を示す恰好の史料として注目される。ところが、これらの占いや祭祀を担っていた巫祝や占い師などの宗教的職能者や彼らを信じた人々の背景にはどのような論理・観念が共有されていたのか、という問題になると、日書や卜筮祭祷簡だけではマニュアルあるいは記録という史料としての性格の限界もあり、必ずしも充分とは言い難い。

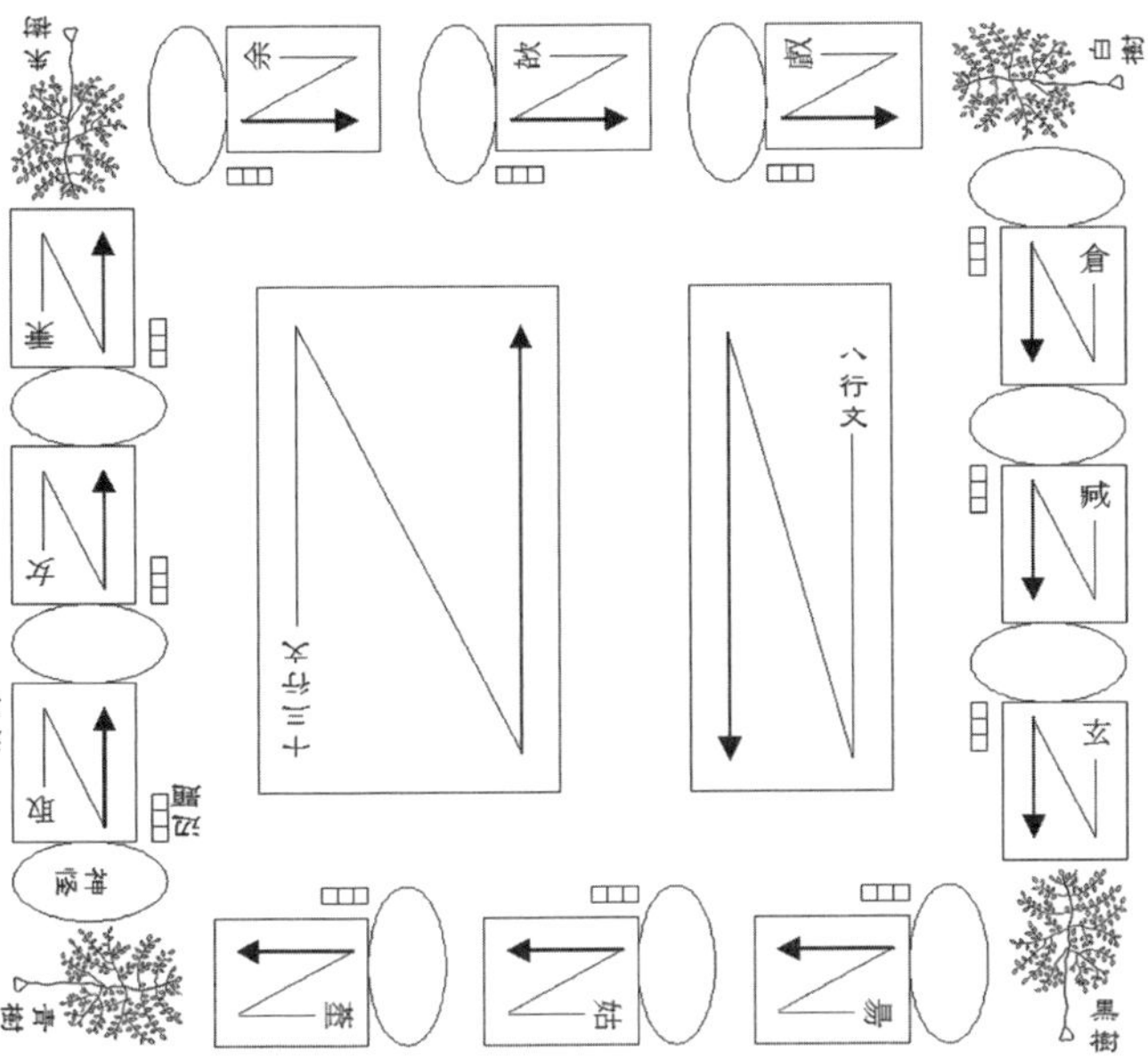

図１　子弾庫楚帛書概略図

そうした状況で重要な意味をもつのが、子弾庫楚帛書と呼ばれる、一九四二年九月に湖南省長沙市に位置する小型の戦国楚墓から盗掘された史料である。図１に示したように、四七cm×三八cmほどの大きさの絹の中央部分に八行と十三行の文章（以下、八行文・十三行文）が天地を逆にして書かれ、その周囲には三文字の標題と数行の短文（以下、辺題・辺文）を附した神怪の図像が辺ごとに三体、計十二体配され、さらに四隅に青・朱・白・黒で彩色された樹木の図像が描かれている(1)。このような特殊な構成で配置された三篇の文章は、天地と時間的秩序の形成を創世神話的に語る八行文、天象や四時の異常と災禍について述べる十三行文、主に一年十二ヶ月の宜忌を記す辺文、と多彩である。辺文の宜忌というのは、ある月が婚姻や家屋建設あるいは戦争などを行うのに適しているか否かの判断を示したもので、人間の行動を制約するという点において日書に見える様々な占いと同質である。従って、辺文と同じ絹に特殊な構成で書かれている八行文・十三行文の内容も、そうした宜忌や占いと何らかの関係があると見なければならない。そこで、小論では楚帛書三篇の関係を検討することによって戦国楚における宗教的職能者の論理や神話的世界観を明らかにし、楚地の文化・習俗の一側面を考えてみたいと思う。

一　楚帛書の創世神話

まず、楚帛書で想定されている世界がどのように形成されたのか、創世神話的な八行文から見ていきたい。八行文は朱色の方形で三段に分けられているので、以下、段ごとにその内容と要点を整理してみよう(2)。

（1）曰く、故（古）の⧄龕靁（雹）虘（戲）、⧄霆より出で、䣜⧄に尻（處）る。氒《そ》（厥）の⧄は魚=（魚魚）として、⧄⧄⧄女、夢=（夢夢）墨=（墨墨）として、章亾（亡）く弼=（弼弼）、⧄毎（晦）水⧄、風雨是れ於《ふさ》（閼）がる。乃ち叡遅□子の子を取（娶）り、女⧄と曰い、是れ子四□を生む。是れ襄《のぼ》りて埈（踐）み、是れ各（格）りて柴（化）に𦮼《あずか》（參）り、逃（兆）に唬（乎）いて⧄を爲し萬を爲し、㠯（以）て堵襄（壤）を司り、咎ありて㞢《ゆ》（之）きて達す。乃ちに卡（上下）して朕（騰）⧄するも、山陵不𢦔《とお》（疏）らず。乃ち山川・四晉（海）に命じて、寮（燎）熨（氣）・⧄熨（氣）を□せしめ、㠯（以）て亓（其）の𢦔（疏）を爲し、㠯（以）て山陵を渉る。瀧汨凼瀵（漫）、未だ肙=（日月）又（有）らず。四神相弋（代）わり、乃ち㞢《ゆ》（之）きて㠯（以）て哉（歲）を爲す。是れ隹（惟）れ四寺（時）なり。■

この第一段は原初の世界について次のように語る。まず雹戯という神が「⧄霆」という場所から出現して「䣜⧄」という場所に居住し、暗く音もなく風雨も塞ぎ止まっているような混沌の中で「女⧄」なる女神を娶り、四神を生んだ。

そして、雹戯は天地を往来して万物の生成変化に参与し、家屋や土地を管掌するなどし、さらに山川四海の神々に命じて不通であった山陵を陰陽の二気にも似た気の作用で通れるようにし、その山陵を渉り巡った、と。(3) その一方で当時の世界は水が満ち溢れ、太陽と月が存在しない状況であった。そのため雹戯の子である四神が代わる代わる移動して「歳」(一年)という時間を創出した。これが「四時」(春夏秋冬)である、という。このように、第一段では雹戯による初期段階の天地経営とその子の四神による時間創出が語られ、空間秩序と時間秩序という二つの秩序形成がテーマになっている。ここでは特に、後者の時間秩序について、日月誕生以前の原初の世界では四神の交代移動という行為によってそれが保たれていた、とされている点に注意しておきたい。

(2) 倀(長)は青榦(榦)と曰い、二は未☒嘼と曰い、三は翏黄難と曰い、四は☒墨榦(榦)と曰う。千又(有)百𣦻(歳)にして、冐＝(日月)躳(允《まこと》)に生まる。九州坪(平)らかならず、山陵備《ことごと》く岆(夨《かたむ》)く。四神☒☒し、𡕒(復)に至る。天旁(方《まさ》)に𨖸(動)かんとし、玫(鼔)ぎて之に青木・赤木・黄木・白木・墨木の精(精)を敷す。炎帝乃ち祝䖢(融)に命じて、四神を㠯(以《ひき》)いて降り、三天を奠《さだ》め、☒思敋、四亟(極)を奠《さだ》めしむ。曰く、「九天の𠟭(則《も》)し大いに岆(夨《かたむ》)くに非ざれば、𠟭(則)ち敔(敢)えて天霝(靈)に叡(睿《つう》)ずる母(毋)かれ」と。帝、躳(允《まこと》)に乃ち冐＝(日月)の行を為す。■

次の第二段は時間を創出した四神の名を冒頭に列挙してから千百年後の世界について述べる。四神による時間創出から千百年経ち、漸く世界に太陽と月が誕生したが、大地は平坦でなく山陵もみな傾き崩れていた。そのため四神は「復」なる地に赴いたが、天までもが動き傾こうとしており、四神はそのような天を五色の樹木の精で防ごうとした、と。こうした天地の不安定な状況と四神の行動に応えるべく、炎帝は祝融という神に命令を下し、四神を率いて下界に降らせ、「三天」・「四極」を安定させた。(4) 天地が安定すると、炎帝は任務を完遂した祝融に「天がもし仮に大きく傾くような非常事態にならない限り、今後は敢えて天霊(炎帝自身を指すか)のところに来るには及ばない」と語り、自ら太陽と月を運行させた、という。このように、第二段では不安定な天地に対する四神の行動、そして炎帝の命令を受けた祝融・四神による天地の安定が語られ、空間秩序がテーマになっている。しかし、それは時間秩序と無関係な話ではない。何故ならば、末尾に「帝、允に乃ち日月の行を為す」とあり、天地の安定後に炎帝が太陽と月を運行させるようになったということをわざわざ述べているからである。この一文は、第一段で時間秩序の形成に関与した四神が、祝融の下で天地安定という別の任務を与えられて下界に降臨した後は、この炎帝の運行させる太陽と月が新たな時間創出に重要な役割を果たすようになることを意味している。それは、最後の第三段を見るとより明らかになる。

（3）共攻（工）〼歩し、十日・四寺（時）〼し、〼神𠟭（則）ち四〼を閏（潤）す。百神を思する母（毋）く、風雨晨（震）え、禕（違）䜌（亂）乍（作《おこ》）る。乃ち月＝（日月）を逆《むか》え、㠯（以）て迵（轉《うつ》）して相〼思す。宵又（有）り朝又（有）り、晝又（有）り夕又（有）り。■

最後の第三段は前二段以上に判読できない文字が多く、意味もはっきりしないが、恐らく次のような粗筋であろう。共工という神がまず歩いて「十日」と「四時」を創出し、他の神々は世界を潤した。しかし共工は諸々の神々への対応を誤り、そのため風雨が激しくなり、乱逆なことも起こって世界は一時混乱した。そこで改めて共工は太陽と月を受け入れ、それを代わる代わる送り出すことによって、一日の中に宵・朝・昼・夕という四つの時間区分を創出した、と。(5)このように、第三段では共工による新たな時間創出が語られ、再び時間秩序がテーマになっている。ここで、共工による時間創出に太陽と月が関っていることに注意しなければならない。この太陽と月は、第二段で天地安定後に炎帝が運行させるようになった太陽と月であるから、空間秩序をテーマとする第二段も時間秩序と無関係な話ではないのである。第二段の祝融・四神による天地安定は、第三段の共工による時間創出を語るための環境整備と見ることも可能であろう。

以上見てきたように、八行文で語られる楚帛書の世界は、雹戱と祝融・四神による二度の空間秩序の形成と、四神と共工による二度の時間秩序の形成が交互になされることで構築されているが、より中心的な主題はすでに多くの先学が指摘されてきたように、[6]時間の創出である。この時間の創出は神々の行為と太陽・月の関係から次のように纏められる。まず太陽と月が誕生する以前の原初においては、雹戲の子の四神一人一人の交代移動によって「四時」が創出され、その行為の繰り返しによって「歳」が創出された。それから千百年後に太陽と月が誕生し、時間創出に関与した四神が炎帝の命令により天地安定のため下界に降ると、今度は炎帝が太陽と月を運行させるようになった。そして共工がその太陽と月を受けて交互に送り出すことによって「宵」・「朝」・「晝」・「夕」が創出された、と。ここで、時間創出の主体が四神の交代移動という神の行為から、至上神たる炎帝の運行させる太陽と月へと変化していることに注意される。十三行文にも「帝」および「日月」への言及があることから、この炎帝が太陽・月を運行させるという行為は八行文と十三行文を結びつける重要な接点になっていると考えられる。それでは、それが十三行文とどのように繫がるのか、次節でその内容を具体的に検討していきたい。

二、異常と災禍

天象や四時の異常および災禍について述べる十三行文も八行文と同じように朱色の方形によって三段に分けられている。ただ各段が内容的にほぼ一つに纏まっていた八行文とは異なり、十三行文では各段に複数の事項についての記述が含まれているので、便宜的に各段をさらに節に分けて①②③……という番号を附し、以下、それぞれの段および節の内容を見ていきたい。

（1）①隹（惟）れ□□⧄、月𠟭（則）ち絽（贏《えい》）絀《ちゅつ》して、亓（其）の峃（當）を旻（得）ず、旾（春）頭（夏）昧（秋）各（冬）、尚（常）を⧄する又（有）り。⿱日月＝（日月）星曶（辰）、𤔔（亂）れて亓（其）の行を遊（失）い、絽（贏）絀して⧄を遊（失）い、艸（草）木は尚（常）を亾（亡《うしな》）う。⧄□宎（妖）。

②大𨻶（地）は羕（祥《きざし》）を乍（作）す。天棓（棓）、粞（將）に湯を乍（作）さんとして、亓（其）の方に降り、山陵は亓（其）れ𡢁（廢《すた》）れ、㴊（淵）の氒（厥）れ𣳚（汩《みだ》）るる又（有）り。是を孛と胃（謂）う。孛の戢（歲）の⧄月、内（入）月旨＝（七日）⧄□、雺（霧）・雹（霜）・雨土又（有）り、亓（其）の職に曑（參《あずか》）るを𡭊（得）ず、天雨《あめふ》ること喜＝（喜喜）たり。是れ月を遊（失）えば之を閏して行する勿かれ。䏍（一月）・二月・三月は、是を遊（失）条（終）と胃（謂）い、亾（亡）奉⧄、亓（其）の邦に□す。四月・五月は、是を䜌（亂）絽（紀）と胃（謂）い、亾（亡）尿⧄⧄。⧄戢（歲）、西䣜（域）に吝又（有）り。女（如《も》）し昷＝（日月）既に䜌（亂）るれば、乃ち鼠の⧄なる又（有）らん。東䣜（域）に吝又（有）り。□⧄なれば乃ち兵あり、亓（其）の王を𩐈（害）せん。■

最初の第一段は、天体の異変と四時の乱れ・草木の異常について述べる①節と、「孛」と名づけられた現象について述べる②節の二つの部分からなる。①節は冒頭と末尾が欠けているため、そこに挙げられた天体や四時、草木の異常にどのような相互関係があるのかは定かでない。恐らく、月の運行が速くなったり遅くなったりすると、四時の秩序に乱れが生じ、日月星辰が通過すべき地点を外れたり、またその運行が速くなったり遅くなったりすると、地上の草木もあるべき常態ではなくなる、というような、天体運行の異変が四時や草木に異常を齎すことをいうのであろう。李零氏は末尾三字の「⧄□妖」を「是を妖と謂う」と推測されており(7)、また次の②節や第二段で「孛」あるいは「德匿」と名づけられた個々の現象について具体的な災禍が説かれていることを踏まえると、この①節は、十三行文に記される種々の異常・災禍を「妖」という範疇で括り、それが太陽・月・星といった天体運行の異変に起因する、という総則を述べたものと考えられよう。

次の②節で述べられる「孛」とは、天棓という名の彗星が落ち、山陵が崩れ、深く澱んだ淵も氾濫するような天と地に起きる現象をいう。この「孛」という現象が起きた年の某月にはその七日などの日(8)に霧や霜、空から土が降るような異常気象があり、人々はそれぞれの務めを果たすことができなくなる。そして一月から三月までの期間にこの「孛」

が起きることを「失終」、四・五月に起きることを「乱紀」と呼び、それぞれ何らかの災禍がある。さらに「李」が起きた年には西と東の地域でそれぞれ異なる災禍があり、例えば東の地域では兵乱が起こって王に危害が及ぶ、という。このように、「李」が起きた年の特定の月や地域における災禍が具体的に記されていることから、彗星が落ちたり山陵が崩れたりする現象「李」はそれらの具体的な災禍が起きる前触れ、つまり一種の凶兆と見做すことができよう。であるからこそ、冒頭で「天地は祥《きざし》を作《な》す」というのである。また「如し日月既に亂るれば、乃ち鼠のなる有らん」とあるように、「李」によって予兆される災禍の中で太陽と月の乱れがさらなる「鼠」（憂い）を引き起こす原因となっている点に注意される。

（2）①凡そ戢（歲）に悳（德）匿あれば、女⧄⧄⧄、邦に五实（妖）の行ある所、艸（草）木・民人、㠯（以）て四淺（踐）の尚（常）を風し、⧄⧄上实（妖）、三寺（時）是れ行あり。隹（惟）れ悳（德）匿の戢（歲）、三寺（時）⧄⧄、之を緐（繫）して峉を㠯（以）て降す。是れ月は婁（數）を㠯（以）て厝（擬）《はか》り、之を正と爲す。隹（惟）れ十又（有）二⧄なり。

②隹（惟）れ李・[悳]（德）匿は、黄𣲺（淵）より出で、土身亾（亡）鼆、出內（入）□同、亓（其）の下凶を乍（作）す。冐＝（日月）虐（皆）な𤔔（亂）れ、星唇（辰）⧄せず。冐＝（日月）既に𤔔（亂）るれば、戢（歲）季乃ち⧄、寺（時）雨進退し、尚（常）死（恆）又（有）るを亾（亡）《うしな》う。

③恭民、未だ厝（擬）《はか》りて㠯（以）て𠟭（則）と爲すを智（知）らず。羣民を童（動）かし、㠯（以）て三死（恆）を⧄し、四興の鼠を蔞（廢）し、㠯（以）て天尚（常）を⧄する母（毋）かれ。羣神・五正・四⧄は、羊（祥）《さいわい》を先（饒）《めぐ》み死（恆）を建てて民を襡（屬）せしむ。五正乃ち明なれば、羣神是れ亯（享）す。是を悳（德）と胃（謂）う。匿《かく》るれば、羣神乃ち悳（德）す。帝曰く、「繇（繇）《ああ》、[敬]まんかな。敬《つつし》むことら或《あ》らざる母（毋）かれ。隹（惟）れ天は福を乍（作）し、神は𠟭（則）ち之を各（格）《いた》す。隹（惟）れ天は实（妖）を乍（作）し、神は𠟭（則）ち之

を恵す。☐敬、隹（惟）れ天像（象）に備えよ。是れ㬎成。隹（惟）れ天は下民の祇（式）を☐す。之を敬《つつし》み、弋（忒《たが》）う母（毋）かれ」と。■

次の第二段は、「德匿」について述べる①節、その「德匿」と前段②節の「孛」について述べる②節、民・神・天（帝）の関係について述べる③節の三つの部分からなる。①節は欠字やある種の専門用語と思われる特殊な語句が散見して難解であるが、恐らく「德匿」と呼ばれる現象が起きた年には多くの災禍が発生し、草木や民は四時のあるべき常態を乱され、春・夏・秋の「三時」には「上妖」という災禍が起きることを述べ、その上でこの「德匿」が起きた年の災禍に対する処方をいうのであろう。

続いて②節では、その「德匿」と「孛」がいずれも「黄淵」という場所から出現して災禍を齎し、太陽と月の運行がともに乱れ、星にも異常が起きることを述べる。このような天体の異変、特に太陽と月の乱れはさらに年末に何らかの災禍を齎し、時に応じて降るべき恵みの雨は降らず、あるべき常態が失われる、という。「德匿」という現象が具体的にどのような内容を指すのかは判然としないが、「孛」と並列されていることを踏まえると、「孛」と同じような凶兆であろうと思われる。また、この②節で太陽と月の乱れが年末の災禍と関連づけられていることは、前段②節で指摘したような「孛」によって予兆される災禍と太陽・月の関係と一致する。

最後の③節は、それまで述べられてきた種々の異常や災禍への処方として民がなすべき行為を、神や天（帝）との関係から説明する。この天・神・人の関係については、池澤優氏が次のような指摘をされている。楚帛書には、人はその禍福を決定する主体である天と直接的な関係を持ち得ず、天と人との間には禍福を直接齎す神を仲介者として必要とし、その天の降す災いに対して人は神を祀ることで神の佑助・介入を期待できるという三元論的世界観が表明されており、その世界観は実際の祭祀において人と神との間の仲介者である宗教的専門家の立場や主張を反映している、と。(9) このような氏の指摘を踏まえた上で、その三者の関係に八行文・辺文がどのように関わるのか、という点に着目して内容を整理したい。まず冒頭に恭順な民は「未だりて以て則と爲すを知らず」というのは、①節の「是れ月は數を以て擬り、之を正と爲す。惟れ十有二〼なり」という句を承けたものであろう。この「十有二〼」は「三天」・「四極」・「五妖」など数詞を含む語句が多用される楚帛書の中で唯一、一年十二ヶ月の宜忌を記した辺文との関連性を窺わせる語である。最後の文字は不鮮明であるが、残画から見ると「月」字とは異なるようで、十二ヶ月そのものを指すのではないようである。「數」つまり数術の理論に基づいて推し量って[10]「正」あるいは「則」とするということから考えると、この「十有二〼」は周囲に描かれた十二の神怪つまり各月を司る神々[11]あるいは辺文に記される月ごとの宜忌そのもの[12]を指すものであろうか。そうであるならば、この③節冒頭は、民は数術に基づく神々や宜忌を知らないという意に解されよう。裏を返せば、そのような神々や宜忌を民に知らしめるために辺文が書かれたことを示しており、ここに十三行文によって辺文が位置づけられるという両篇の関係を看て取ることができる。

続けて、そのような各月の宜忌を知らない民を妄りに動員して天の常道を乱すようなことがあってはならない、という。何故、民の動員が禁じられているのであろうか。このすぐ後には、「羣神・五正・四〼」と称され、幾つかの階層に区分されるような神々は幸福を民に恵み、民の在るべき状態を秩序立てる存在であることが述べられている。つまり、民はそうした神々に従属する存在であり、そのため各月の宜忌を無視するような動員は「天常」に反するものとして禁止されるのである。また神々に従属すべき民を妄りに動員することを禁ずるこの句は当然ながら動員し得る集団、つまり一定の政治権力を有する支配層に向けられたものであることも留意しておきたい。

次の「五正乃明」から「羣神乃悳」までは楚帛書の中でも最も難解な句の一つである。[13]「五正乃ち明なれば、羣神是れ享す」とは、「五正」と呼ばれる特定の神々の行為が明らかであれば、「羣神」がそれに応じるという神々の良好な関係、具体的には「羣神・五正・四〼」は、祥《さいわい》を饒《めぐ》み恆を建てて民を屬せしむ」という神々がそれぞれの務めを全うしている状況を指し、それを「是を德と謂う」と定義している、と解されよう。そして「匿」とは、その正反対の状況、つまり「五正」の行為が「明」ではない「匿《かく》」れた状況をいう、と考えられる。では、そのような場合「羣神」はどう対処するのであろうか。恐らく下文に「惟れ天は妖を作し、神は則ち之を惠す」とあるごとく、「妖」つまり①・②節で述べてきた「徳匿」に予兆される様々な災禍を民に「徳」（＝齎す）のであろう[14]。

③節の最後に置かれた帝の誡告では、まずあらゆる災禍と幸福がともに天（帝）によって生み出され、神々によって民に齎される、という天（帝）・神・民の基本的関係が提示される[15]。そしてこの関係の下、民は天から与えられる「下民の式」を謹み敬い、違反してはならない、という。この「下民の式」とは②節で民が「未だ擬りて以て則と爲すを知らず」とされる規範、具体的には辺文に記された各月の宜忌を指すのであろう。この誡告では「惟れ天象に備えよ」とあり、天の現象に対する警戒が呼びかけられているが、その理由については次の第三段で明らかになる。

（3）民は百神・山川・澫（萬）浴（谷）に⧄⧄を用うる勿かれ。⧄行を欽《つつし》まず、民の祀䛕《まつり》（莊）ならざれば、帝、⿰爿酉（將）に繇（繇《よ》）りて㠯（以）て⧄の行を𤔔（亂）さんとす。民に⿰鼎刂（則）ち㱿又（有）れば、相蠹（擾《みだ》）ることと又（有）る亾（亡《な》）く、陵⧄を見ず。是れ⿰鼎刂（則）し鼠至り、民人智（知）らざれば、歲（歳）に⿰鼎刂（則）ち⧄粿（無）し。祭祀せば⿰鼎刂（則）ち返り、民に少しく⧄又（有）り。土事は從う勿かれ、凶。■

最後の第三段は、第二段③節の誡告を承けて、天（帝）が生み出し、神によって齎される禍福と民の行為について述べる。まず冒頭で百神や山川渓谷に対する何らかの禁忌を述べた後、行いを慎まず、荘重な祭祀を執り行わない民に対して、帝は「⧄の行」を混乱させて譴責するという。このような民の善からぬ行為は前段③節の語句を借りれば、下民の式を敬《つつし》まず忒《たが》う行為ということになるであろう。それでは、帝は何を混乱させて、民の善からぬ行為を戒めるのであろうか。ここで神々による空間秩序と時間秩序の形成を語る八行文が重要な意味をもつ。すなわち八行文第二段の末尾に「帝、允《まこと》に乃ち日月の行を爲す」とあるように、楚帛書の世界では帝（炎帝）の務めが太陽と月を運行させることであるとされている。また十三行文第一・第二段のところどころで指摘してきたように、「孛」と「徳匿」という凶兆によって予兆される災禍はしばしば太陽と月の乱れと関連づけられている。これらのことから推測すると、不善の民を譴責するために帝が乱さんとする「〼之行」の残欠した一字目は日月の合文「冐=」である可能性が極めて高いように思われる。帝が太陽・月の運行を混乱させるということは、暗に災禍が民に齎されることを示している。すなわち民が帝の誡告を無視して天から与えられた遵守すべき規範「下民の式」つまり辺文に記された各月の宜忌に違反すると、帝は太陽と月の運行を乱す。そうすると「惟れ天は妖を作し、神は則ち之を恵す」とあるごとく、天は太陽と月の運行の乱れと関連づけられた種々の災禍を生み出し、神がそれを民のもとへ齎す、という因果関係にあるのである。このような関係の中で、太陽と月の運行の乱れは民の行為に対する帝の警鐘と見做すことができる。そう考えることで、前段③節において、何故帝が「惟れ天象に備えよ」と語り、天の現象への警戒を喚起しているのか、という先の疑問も解消されよう。ここにいう「天象」とは具体的には「日月の行」を指し、それは民の行為が天の与える規範に則っているか否かが反映されるものであるから、それ故「天象」に注意を払わなければならない、とされているのである。

「民に則ち穀有れば」以下は、民に善い行いがあれば太陽と月はともに正常に運行し、天の生み出す幸福が神によって民に齎される、という上句とは正反対の因果関係をいう。そして最後に「鼠」（憂い）が起こった場合の対処について、民がその憂いを知らなければ、その年には何か（未詳字）がないが、但し祭祀を執り行えば天ないし神がそれに応じ、民に報いか何かが少しある。そうした時には土木工事に従事してはならず、もし従事すると、凶事がある、というようなことを述べていると思われる。

以上見てきたように、十三行文は種々の異常や災禍を太陽・月の運行と関連させ、民の行為と天（帝）・神との関係の中で位置づけ、帝の言葉を借りて「隹れ天は下民の式を〼す。之を敬《つつし》み、忒《たが》う毋かれ」と主張する。ここに示されているのは、民が遵守すべき規範は天（帝）に由来するという神聖性と、その規範は違反すると天（帝）の生み出す災禍が神により齎されるから遵守すべきであるという実効性である。これは辺文に記される月ごとの宜忌を支える基本論理に他ならない。また天（帝）・神・民の関係の中で、帝の運行させる太陽と月が民の行為に対する警鐘として重要視されていることから、世界秩序が形成される過程で炎帝が太陽・月を運行させるようになったことを語る八行文は、この十三行文に示された基本論理を支える基盤、根底にある世界観に相当するものと考えられる。

ここで重要なのは、第二段③節に「恭民、未だ擬《はか》りて以て則と爲すを知らず」とあるように、「民」が無知蒙昧な存在とされていることである。この一文から、十三行文に示された基本論理、それを支える八行文の世界観、民が遵守すべき辺文の宜忌はいずれも民が直接知り得るものではなく、ある特定の人々によって民に示される性格のものと理解しなければならない。この特定の人々こそ池澤氏の言われる仲介者であり、具体的には楚帛書の製作者やその背景にある思想・観念を共有する集団（以下、仮に〝巫祝〟と表記する）である。それでは、この〝巫祝〟を介して民に示される宜忌とは如何なる内容なのか、またそこから何が見えてくるか、次節で検討していきたい。

三　宜忌と占いの共通性

辺文は、楚帛書の周囲に配置された神怪図像に三文字の辺題とともに附され、全部で十二条あるが、帛書の端に位置するため、中央の八行文・十三行文よりも破損が酷く、難解な箇所も少なくない。そこで、比較的完全な例を挙げて、具体的な内容を見てみよう。

（1）取于下。曰く、取。乙（鳦《いつ》）𠟭（則）ち至る。㠯（以）て〼殺すべからず。壬子・㫥（丙）子は凶。乍（作）□・北征せば、衒（帥）に咎又（有）らん。䢔（武）〼亓（其）歔。■

（2）女朼（必）䢔（武）。曰く、女。㠯（以）て帀（師）を出だし、邑を篫（築）くべし。㠯（以）て女を豙（嫁）すべからず。臣妾を取らば、夾せざらん。㝵（得）るも、成らず。■

条	宜忌			物候	不詳
	国家的行為	個人的行為	共通		
①取	北征、帥有咎		不可以 ⧄殺 壬子・丙子凶	虍乙則至	作□ 武⧄□其
②女	可以出師・築邑	不可以嫁女 取臣妾、不夾	得、不成		
③秉		…⧄…妻・畜生			分⧄⧄…
④余	□□以作大事、 少旱	取女、爲邦笑			其⧄⧄龍⧄ 其
⑤欱		取⧄⧄、爲臣妾	不可以享祀、凶	月在	鳶率⧄得 以匿□見
⑥䖸	不可出師、水師 不復		不可以享		其⧄其⧄ 至于⧄⧄⧄
⑦倉	不可以穿⧄、 大不順于邦			有梟入于上下	
⑧臧	不可□□師、脨 不復其邦有大亂	□可以築室 取女、凶			
⑨玄		□徙、乃咎…			可以⧄、凶 ⧄⧄
⑩昜	除去不義于四…	可製	不□毀事		
⑪姑	利侵伐 可以攻城 可以聚衆・ 　　會　侯・ 　　刑首事・ 　　戮不義				
⑫荃	不可以攻				…敘 ⧄⧄

表1　辺文の内容分類

辺題の第一字と辺文冒頭の第二字で共通する「取」・「女」は、李学勤氏が夙に指摘したように、『爾雅』釈天に見える十二ヶ月の名称と一致する。(16) さらに「秉司旾（春）」・「[illegible]司頭（夏）」・「玄司昧（秋）」・「荃司各（冬）」という四つの辺題が「司＋四時」という形で表示され、それらは帛書の四隅に描かれた樹木の図像を加えて、右回りに青樹・取・女・秉（司春）→朱樹・余・欱・䖸（司夏）→白樹・倉・臧・玄（司秋）→黒樹・昜・姑・荃（司冬）と並んでいる（前掲図1参照）。この順序と四樹の色の配当から、取・女・秉が春の三ヶ月、余・欱・戱が夏の三ヶ月、倉・臧・玄が秋の三ヶ月、昜・姑・荃が冬の三ヶ月を指すことは明らかである[17]。このように実質的に月を単位として纏められた辺文の内容は、意味の判然としない箇所もままあるものの、「（不）可以……」という表記に代表される宜忌がその殆どを占め、「鳦《いつ》則ち至る（燕が飛来する）」というような物候と思しき句が一部に散在している。宜忌は内容から①国家的行為に関するもの、②個人的行為に関するもの、③そのどちらにも解せるもの、の三種類に分類することができる。それらを整理して得られたのが表1である。この表に見えるような「嫁女」・「娶女」・「取臣妾」・「築室」などの文言については、〝日書〟と総称される戦国から秦・漢代の占いのマニュアルとの類似が以前から指摘されている[18]。このような表現上の一致ないし類似は、李零氏や池澤氏が指摘されるように[19]、楚帛書に関わる〝巫祝〟が日書などを用いて様々な時日の吉凶を占っていた占卜者と基本的に同じ流れに属することを示している。

さらに、辺文と日書の共通点は用語上の表面的なものだけではない。辺文に記された宜忌が天（帝）に由来する神聖な規範であり、それ故に実効性を持っていることは前節で検討したとおりであるが、このような人々の遵守すべき規範が天（帝）に由来するとする観念は日書の中にも認められる。例えば、現段階で最古の日書である九店楚簡「日書」（第三八簡下～第四〇簡下）に、

凡そ五卯は、㠯（以）て大事を復（作）すべからず。帝、㠯（以）て嗌（益）に命じて垔（禹）の火を凄（齎）らしむれば、午は㠯（以）て樹〃（木を樹う）べからず。凡そ五亥は、㠯（以）て六牲膹（擾）を畜《やしな》うべからず。帝の㠯（以）て六膹（擾）を翏（戮）する所の日なればなり。

とあり[21]、「五卯」（乙卯・丁卯・己卯・辛卯・癸卯の五日）の午刻における植樹の禁忌と、「五亥」（乙亥・丁亥・己亥・辛亥・癸亥の五日）における六畜飼育の禁忌が、いずれも帝との関連から説明されている。同様の例は睡虎地秦簡「日書」

の五丑（甲種簡二七正貳）や行（甲種簡一二七正～簡一三〇正・乙種簡一三二～簡一三七）にも見える。(22) これらは多種多様な占いを含む日書から見れば、極めて稀な例である。しかし裏を返せば、人々の遵守すべき規範が天（帝）に由来するとする観念の残滓、つまりは規範の神聖性と実効性の淵源を天（帝）に求める十三行文の基本論理が、これらの占いに辛うじて残されているということにもなろう。

また宜忌や占いの対象という点においても辺文と日書は共通性が高い。前掲表1に整理したように、辺文の宜忌は国家的行為に関するものから個人的行為に関するものまで多様であり、民だけではなく、国家的行為に関与し得る階層、つまり支配層をも対象としていることが看取される。特に姑分長の条に見える「會諸侯」という表現は、春秋戦国時代に諸侯国の間で頻繁に行われた政治的行為を意味するものであり、辺文が対象とする範囲は当時の国君レベルにまで及んでいた可能性を想定する必要がある。(23) 日書でも例えば、九店楚簡「日書」建餕(24)の占辞（第一三簡下・第一五簡下）に、

凡そ建日は、大吉。㠯（以）て妻を娶り、祭祀し、室を竺（築）き、社禝（稷）を立て、鐱（劍）・完（冠）を繻（帶）ぶるに利あり。

凡そ欱日は、惓矍𣅀＝（の日）、㠯（以）て祭祀し、眾を聚《あつ》め、□去し、豪（家）を遲（徙《うつ》）すに利あらず。

とあり、「社稷を立て」たり「眾を聚《あつ》め」たりできるような政治権力を有する階層への視点が窺える。一見すると、これは前述したような表面的な用語上の類似に過ぎない。しかし、ここで注意すべきなのは、楚帛書という同一資料内に並存するズレ、すなわち十三行文と辺文との間で視点が異なっていることである。前節で見てきたように、十三行文では「其の王を害す」・「羣民を動かす」というごく僅かな例外があるものの、「民人」・「恭民」・「羣民」・「民」・「下民」など民について繰り返し言及され、基本的にその視点は民へ向けられている。そして、辺文の宜忌はそのような無知蒙昧な民へ〝巫祝〟を介して知らしめる規範の具体的内容である。ところが、その宜忌の対象は、実際には民という一個人から国君レベルまでの政治権力を有する階層まで広範囲に及んでいる。

このような十三行文と辺文との間における視点の拡大は何を意味するのであろうか。先に人々の遵守すべき規範が天や帝に由来するとする観念が日書の占いに辛うじて残存していることを指摘したが、それを基本論理として懇切に説明する十三行文は日書に先行する形態を留めていると考えられる。一方、十三行文の基本論理に支えられた辺文の宜忌は文言や対象など日書との共通性が非常に高い。従って、辺文の宜忌は十三行文よりも後の時代相を反映していると考えられよう。但し、これは十三行文が書かれた後一定の時間が経過してから辺文の宜忌が書き加えられた、という意味ではない。十三行文に示された規範の神聖性と実効性という基本論理は、楚帛書に関与した〝巫祝〟集団に世々伝承されてきたであろう八行文の神話に支えられたものであり、そこには一定の不変性があると考えるのが妥当である。他方、規範の具体的な提示である辺文はいわば論理の運用であるから、そこに当事者つまり〝巫祝〟たちを取り巻く状況に応じた変容があることは十分想定されよう。換言するならば、十三行文とそれを支える八行文は数術における普遍的な〝数〟（論理）であり、辺文の宜忌は時代的、社会的要求に対応し得る可変的な〝術〟（実践法）なのである。

さて、最後に、以上で述べてきたような世界観と基本論理に基づいて天（帝）に由来する規範を具体的な宜忌として提示した〝巫祝〟集団について考えてみたい。この問題を考える上で重要な史料となるのが、楚帛書と地域や時代をほぼ共有する〝卜筮祭祷簡〟である。卜筮祭祷簡とは、戦国楚において邦君や大夫などの貴族が占いを専門とする貞人たちを招き、臨時あるいは定期的に行わせた占いや祭祀の記録である。包山楚簡「卜筮祭祷簡」を分析された工藤元男氏は、卜筮祭祷簡に見える占いや祭祀が戦国楚の貴族たちの私的な営みではなく、王権との関係で行われた公的色彩の強い行事であったと指摘されている(25)。この種の卜筮祭祷簡に見える貞人と楚帛書に関与した〝巫祝〟との間にどのような関係があるのか定かではないが、彭浩氏によれば、包山楚簡の貞人は職業化した貞人であり、『墨子』貴義篇に見える日者であるといわれる(26)。このような両氏の指摘とすでに述べた辺文と日書との共通性を踏まえるならば、楚帛書に関与した〝巫祝〟集団は、卜筮祭祷簡に登場する貞人集団、そして日書などの占卜書を用いて時日の吉凶を占っていた占卜者と基本的には同じ宗教的職能者であり、彼らは戦国楚において、一介の民衆から一定の政治権力を有する支配層に及ぶ広範な社会層の需要に応じて占いや祭祀儀礼などの宗教行為を行っていたと考えられる。このような見方に大過がないとするならば、楚帛書において辺文の宜忌の背景にある、規範の神聖性と実効性という十三行文に示された基本論理と、それを支える八行文の神話的世界観と同じような論理・観念を、卜筮祭祷簡の貞人集団や日書を用いる占卜者が担っていた占いや祭祀の背景の一部として想定することができよう。すなわち、楚帛書三篇の関係から析出される宜忌の論理は、「巫鬼を信じ、淫祀を重んず」と記された楚地で占いや祭祀を執り行なっていた様々なタイプの宗教的職能者に共有された論理であり、楚の文化・習俗の一側面を示すものと考えられる。

結語

小論では、楚帛書三篇の関係を検討し、各篇の位置づけと日書との比較を通して戦国楚における宗教的職能者の論理や神話的世界観を明らかにし、楚地の文化・習俗について考察した。以上に述べてきたことを要すれば、次のように纏めることができるであろう。まず三篇の関係について、十三行文は民の行動を制約する規範が天（帝）に由来するという神聖性と、その規範を遵守しなければ災禍が齎されるという実効性を説くものである。この二つは辺文に記された一年十二ヶ月の月ごとの宜忌を支える基本論理である。一方、空間秩序と時間秩序の形成について語り、その過程で太陽と月を運行させる炎帝が登場する八行文は、規範の神聖性と実効性の淵源を天（帝）に求める基本論理を支える基盤、根底となる神話的世界観に相当する。従って、楚帛書は、八行文の神話的世界観に支えられた十三行文の基本論理に基づいて天（帝）に由来する神聖な規範を辺文の具体的な宜忌として提示する、という形で人間の行動を制約する規範について述べた文書であるといえよう。次に日書との比較から、使用される文言が一致ないし類似すること、人々の遵守すべき規範が天（帝）に由来するとする観念が僅かながら残存していることが指摘できる。また十三行文と辺文の間にある視点の拡大は、数術における普遍的な〝数〟（論理）と時代的、社会的要求に対応しうる可変的な〝術〟（実践法）という性格の相違による異なる時代相の反映と見做し得る。そして最後に、工藤・彭浩両氏の説を援用すると、楚帛書に関った〝巫祝〟集団・卜筮祭祷簡の貞人集団・日書などの占卜書を用いて時日の吉凶を占っていた占卜者は基本的に同じ流れに属す宗教的職能者であると考えられる。それを踏まえると、楚帛書三篇の関係から析出された宜忌の論理や神話的世界観は、戦国楚において一介の民衆から一定の政治権力を有する支配層に及ぶ広範な社会層の需要に応じて占いや祭祀儀礼などの宗教行為を行っていた様々なタイプの宗教的職能者に共有された論理・観念の一つとして想定されよう。すなわち、このような宗教的職能者の論理や世界観の上に「巫鬼を信じ、淫祀を重んず」とされた楚の文化・習俗が成立していたのである。

注

（1）楚帛書各篇の名称は池澤優「子弾庫楚帛書八行文訳注」（郭店楚簡研究会編『楚地出土資料と中国古代文化』所収、汲古書院、二〇〇二年三月、五〇三～五六九頁）に従う。

（2）以下、小論で引く楚帛書の釈文は、饒宗頤・曽憲通編著『楚帛書』（中華書局香港分局、一九八五年九月）所載の赤外線写真を基に原帛の文字をできるだけ忠実に隷定し、一部残欠のある箇所や現段階で隷定が困難な文字は☒で、完全な欠字は□で表示した。また欠字などでも一定程度の可能性が推測される場合は、【　】で補った。

（3）金祥恒「楚繒書「䨺䖒」解」（『中国文字』第二八冊、一九六八年六月）の字釈により、この雹戯という神が伝世文献に見える古帝王の一人、伏羲であることが明らかにされた。伏羲は八卦を考案したり、漁猟を始めたりするなど文化英雄神として知られ（『周易』繋辞伝下）、また漢代以降は手に曲尺を持った人面蛇身の姿で、同じくコンパスを持つ人面蛇身の女媧とセットになり、世界の創造神のように描かれることが多い。八行文の雹戯による天地経営は、部分的にはこれらの伝承との関連性を窺わせる要素も認められるが、全体としては従来とは異なる別個の伝承として形成されている。

（4）炎帝と祝融については、『呂氏春秋』十二紀（夏三月）などに「其の帝は炎帝、其の神は祝融」とあるように、五行説では主従関係が設定されている。また祝融は『史記』巻四〇・楚世家や卜筮祭祷簡などで楚王室の神話的祖先として知られる神である。一方、『山海経』海内経には「炎帝の妻、赤水の子聴訞は炎居を生む。炎居は節並を生む。節並は戯器を生む。戯器は祝融を生む。祝融は降りて江水に處り、共工を生む」とあり、第三段に登場する共工も含めて、炎帝・祝融・共工を祖孫関係として一系に繋ぐ伝承が、長江流域に伝えられていたことが推定される。八行文の祝融像とこれらの祝融伝承との関係については、拙稿「祝融伝承の形成過程に関する一考察―子弾庫楚帛書からのアプローチ―」（『史滴』第二七号、二〇〇五年一二月）を参照。

（5）共工は、『書』虞書・舜典、『淮南子』天文訓などの伝世文献で服《まつろ》わぬ凶神として描かれており、この八行文のように太陽・月を介して時間を創出する共工伝承は他に例のない、独特なものである。

（6）李零『長沙子弾庫戦国楚帛書研究』（中華書局、一九八五年七月）、饒宗頤注（2）前掲書、劉信芳『子弾庫楚墓出土文献研究』（芸文印書館、二〇〇二年一月）、池澤優注（1）前掲論文などを参照。

（7）李零注（6）前掲書、五二頁。

（8）李零「《長沙子弾庫戦国楚帛書研究》補正」（『古文字研究』第二〇輯、二〇〇〇年三月）は「旨＝」の後の「⧄」について、睡虎地秦簡「日書」に類似する文例があることから、「八日」の合文であろうと推測されている。

（9）池澤優「書き留められた帝の言葉―子弾庫楚帛書に見る天・神・人の関係―」（『宗教研究』三一六号、一九九八年六月）、同「古代中国の祭祀における〝仲介者〟の要素―戦国楚の卜筮祭祷記録竹簡・子弾庫楚帛書と「絶地天通」神話

を中心に──」（田中文雄・丸山宏・浅野春二編『【講座　道教】第二巻　道教の教団と儀礼』所収、雄山閣出版、二〇〇〇年五月）。

(10)『説文解字』一二篇上・手部「擬」字条に「擬。度《はか》るなり」とあり、段玉裁注に「今の所謂揣度《したく》するなり」とある。

(11)「正」は、③節に「羣神・五正・四⧄」、「五正乃ち明らかなれば、羣神是れ享す」とあるように「羣神」とは異なる、ある特定の神々を表現するのに用いられている。

(12)「則」は人々が則るべき規範、③節にいう「下民の式」と同じと解される。

(13)従来この部分は「是を徳匿と謂う」と訓まれ、①・②節の「徳匿」と同じに解されてきた。この「徳匿」については、商承祚「戦国楚帛書述略」（『文物』一九六四年第九期）が天体の異変をいう「側匿」と解されて以来、李学勤「論楚帛書中的天象」（『湖南考古輯刊』第一集、一九八二年一二月。後、同氏著『簡帛佚籍与学術史』時報文化出版、一九九四年一二月、三七～四七頁再録）・高明「楚繒書研究」（『古文字研究』第一二輯、一九八五年一〇月）・何琳儀「長沙帛書通釈」（『江漢考古』一九八六年第一期）など多くの先学がそれに従っている。一方、林巳奈夫「長沙出土戦国帛書考」（『東方学報（京都）』第三六冊、一九六四年一〇月）は「匿」を「慝」（悪の意）に解し、池澤優注（9）前掲論文はそれを踏まえて「是れを徳匿するも、羣神乃ち徳すと謂う（天の恵みが失われても、神が恵みをもたらす）」と訓まれている。

(14)十三行文では神が民に禍福を齎すことを「饒（めぐむ）」・「格（いたす）」・「悳（めぐむ）」など複数の語で表記しているが、これらは均しく「齎す」の意味であり、そこには災禍あるいは幸福という齎されるものの性質の違いによる区別は認められない。従って「羣神乃ち悳（徳す）」の「徳（めぐむ）」も「妖」という負の性格を帯びたものに用いられる「悳」と同様に解せよう。但し訓読では日本語的なニュアンスから生じる誤解を避けるために敢えて訓じなかった。

（15）民に齎される災禍が、天（帝）から直接齎されるものではなく、神によって齎されるという観念は、上海博物館蔵戦国楚竹書「柬大王泊旱」にも見え、楚の簡王（前四三一年～四〇八年在位）の治世に楚国を襲った旱害について、太宰が「此れ之を胃（謂）う所の灛（旱）母なり。帝、𤗓（將）に之に命じて者（諸）矦（侯）の君の能く詞（治）めざる者を攸（修）めしめ、而して之を剭（刑）するに灛（旱）を㠯（以）てせしむ」」（第一一簡～第一二簡）と述べている。この太宰の解釈によれば、旱害は帝が政治を正しく執り行うことのできない諸侯を罰するためのもので、帝の命を受けた旱母という神によって楚国に齎された、という。

（16）李学勤「補論戦国題銘的一些問題」（『文物』一九六〇年第七期）。『爾雅』釈天に「正月爲陬、二月爲如、三月爲寎、四月爲余、五月爲皋、六月爲且、七月爲相、八月爲壯、九月爲玄、十月爲陽、十一月爲辜、十二月爲涂」とある。

（17）楚帛書の四時区分については異説があり、林巳奈夫注（13）前掲論文は「司＋四時」で表記される月が各季節の終わりにくる不都合さ、各月の宜忌と『礼記』月令篇に見える行動の規範との対比に基づき、楚帛書を冬至月に正月を置く周正と見做し、秉・余・欱を春、𣪘・倉・臧を夏、玄・昜・姑を秋、荃・取・女を冬に配当されている。また陳久金「長沙子弾庫帛書反映出的先秦南方民族的天文暦法」（同氏著『帛書及古典天文史料注析与研究』所収、万巻楼図書有限公司、二〇〇一年五月、四一一～四四八頁）も林氏の見解を是とされる。

（18）この他、楚帛書と日書の類似として、十三行文第一段②節に「一月・二月・三月、是を失終と謂い、亡奉☐、其の邦に□す」、「四月・五月、是を亂紀と謂い、亡尿☐☐」とあるように、特定の期間について固有の名称を与え、その後に宜忌や吉凶の判断を述べるという書式が挙げられる。例えば、睡虎地秦簡「日書」甲種（簡一〇背）に「戌と亥とは、是を分離日と胃（謂）い、妻を娶るべからず。妻を娶らば、終不《な》く、死若しくは棄てらる」とあるなど、同様の書式は日書に習見する。なお、小論に引く睡虎地秦簡の簡番号および釈文は睡虎地秦墓竹簡整理小組編『睡虎地秦墓竹簡』（文物出版社、一九九〇年十二月）に拠る。

(19) 李零『中国方術考（修訂本）』第三章「楚帛書与日書：古日者之説」第一節「楚帛書」（東方出版社、二〇〇〇年四月、一七八〜一九六頁）は楚帛書を「現在までに発見された中で最も早い日者の書」（一七八頁）と位置付けられ、池澤優「子弾庫楚帛書辺文訳註」（『東京大学宗教学年報』XXI、二〇〇四年三月）も「それ（＝楚帛書、引用者補）を作文した者が占いの伝統、即ち職業的宗教者の伝統に身を置いていたことを意味する」（一二八頁）と指摘される。但し、池澤氏は辺文の日書との共通性を指摘すると同時に、それが実効性を持っていないことから、「辺文は実用的な占いのマニュアルとして作文されたのではない。占いをベースとしながら、各月特徴づけるような占文を整合的に配列し、八行・十三行文でテーマとなっていた時間（＝空間）の構造を視覚的に図示するために書かれた」（同頁）と述べ、両者の相違についても指摘されている。

(20) 「日書」と中国古代における占卜者の関係については、工藤元男『睡虎地秦簡よりみた秦代の国家と社会』第四章「睡虎地秦簡「日書」の基礎的検討」第三節「日者と「日書」の関係」（創文社、一九九八年二月、一四一〜一五〇頁）を参照。

(21) 小論に引く九店楚簡「日書」の簡番号および釈文は湖北省文物考古研究所・北京大学中文系編『九店楚簡』（中華書局、二〇〇〇年五月）に拠る。

(22) この睡虎地秦簡「日書」甲種・行については工藤元男注（20）前掲書、二〇五〜二五二頁を参照。

(23) 池澤優注（19）前掲論文は、辺文の宜忌について国家的行為の中でも軍事関係のものが一番多いことを指摘し、その理由について辺文の作者が多岐にわたる占いの文言を一ヶ月ごとに纏める際、その方針を「国家（楚国？）」に求めたためとし、楚帛書について「職業的宗教者が書いたものではあるが、単純に占いの思想を表現するのではなく、占いの伝統の中で蓄積された思想を国家（為政）の視点から再構成したもの」と想定されている（一二八頁）。

(24) この占いは本来標題がないものであるが、ここでは便宜上、陳偉「新発表楚簡資料所見的紀時制度」（『第三届国際中

国古文字学研討会論文集』所収、香港中文大学中国文化研究所・中国語言及文学系、一九九七年一〇月)、同「九店楚日書校読及相関問題」(『人文論叢』一九九八年巻、武漢大学出版社、一九九八年一〇月)の命名に拠る。

(25) 工藤元男「祭祀儀礼より見た戦国楚の王権と世族・封君—主として「卜筮祭祷簡」・「日書」による」(『歴史学研究』第七六八号、二〇〇二年一〇月)。

(26) 彭浩「包山二号楚墓卜筮和祭祷竹簡的初歩研究」(湖北省荊沙鉄路考古隊『包山楚墓』上冊所収、文物出版社、一九九一年一〇月、五五五~五六三頁)。

戦国時代の文字と言葉
――秦・楚の違いを中心に――

大西克也

1　「郢書燕説」

『韓非子』外儲説左上篇に「郢書燕説」という故事が記されている。楚の国の都郢の町に住むある人が、燕の国の宰相に手紙を書いた。夜のことで手元が暗く、お付の者に「挙燭（燭を高く挙げてくれ）」と言いつけたが、その拍子に誤って「挙燭」と書いてしまった。手紙を受け取った燕の宰相は、「挙燭とは明を高くすること、即ち賢者を用いよということだ」と解釈し、王様に申し上げた。王様は喜んでそれに従い、燕の国は大いに治まった。以上がその大略である。著者は、今の学者にはこの手の勘違いが多いと皮肉っており、今では本来の意味を曲解したり、誤りが誤りを招くことの喩えとして使われる成語となっている。しかし私がここで注目したいのは、この故事には燕の宰相が楚の人の手紙を読めたということが前提となっていることである。

戦国時代（前四七五年～前二二一年）、文字と言葉は地域ごとに相当の隔たりがあったと一般的には考えられている。

現在の中国に夥しい方言があるように、当時の話し言葉も同様であったことが、当時の文献に窺うことができる。『孟子』滕文公下篇に伝わる楚の大夫が子供に齊の言葉を習わせるのに斉人を選ぶか楚人を選ぶかという問いかけは、齊・楚の話し言葉が相当異なっていたことの証言である。地域ごとの文字の違いも、近年増加する出土文字資料によって明らかになりつつある。後漢の許慎はその著『説文解字』の序文の中で、「言語異声、文字異形」（言葉は発音が異なり、文字は形が異なっていた）と表現した。にもかかわらず、燕の宰相は楚の手紙を読むことが出来たし、そのような話を採録する以上、韓非はそれを当然のことと受け止めていたのだろう。

本稿では戦国時代の言語と文字の「異」と「同」に光を当てつつ、当時の各国の文字と言葉が互いにどのように影響しあい、どのような共通性を持っていたのかについて論じたい。具体的には秦と楚の言葉と文字が中心となるが、それは後に述べるように資料の制約によるところが大きい。

2　戦国時代における中国語の地域的な差異

2・1　資料について

本章では出土資料から見た戦国時代の中国語の文法（文法的語彙を含む）に関わる地域的な差異について述べるが、それに先立って資料について簡単に述べておく。戦国時代の出土文字資料は、簡牘のほかにも金文、璽印、陶文、貨幣など夥しい量が蓄積されている。しかし言語の地域的な差異を検証するに足る資料となると、おのずと制約がある。特に文法研究では豊富な文例が得られることが条件であるから、璽印、陶文、貨幣などはほとんど使い物にならず、擬古的な言い回しの多い金文もなかなか使いにくい。簡牘にしても副葬品の目録である遣策などは、物品名や量詞の研究以外には用途が少ない。それでは文章を記した簡牘帛書の類が全て言語の地域性を解明する研究に役立つかというと、必ずしもそうではない。まず資料そのものの地域性を慎重に吟味する必要がある。我々は、楚で出土した簡牘を楚簡、秦で出土した簡牘を秦簡と称している。この場合の楚、秦というのは資料の出土した地域の属性であって、資料の言語の地位的属性を保証するものではない。楚簡であれば楚の文章語を、秦簡であれば秦の文章語を反映していると、簡単に考えることはできないのである。楚簡であればそのテキストの書き手が楚人であることは常識的にまず間違いなかろうが、その文章が楚の人によって作られたことが確定されて、初めて楚の言語を表わした資料として使うことができる。例えば『老子』や『緇衣』、『周易』などの古籍の出土によって近年話題を呼んでいる郭店楚簡（一九九三年湖北省荊門市出土）や上海博物館蔵楚簡（盗掘品で出土地は不明だが、湖北省荊門市付近と言われる）は、言語や文字研究の資料として有用であるにせよ、これらの古籍が楚人の作であると証明でもされぬ限り、アプリオリに楚の方言研究の資料とすることはできないのである。このような問題点をクリアしているのが包山楚簡や新蔡楚簡である。包山楚簡は一九八六年に湖北省荊門市で出土した。墓主の名は卲㐌といい、司法を掌る左尹という役職についていた太夫クラスの官僚であった。竹簡には墓主が生前携わった楚の司法に関する文書と、晩年の数年間にわたって墓主の病状等に関する卜占が記されたト筮祭祷文書、そのほかに副葬品のリストである遣策が含まれていた。年号を持つ簡が7種含まれており、前三二二年から前三一六年の七年間に該当するとされる(1)。新蔡楚簡は一九九四年に河南省駐馬店市新蔡県で出土した。墓主は楚の封君であった坪夜君成という貴族で(2)、竹簡の内容はやはり墓主の病状等に関する卜占がその多くを占め、里社の祭祀に関するものも含まれている。墓葬年代は包山楚簡より古く、異説があるものの概ね前四世紀前半と考えられている。これらは上述の内容から見て、楚人の手で楚人のために作られたことは自明であろう。秦の資料では睡虎地、龍崗出土の秦律や行政文書がこれに匹敵する。睡虎地秦簡、龍崗秦簡はともに湖北省雲夢県から出土した。前者は一九七五年、後者は一九八九年に発掘されている。資料の抄写年代は前者が概ね統一前の秦王政の治世期、後者は統一後である。両者はともに旧楚地域から出土しているが、秦の公文書に基づく写本である以上、かりに当地で抄写作成されたとしても、原則として秦の標準的文章語で書かれていると判断してよいだろう。このほか秦の公文書としては二〇〇二年に湖南省龍山県里耶鎮1号井から出土した里耶秦簡がある。三六〇〇〇枚を超える膨大な量だが、現在のところ部分的な公開に止まっている。但し睡虎地秦簡に含まれる『日書』と呼ばれる占書には、後に述べるように楚の影響が明らかに見られる。『日書』の内容は当地の習俗と深く結びついており、この意味において一九八六年に甘粛省天水市放馬灘1号秦墓から出土した放馬灘秦簡は貴重である。天水は秦の故地であり、そこに伝わる『日書』が含まれていたからである。しかしこの資料も部分的な釈文と写真の紹介が行なわれているだけで、一刻も早い全容公開が望まれる。

以上述べたように、楚と秦については十分とは言えないまでも一定程度の資料の蓄積があり、その地域の言語研究に資することができる。ところが簡牘の出土は秦、楚の地域に偏り、其の他の地域からの出土がないことが、比較をやりにくくしている。現在のところ、東方地域の言語を反映するものと考えられる資料には、馬王堆帛書『戦国縦横家書』や銀雀山漢簡がある。『戦国縦横家書』は、蘇秦と推定される人物が燕や斉の王に宛てた書簡や奏言が、比較的原初の形態を残しつつ収録されているとされる(3)。銀雀山漢簡の出土地は山東省臨沂県であり、『孫臏兵法』『晏子』など斉と関連の深い文献が出土している。これらの資料から中原や東方地域の言語の特徴を探る手掛かりが得られる。とはいえその抄写年代は、『戦国縦横家書』が高祖在位期、銀雀山漢簡は漢代中期まで降るとされ、抄写の際に起こりうる後代の言語の混入をある程度考慮しておかねばならない。

2・2　秦の言語の特殊性

以上のような資料使って文法若しくは文法的語彙（虚詞）の用法を地域ごとに検証して行くと、興味深い事象が浮かび上がってくる。それは、戦国時代秦の言語がその他の地域の言語に比べて一風変わった特徴をもっていたことである。現在私が把握している方言的な差異には以下のようなものがある。

①主語と述語との間に現れる「之」

まず『論語』の次の例文を見ていただきたい。

（1）不患人之不己知、……（論語・学而）

他人が自分を理解してくれないことを思い悩まず、……

この例文では、動詞「患」（思い悩む）の目的語が一つの単語ではなく、「人之不己知」（他人が自分を理解してくれない）という主語と述語とを備えた文形式となっている。このように大きな一文の中にさらに小さな一文が内包される構造は「埋め込み文」（embedded sentence）と呼ばれる。ここで注目していただきたいのは、その主語である「人」と述語である「不己知」との間に入っている「之」という助詞である。先秦時代の中国語において、埋め込み文の主語と述語との間には、相当の高頻度で助詞「之」が挿入される。そこで埋め込み文における助詞「之」の有無を出土資料によって検証してみると、楚を含む東方系の資料では「之」が高頻度で用いられるが、秦では全く用いられないことがわかった[4]。楚簡の例を挙げる。

（2）東周之客許緹至胙於蒧郢之歳、夏𡱐之月、癸卯之日、子左尹命漾陵之邑大夫察州里人陽𨱍之與其父陽年同室與不同室。（包山楚簡126號簡[5]）

東周の客許緹が胙を蒧郢に齎した歳（前三一七年）、夏𡱐之月（楚暦五月）癸卯之日、左尹様は漾陵の邑大夫に対し、州里人の陽𨱍が父の陽年と同居しているか否かを調べるようお命じになりました。

この文では下線を引いた部分において、動詞「察」（調べる）の目的語が埋め込み文となっているが、その主語「州里人陽𨱍」と述語「與其父陽年同室與不同室」（父陽年と同居しているか否か）との間に「之」が挿入されている。次に東方地域の言語を反映すると考えられる『戦国縦横家書』から一例を挙げる。

（3）願王之以毋遇喜奉陽君也。（馬王堆帛書『戰國縱横家書』第十一章、91行）
王様は（楚と）遇を行なわないことによって、奉陽君を喜ばせてください。

やはり動詞「願」の目的語が埋め込み文となっており、主語と述語との間に「之」が挿入されていることがお分かりいただけるだろう。

これに対し、秦の出土文献では埋め込み文に「之」を用いることがない。

（4）妻知夫盗錢而匿之、當以三百論。（睡虎地秦簡『法律答問』一四號簡）
妻が、夫が銭を盗んだことを知らずにそれを隠匿していた場合、三百銭を盗んだ罪で処罰する。

動詞「知」の目的語は「夫盗錢」（夫が銭を盗む）という埋め込み文であるが、「之」は使われていない。ちなみにより古い西周時代（前一一世紀～前七七一年）の青銅器銘文（金文）では秦簡同様「之」は現われない。埋め込み文の主語と述語との間に「之」を挿入するのは東方地域で新たに生まれて広まった用法のようである。

②等位接続詞の「與」と「及」

英語の「and」のように二つの名詞句または動詞句を連結する働きを持つ語を等位接続詞という。上古中国語では「與」と「及」とが代表的な等位接続詞である。伝世文献を見ている限りあまりはっきりとしないのだが、出土資料によるとこの二つが地域的に住み分けていたことが分かる。すなわち楚簡や東方系資料では「與」が使われ、秦では「及」が使われており、上述の「之」同様に秦とその他の地域との間にきれいな差異が見出される。(6) 例文（5）は楚簡、例文（6）は東方系の言語で、ともに「與」を使っている。

（5）占之、恆貞吉、少有憂於躬與宮室。（包山楚簡２１０號簡）
占ってみると、長期的には吉であるが、（卲舵の）体や家にやや心配があると出た。

(6) 今王以衆口與造言罪臣、臣甚懼。（馬王堆帛書『戰國縱横家書』第四章、45行）

今王様は人々のうわさやデマによって臣を罰しようとしておられ、臣は甚だ恐れております。

これに対し、例文（7）の秦簡では、等位接続詞に「及」を使っている。

(7) 令縣及都官取柳及木柔可用書者、方之以書。（睡虎地秦簡『秦律十八種』１３１號簡）

県や都官では柔らかくて書写に適した柳や木を採取して、形を方形に整えて書写せよ。

ちなみに「與」は秦の資料でも使われるが、「with」に相当する前置詞である。

(8) 甲懷子六月矣、自晝與同里大女子丙闘、……（睡虎地秦簡『封診式』84号簡）

甲は妊娠して六ヶ月になりますが、昨昼同里の婦人丙と喧嘩して、……

③時間副詞の「將」と「且」

上古中国語において事態が近い将来に起こることを表わす時間副詞には「將」と「且」がある。これも上で見た「與」「及」と同様地域的な違いがある。楚簡や東方系資料では「將」が使われ、秦では「且」が使われていた。(7) 例文（9）は楚簡、例文（10）は東方系の『戦国縦横家書』である。楚では「𤖼」という文字で表記した。

(9) 今日某𤖼（將）欲飲食、某敢以其妻□妻（齎）汝【聶】幣芳糧。（九店56號墓楚簡43號簡）

今日、某は飲食しようと欲しており、某は妻□に命じて汝に【聶】幣・芳糧を届けさせる。

(10) 臣之行也、固知必將有口、故獻御書而行。曰：「臣貴於齊、燕大夫將不信臣。臣賤、將輕臣。臣用、將多望於臣。齊有不善、將歸罪於臣。天下不攻齊、將曰：善爲齊謀。天下攻齊、將與齊兼棄臣。臣之所處者重卵也。」（馬王堆帛書『戰國縱横家書』第四章41―42行）

臣が行けば、必ずきっと噂がたつことでしょう。故に書簡を献上して行ったのです。その内容は、「臣が斉で栄達すれば、燕の大夫たちは臣を信用しなくなるでしょう。臣が賤しいままだと、臣を軽んずることでしょう。臣が任用されれば、臣に過大な期待をかけるでしょう。斉が悪事を為せば、罪を臣に着せるでしょう。天下が斉を攻めなければ、うまく斉のために謀ったと言うでしょう。天下が斉を攻めれば、斉とともに臣を見捨てることでしょう。臣は累卵の危うきに居るのです」というものでありました。

これに対し秦では「且」を用いた。

(11) 甲謀遣乙盗、一日、乙且往盗、未到、得、皆贖黥。(睡虎地秦簡『法律答問』4號簡)

甲は乙を遣わして盗みを働こうと企んでいたが、ある日、乙は盗みに行こうとして、到着しないうちに捕まってしまった。その場合皆贖黥の刑となる。

なお、「將」と「且」とは発音が近く、バクスター氏の上古中国語再構音によれば、「將」が＊tsjang、「且」が＊tshjAと復元される。(8) 両者は同源語の可能性があると考えられるが、秦と東方系との文字の使い分けは、恐らく発音の違いに対応しているのだと推測される。

④語気助詞の「也」と「殹」

「ナリ」と訓読される「也」は、文末の語気助詞として我々に馴染みの深い字であるが、この字が使われたのはもっぱら楚簡を含む東方系資料であり、秦では「也」に相当する語として「殹」が使われていた。(9) 「殹」が秦の方言であるとの説は清朝の頃から散見するが、出土資料の増加した現在その正しさが確認されたと考えられる。(10) 「也」が使われている例文(12)は楚簡、例文(13)は戦国魏の青銅器銘文、(11) 例文(14)は戦国斉の青銅器銘文で、いずれも東方六国系である。これに対し例文(15)の秦簡では「殹」が使われている。

(12) 占之、恆貞吉、少有憂也。(包山楚簡231號簡)

占ってみると、長期的には吉であるが、やや心配があると出た。

(13) 卅三年、單父上官冢子憙所受平安君者也。(平安君鼎[12])

(この器は、)三十三年に単父にある上官の長である憙が平安君より授与されたものである。

(14) 陳𦤎立事歲、十月己亥、莒公孫潮子造器也。(公孫朝子編鎛[13])

陳𦤎が即位した年の十月己亥の日、莒公孫迎子が造った器である。

(15) 此皆大辠殹。(睡虎地秦簡『語書』7號簡)

これらは皆大罪である。

⑤反復疑問文

現代中国語の「去不去?」(行きますか?)のように肯定形と否定形と重ねる疑問形式を、反復疑問文という。従来の知見では、反復疑問文の出現は唐詩や敦煌変文が早い例とされていた。睡虎地秦簡の出土により、一挙に一〇〇〇年ほど引き上げられたことが当時話題となった[14]。例文(16)(17)はいずれも秦簡である。

(16) 工盜以出、臧不盈一錢、其曹人當笞不當?不當笞。(睡虎地秦簡『法律答問』13號簡)

職工が物を盗んで持ち出したが、その金額が一銭に満たない場合、同僚の職工は笞刑に該当するか否か?該当しない。

(17) 知人通錢而為藏、其主已取錢、人後告藏者、藏者論不論?不論論[15]。(睡虎地秦簡『法律答問』182號簡)

賄賂であると知りながら銭を預かってやり、持ち主が銭を持ち去った後、人が預かった者を告発した場合、預かった者は処罰されるか否か?処罰されない。

反復疑問文に類似した疑問文は、伝世文献や出土文献にも見られるが、肯定形と否定形との間に何らかの接続詞を挿入するのが普通で、秦のように直接重ねる文型は見られない。次の例(18)は楚簡の例文であるが、接続詞「與」を挟んでいる。

(18) 東周之客許緝至胙於蔵郢之歳、夏层之月、癸卯之日、子左尹命漾陵之邑大夫察州里人陽鍬之與其父陽年同室與不同室。(包山楚簡126號簡)

東周の客許緝が胙を蔵郢に齎した歳(前三一七年)、夏层之月(楚暦五月)癸卯之日、左尹様は漾陵の邑大夫に対し、州里人の陽鍬が父の陽年と同居しているか否かを調べるようお命じになりました。

以上に述べてきたように、上記五項目はいずれも秦と東方六国との対立を示している。従来漠然とイメージされてきたように、楚の国の言葉が特に他の六国と異なっていたというような言語観は、ある意味では修正が必要である。楚の言語はどちらかというと中原よりであり、秦の言語が其の他の地域とはかなり違った色合いを持っていたことを示唆するものとして、大変興味深い。わずか5項目で戦国時代の方言を概括できるものではないが、出土資料から新たに描き出される上古中国語の地域的な差異として、注目に値すると言えるだろう。無論、出土資料に映し出されるのは、生の口語ではありえない。口頭言語としての方言と記録に使用される文章語とは異質なものである。より正確に言えば、秦という領域において形成されてきた文章語が、東方諸地域の文章語とは些か異なった色合いを帯びていたということである。領域国家の中で通用する法律や行政文書を書き記すための言語は、領域内の標準語として機能することが求められたはずである。そのような領域標準語が、秦と東方六国との間でやや異なっていたのである。

なお、揚雄『方言』収録の語彙に関して言語地理学的研究を行った松江崇氏は、①秦晋と楚の間には極めて強い言語境界線があり、また秦晋と代(趙)の間にも明確な言語境界線があること、②楚から斉にかけての楚・陳・宋・魯・斉とつづく地域には決定的な言語境界線はなく、言語的な距離はゆるやかに、段階的にひらいてゆくこと等を指摘している(16)。これは秦晋とその東方地域との間に言語的な対立が存在したことを示している。私が上で指摘した現象と類似する傾向として注目される。

3　文法的語彙を表す文字の相互交流

冒頭に取り上げた『説文』序や『孟子』滕文公下篇の話は、戦国時代の方言が、互いに通じ合わないほど異なっていたことを思わせる。恐らく口頭語のレベルではそうだったに違いない。しかし前章で見たように、文字に記された文章語のレベルでは必ずしもそうではなかったようである。文章語は概して外来の影響を受けやすく、口頭語ほど違いは大きくないからである。それは上で取り上げた文法語が、語彙自体一致するのみならず、それを表記する文字がほぼ一致していることからも見て取れる。文法的な語彙は仮借字（当て字）で表わされることが多い。前代から営々と使われてきた伝統的な文字ならいざ知らず、どのような文字を当てるかは本来任意であるはずである。にもかかわらず東方六国間での文字の割り当てはそれほど違わない。これは諸国間の文書交流の過程で、意識的か否かを問わず、いつのまにか調整が行なわれた結果に違いない。以下に二つの例を紹介する。まず時間副詞の「將」である。この語は楚簡の中では例外なく「𤖷」（図版1）と表記される。中原の資料では、現在の河北省平山県にあった中山国王墓地から出土した中山王方壺がやはり「將」を「𤖷」（図版2）と記しており、楚簡の字形とほぼ同じである。漢代写本の『戦国縦横家書』や『孫子兵法』等は「將」を用いているが、戦国出土資料では三晋や魯の青銅器銘文で官職名の「將」を「𤖷」で記しているから、時間副詞も本来は「𤖷」で表記していた可能性が高い。時間副詞「將」の最も古い用例は西周末期の『毛公鼎』にあり「[illegible]」（図版3）と記されている。六国で用いられた「𤖷」は、諧声符こそ同じ「爿」を用いているもの[17]の、金文の字形をそのまま継承しているのではない。「𤖷」は『説文』によれば「醬」の古文である。それを時間副詞に転用することを、これだけ広範囲の国々で共通に行なっていたことは、相互影響を考えなければ理解しがたい。「爿」

を諧声符とする字は多い。その中から何を選んで「將」に当てるのかは、基本的には任意である。各国が独自に選んだ結果が、どこも同じだったというのでは、あまりにも出来すぎている。

一方秦は西周金文以来の諧声符「爿」を継承せずに、「且」（図版4）を選んだ。この改変は、コミュニケーションの効率性から見ると、実は欠点がある。「且」は「しかも」という意味を表わす接続詞としても頻繁に使われる。したがって文脈によっては、「且」が接続詞なのか時間副詞なのか判断できないことがあるのである。たとえば次の例文がそうである。

(19) 聞新地城多空地不實者、且令故民有為不如令者實、（睡虎地4号秦墓6号木牘）

（A）新地城には人の住まない空き地が多い上に、しかも法律に違反した故民を移住させており、……

（B）新地城には人の住まない空き地が多いので、まさに法律に違反した故民を移住させようとしており、……

訳文（A）は「且」を接続詞、訳文（B）は時間副詞と見てのものであるが、両方とも可能なようである。ここに曖昧性が生じている。にもかかわらず秦が積極的に文字を変えたのは、そうせざるを得ない事情、おそらく秦の時間副詞の発音が、「爿」よりも「且」に近いというようなことがあったのではないかと推測される。秦の文字が保守的であるというのはよく言われることであるが、個別的には例外もあることにも注意が必要である。

図1　包山楚簡[18]

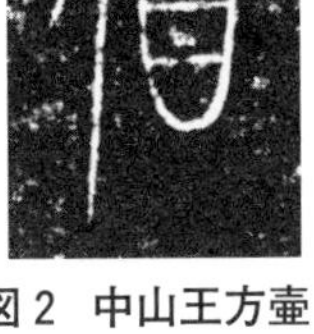

図2　中山王方壺

図3　毛公鼎

図4　睡虎地秦簡

次に一人称代名詞の「吾」を取り上げる。「吾」は西周金文には見えず、春秋以後に現れる新しい語で、西周金文の字を継承することはできず、あらたにそれを表記するための字を探したり作ったりする必要があった。その表記方法は各国によって異なっている。

秦が選んだのは「吾」およびそれを諧声符に持つ文字（図版5、6、7）である。『石鼓文』『詛楚文』、近年発見された『秦駰玉版』に見える。楚では「虐」（図版8）が使われた。これは「虍（虎）」を諧声符とする形声文字で、「虎」（バクスター氏再構音*xaʔ）と「吾」（同*ŋga）とは音が近いから、楚における具体的な音価は未詳ながら、「吾」と同一語根の語を表記していると考えられる。一方中原から斉にかけては「𪊨」（図版9、10）が使われた。図版9の『𬶍鎛』は春秋時代の斉の青銅器、図版10の『中山王鼎』は戦国中期の中山国の器である。これらは「虍」の他に「魚」を諧声符とする双声字（発音を表わす諧声符を二つ持つ字）で、「魚」の上古音は*ng(r)jaと再構され、やはり「吾」と近似している。馬王堆帛書『戦国縦横家書』には「吾」を「魚」字で表記した例があるが、戦国時代の中原の表記法の名残と思われる。春秋末期に晋で作られた侯馬盟書には「𪊨」の他に「呉」が使われていたが、これは後世に継承されなかった

図5　石鼓文

図6　詛楚文

図7　秦駰玉版

図8　郭店楚簡

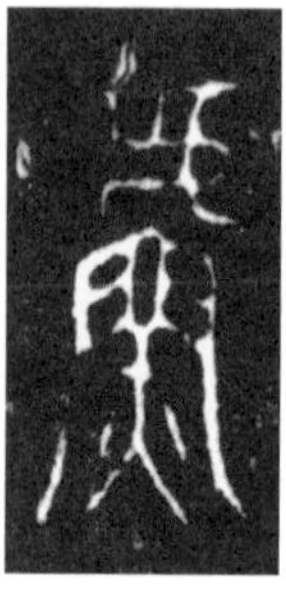
図9　𬶍鎛

図10　中山王鼎

図11

らしく、戦国時代の資料に現在のところ用例を検出し得ない。用いられる語彙自体が異なっていた時間副詞「將」「且」に対し、一人称代名詞「吾」は語彙自体には違いがなかったが表記が各国で異なっていた例である。晋から中原を経て齊に至る地域で「虘」が使われていたのは相互交流の結果に違いない。上に紹介した二つの例は、やはり秦の独自性を示唆していて面白い。

しかしある語がどのような文字で表記されていたかを、文法的な語に限らず範囲を拡大して調べて見ると、分布パターンが必ずしも秦だけがことなるということにならない場合がある。例えば数詞の「百」をあらわす「全」（図版11）は、斉、燕、三晋に広く見られるが（図版ではそれぞれアルファベットa、b、cに該当する）、楚と秦では西周金文以来のの字形を踏襲しており（それぞれ図版中のd、eに該当する）、ここでは秦楚対その他という対立になる。「造」のように諧声符に「告」を使うことでは各国共通しているものの、意符として選ばれる成分が国ごとに異なっているというケースもある（表1）。

従って戦国時代の文字が、秦と東方六国とで大きく対立していたという王国維「史籀篇疏証序」（『観堂集林』巻五）、「戦国時秦用籀文六国用古文説」（『観堂集林』巻七）以来の東西二系統説が本当に成立するかどうかについては、実のところ新たな資料を駆使したさらなる検証が求められる。しかしその多様性に何らの傾向も見られないかというと、そうでもない。『説文』序の言う「言語異聲、文字異形」から想起されるのは無秩序であるが、実際には上で見てきたように、各国の言語表記法は互いに影響を受けつつ発展しているのである。分類とは多様な分布パターンを調べて、最も太い境界線がどこに引けるかということである。本稿で述べたのは、文法的な語彙やその表記法を見る限り、秦と六国との間にどうや

表1 [20]

	秦	斉	楚	三晋	（韓）	宋
造	○	○				
艁、鋯		○				
𢼊、郜、俈			○			
𧵒						○
𣀔				○	○	
𣀔、窲					○	

表2

	秦	楚	その他の東方系
①主語述語間の「之」	×	○	○
②等位接続詞	及	與	與
③⑥時間副詞と表記	且（且）	將（𨠭）	將（𨠭？）
④語気助詞	殹	○	○
⑤反復疑問文	○	×	×
⑦「吾」の表記	吾	𧆨	𧇼

ら境界がありそうだということに過ぎない。

以上、第2、3章で見てきた秦とその他の国との違いを、下の表2にまとめておきたい。

4　被占領地の文章語

戦国時代も末期に近づくと、秦の領土拡大により、旧東方六国地域が秦に組み込まれて郡となっていった。睡虎地秦簡が出土した雲夢は従来楚の領土であったが、前二七八年に秦の将軍白起の攻撃を受けて陥落し、南郡として秦に編入された。秦の統治下に入るわけであるから、行政に関わる文書は当然秦の文字と秦の文章語が用いられた。睡虎地秦簡『日書』は秦の文字である隷書で抄写されているが、工藤元男氏が指摘するように、基本的には南郡の楚人のまなざしから編集されたテクストであると考えられる[21]。これを調べることによって、被占領者がどのような言葉を使っていたのかを伺うことができる大変興味深い資料である。表2に示した幾つかの項目の中から、有用な用例の得られないものを除き、②等位接続詞の「與」と「及」、③時間副詞の「將」と「且」、④語気助詞の「也」と「殹」及び⑦一人称代名詞の表記法について言及しよう。

さて睡虎地秦簡『日書』を資料として、上の4項目を調べてみると、②等位接続詞、③時間副詞、⑦一人称代名詞の3項目が基本的に秦と一致し、④語気助詞が基本的に楚と一致する。以下に実例を紹介しよう。

②等位接続詞

全て秦系の「及」が使われ（69例）、例外は無い。

(20) 角、利祠及行、吉。（睡虎地秦簡『日書甲種』星68正壹）

角宿の日は祭祀や旅行に利があり、吉である。

③将来を表わす時間副詞

秦系の「且」が5例、楚系の「將」が1例である。

(21) 高門、宜豕、五歳弗更、其主且為巫。(睡虎地秦簡『日書甲種』置室門121正參)

高門(東南の門)がある住宅は豚が繁殖する。5年経って門を建て替えなければ、その主は巫になるだろう。

(22) ●凡民將行、出其門、毋敢顧、毋止。(睡虎地秦簡『日書甲種』行130正)

凡そ民が旅行しようとする際には、門を出た後振り返ってはならず、立ち止まってはならない。

⑦一人称代名詞

秦系の「吾」字が2例使われている。

(23) 狼恒呼人門曰:「啓。吾非鬼也。」殺而亨食之、有美味。(睡虎地秦簡『日書甲種』詰33背參)

狼がしばしば人家の門に向かって「開けてくれ。私は鬼ではない」と叫ぶ。これを殺して煮て食うと美味い。

以上の点から見て『日書』の言葉は基本的には秦の言葉に近いと私は考える。秦に占領された南郡には当然秦の公文書による統治が行なわれた。官吏として採用されるには、秦の公用語を読み書きする能力が要求される。現地人が楚の文字を操れ、楚語による文書を作成できても、役人になるためには何の役にも立たないのである。[22] 楚の文章語が楚都郢の陥落後一斉に姿を消したとは考えにくいが、しかし徐々に秦の文章語が優勢になり、『日書』のような現地の習俗に密接な関係を有し、しかも楚の側から編集されたとされる文書にも秦の言葉が使われるようになっていったのであろう。時間副詞に楚系の「將」が1例使われている。書き手がうっかりと自分の言葉を混入させたのか、あるいは元のテキストに由来するのか定かではない。しかし使われている字形は秦の「將」であって、楚の「牆」ではない。言葉は楚の語彙が混入しても、文字使いは秦風なのである。

これに対し、④語気助詞「殹」「也」の分布はまさに逆の状況を呈している。『日書』においては秦系の「殹」9例に対し、楚に由来する「也」は92例と大部分を占めているのである。これは、秦の文章語をマスターした楚の人々が、この語気助詞に関しては私的文書の中では自分たちの「也」を放棄しなかったことを物語っている。その理由の一つは「殹」の筆画があまりに煩雑だからであろう。「殹」は古くは『石鼓文』に見え、秦の発祥の地に近い甘粛省天水出土の放馬灘秦簡にも使われているように、秦特有の語気助詞である。文字としては楚簡にも存在するが語気助詞としての用例は無い。語気助詞を本格的に文字で表わすようになるのは春秋戦国以後のことであり、それ以前の西周金文にはないから、新しく文字を作る必要があった。秦がわざわざこのような文字を選んだのは、発音上の理由があるからであろう。不規則な音韻変化を蒙りやすい助詞の上古音を推定することはなかなか困難だが、声母は影母、韻部は脂部若しくは祭部と推定される。[23] 一方「也」は、声母は喩母、韻部は歌部、魚部、支部など学者によって異なるが、「殹」とは相当異なっていたと思われる。[24] これも楚人が「殹」を受け入れにくかった要因の一つである。上にも述べたように当時の漢字音、即ち口頭語における発音は、方言毎に相当異なっていた。しかしそれは発音体系の違いであって、例えば北京語で声調を除けば同音である「端」tuan55と「短」tuan214とは、広東語でそれぞれ「端」tyn53、「短」tyn35と読まれるように、両字が同音であることは変わらない。だから「虎」を声符とする「虐」を用いていた楚人が、「吾」を用いるようにと言われても、発音上はそれほど違和感無く受け入れることができる。「虎」と「吾」との発音の近似性は、楚においても恐らく変わらないからである。「殹」「也」の場合ではそれとは事情が違うのである。

睡虎地秦簡『日書甲種』が旧楚人によって筆写されたことを示唆する興味深い例がある。

(24) 壬寅生子、不女為醫、女子為也。（睡虎地秦簡『日書甲種』生子148参）

壬寅の日に子が生まれると、（以下文意不詳）。

これは『日書』乙種該当部分にある次のような文を写し誤ったものである。

(25) 壬寅生、不吉、女子為醫。（睡虎地秦簡『日書乙種』生243—244）

壬寅の日に子が生まれると不吉である。女子は医者になる。

書き手は原文「醫」を「也」と書き誤ったと判断される。生粋の秦人であれば普段「也」は用いないから、このような間違いを犯すことはまず考えられない。書き手は日常「也」を使用し、文書作成時には「殹」が楚の「也」に当たることを常に意識をせざるを得なかった旧楚人であろう。彼はまず「醫」を「殹」と見誤り、それを自分たちの「也」に書き換えてしまったのである。『日書』には少数ながら「殹」も使われているが、例えば『日書』甲種59正から63正まで、すなわち劉楽賢氏が「遷徙篇」と名づける箇所に集中して5例使われるというように、分布に偏りがある。
(26) 正月五月九月、北徙大吉、東北少吉。若以是月殹東徙、毄（罄）。（睡虎地秦簡『日書甲種』遷徙59正壱）
正月、五月、九月は、北への移動は大吉、東北への移動は小吉である。もしこれらの月に東へ移動すると罄（命を失う）になる。

劉楽賢氏は鄭剛氏の意見によりつつ遷徙篇の占法原理が睡虎地『日書甲種』歳篇や同乙種嫁子刑篇と共通すると述べる[25]。工藤元男氏は、歳篇と嫁子刑篇との占法原理が同一であることを認めつつも、刑夷の月（四月）を起点とする歳篇が楚の歳星占いであるのに対し、正月を起点とする家子□篇（嫁子刑篇）は、秦の占いと見なされると指摘する[26]。これに従うと遷徙篇は秦の占いと判断され、「殹」の使用は恐らく『日書』のもとになった秦の占いのテキストに由来するものと考えられる。

無論楚の人が秦の「殹」を受け入れて使用した実例も見られる。馬王堆帛書『陰陽十一脈経』甲本、『脈法』、『陰陽脈死候』、『五十二病方』などは字形に明らかな戦国楚文字の影響が見られ、秦代の楚人による写本と考えられるが[27]、「殹」が使われている。また睡虎地秦簡「為吏之道」は、後半の補写部分以外では「殹」が使われているが、黄盛璋氏が指摘したように、『荀子』成相篇との形式上の類似や、『禮記』などとの語句の類似が見られ、儒家思想の影響が強いとされる[28]。このテキストが六国に由来するとなると、秦に入って以後「殹」に書き換えられたことになる。しかしながら「也」はその後、秦の中枢にまで進出するようになり、やがては発音上の違いを乗り越えて「殹」に取って代わることになる。おそらく書写に簡便なことが主要な原因であろう。

ここまで見てきたように、秦の占領地睡虎地に行われた文章語は、秦の言葉を基礎としつつもところどころに楚の要素が顔を出していた。秦の丞相を務め、文字統一にも関わった李斯は、楚の上蔡の人であった。秦に入って間もなく呂不韋の推薦によって郎となった彼が綴った文章も、当初はやはりこのようなものであったかもしれない。

5　文字統一と秦の文章語に見える東方六国の影響

『説文』序は秦の文字統一を次のように描写している。「秦の始皇帝が天下を統一すると、丞相李斯は文字を統一することを上奏し、他国の文字で秦の文字と合わないものを廃止した。李斯は『倉頡篇』を作り、中車府令趙高は『爰歴篇』を作り、太史令胡毋敬は『博学篇』を作り、それら所載の文字は皆史籀の大篆によるが、筆画をやや省略したり改めたりしたものも含まれている。いわゆる小篆である。」あたかも李斯たちが定めた小篆によって文字統一を行なったように読み取れる。古文字学の立場からこの序が孕む様々な問題点を指摘した裘錫圭氏は、秦代において隷書がすでに小篆の地位を脅かしていたのであり、秦王朝は実質的には隷書によって全国の文字を統一したと言って差し支えないと述べている。(29) 睡虎地秦簡を見れば明らかなように、秦は占領地域において、隷書で書かれた文書による統治を行なっていたのであるから、文字統一の実態として篆書しか取り上げないのは不当であり、隷書に視線を注ぐべきだという裘氏の指摘は正しい。そこで私は、もう一歩踏み込んで文字統一の本質を問い直したい。『説文』叙の「秦の文字と合わないものを廃止した」というのはどういうことを意味するのか。

上に紹介したように、戦国時代の文章語は、秦とその他の地域との間に顕著な違いが存在した。字形の違いはもとより、文字と語との割り当ての違いから語彙そのものの違いや文法の違いにまで及ぶものであった。文字統一が文書行政の便宜を目的とするものであったとするならば、これらの違いを放置しては達成し得なかったに違いない。例えば秦、楚の「女」字は、下記図版12、13のような違いがあった。

図版13に示した楚の「女」字は「秦の文字と合わないもの」の一例と言える。当然文字統一では淘汰の対象となったであろう。しかしながら、もし楚風の「女」を秦風の「女」に改めることのみを以て文字統一の本質であると考えるなら、それは不十分であると言わざるを得ない。文字にはもう一つの重要な問題、即ちある語をどの文字で表記するかという習慣が各国によって異なっていたという、行政の立場から見ると抜き差しならぬ問題があったからである。

例えば「～のとおりである」という意味を表わす「如」という語がある。睡虎地秦簡では全て「如」という「字」で表記されている。ところが楚ではこれを「女」や「奴」で表わした。したがって旧楚人がいくら秦風の「女」を上手に書くことができても、「如律令」（律令の規定どおりである）を楚の慣わしそのままに「女律令」「奴律令」と書かれては、それを読まされる秦の役人はたまったものではなかったであろう。楚に「如」という字がなかったわけではない。しかしこの字を「如」の意味で用いるのは極めて稀であった。このような字と語との割り当ての違いが、文書による意志疎通を如何に阻害したか、想像に難くない。

例えば睡虎地秦簡『法律答問』93号簡に次のような一文がある。

(27) 罪當重而端輕之、當輕而端重之、是謂「不直」。

重罪であるのに故意に軽くし、軽罪であるのに故意に重くする。これを「不直」という。

この文を秦の文字を習得した楚人に書かせたとしよう。もし字形のみを教え、語と文字との配当関係を教えなければ、

図12　睡虎地秦簡

図13　郭店楚簡

彼は楚の旧習に従って次のように書くかもしれない。

(28)罪尚童而耑孯之、尚孯而耑童之、氐胃「不植」。

語をどの字で表記するかという習慣の相違は、ある意味では字形そのものの相違より甚だしく[30]、文字統一は、文字の語に対する割り当てを秦風に統一するという処置を抜きにしては達成しえなかったはずである。例(28)を見れば、「秦の文字と合わないものを廃止した」という言葉は、決して字形だけの問題ではなかったことを実感していただけるであろう。秦の文字統一とは語彙や文法をも含めた文章語書写習慣の統一であったと考えるのが相応しい[31]。前章で紹介した睡虎地秦簡『日書』は、一部に当地の言葉の影響がみられるものの、基本的には秦の文章語であることを見た。被占領地には相当強い言語政策が行われたに違いない。

しかしその一方で、秦が六国系の文字を受容した例もある。それは語気助詞を表わす「也」である。「也」はすでに見てきたように東方六国系の言葉であり、文字である。秦はある段階で自前の「殹」を棄てて、六国系の「也」を採用したのである。それは二世元年詔に伺うことができる[32]。

(29)皇帝曰:「金石刻盡始皇帝所為也。今襲號、而金石刻辭不稱始皇帝、其於久遠也、如後嗣為之者、不稱成功盛德。」

皇帝曰く、金石刻辞はすべて始皇帝がお作りになったものである。今私は皇帝の称号を継いだが、金石刻辞は始皇帝の名を称していないので、遠い未来になると、あたかも後継者がこれを作ったかの如くであって、始皇帝の立派な功徳を称していないことになる。

これは琅邪台刻石に刻まれたものからの引用であるが、『史記』秦始皇本紀によれば、二世皇帝が元年春に始皇帝の故事に倣って各地を巡行した際、始皇帝の徳を明らかにするために発せられたものであるという。秦の中枢においても、遅くとも二世元年(前二〇九年)には「殹」を棄て「也」を使うようになっていたことがわかる。二世元年詔には刻石の他に、権量に刻まれたものが大量に存在する。李学勤氏らがすでに指摘しているように、権量の銘文は「也」を使うものが多いが、少数ながら「殹」を使うものが存在する。[33] 西林昭一氏は、権量の書風が多彩であることを指摘しつつ、その原因を短時間で大量の銘文を刻むために動員された大勢の書記官が、お手本を見ながらいくつも刻んでいるうちに、空で書くようになってしまったからではないかと推測している。[34] 二世元年詔に基づく銘文であるから、「也」を使うのは当然とは言え、ここに中央における文字の変更が、末端にまで浸透してゆく有様を見ることができる。少数ながら存在する「殹」は、書記官の中には空で彫るうちに、古い習慣で「殹」を用いるものもいたからであろう。

漢代に入ると筆画の複雑な「殹」は殆ど用いられなくなる。漢初の出土資料に見られる少数例の「殹」は、ほぼその藍本に由来するものと見て間違いないだろう。[35] 漢代初期の張家山漢簡『奏著書』にはもはや「殹」は1例も見えず、呂后二年（前一八六年）の法を反映する同『二年律令』も「也」38例に対し、「殹」はわずか5例に過ぎない。『漢書』刑法志に「相国蕭何は秦の法を拾い集め、時宜に適ったものを取捨選択して律九章を作った」と言うように、漢初の律令は秦律を継承し、改定する形で整備されていったようである。『二年律令』の条文中にも秦律と極めて類似するものを見出すことができる。[36]『漢書』恵帝紀四年（前一九一年）に焚書の際に制定された「挾書律」を廃止せよと命じている記事があるように、秦律そのものが漢初に生きていたケースもある。『二年律令』に見られる「殹」は、秦律の条文に由来するものと考えられよう。「殹」を用いる簡と「也」を用いる簡との書風が一致しているかに見えるものもあり、書き手の習慣に帰するのは難しいようである。もっとも漢の中央政府による改定を経た条文に「殹」が残存するのも不審である。あるいはいわゆる『二年律令』と一括される文書は、必ずしも純粋な漢律の写本ではなく、墓主の手元にあった秦律の古いテキストを写し取ったものが紛れている可能性があるのかもしれない。いずれにせよ、『二年律令』の文書的性格は、それに反映される漢初の法体系とは別に議論されるべきであろう。

最後に近年その存在が公になった『秦駰玉版』に言及しておきたい。これは「駰」という名の秦の貴族が、前二四九年以後のある年の冬に、病がどうしても癒えないために華山に行って神に祈り、釈罪を求めた文書とされる。[37] 甲乙2

枚あり、内容はほぼ同一であるが、甲版背面の文字は残欠が激しい。この文書には「也」が使われたり、埋め込み文の主語の後に「之」が挿入されるなど、六国系の要素が見られる。

(30) 吾敢告之、余無辠也、使明神知吾情。（秦駰玉版甲正5、乙正5）

私は無罪であり、私の実情を明神に知っていただきたく、敢て申し上げます。

(31) 掔掔烝民之事明神、孰敢不精！（秦駰玉版甲正6、乙正6）

掔掔たる庶民が明神にお仕えするのに、心を込めないことなどありえましょうか。

乙版では「其」の略体「亓」が使われているのも注意を引く。

(32) 東方有杜姓、為刑灋氏、其名曰陘。（秦駰玉版甲正4）

(33) 東方有杜姓、為刑灋氏、亓名曰陘。（秦駰玉版乙正4）

東方に杜姓の神がおり、刑法氏で、その名を陘という。

「亓」は楚や東方系の出土資料では頻繁に使用されるが、特に秦の法律文書では使用されない字である。これも六国の影響と見られるかもしれない。上に指摘した言葉の問題とともに、この資料の性格を考える上で興味深い問題である。上例に引いた東方の刑灋氏は、秦駰が無罪であることを訴える神である。また戦国期の華山はもともと魏の領域にあった。[38] そのためにことさら東方の言葉を意識した文章になった可能性もあろう。

秦駰玉版は戦国後期の資料と考えられる。時代には諸説あるが、既存の秦系文字との比較から戦国晩期の特徴が指摘されている。徐筱婷氏は作者を秦の荘襄王その人としながらも、「壹」「爲」「其」等の文字が二世皇帝期の両詔橢量と近似していることを指摘しているのは注目に値する。[39] 秦系出土資料において「殹」「也」の交替が起こったのも、既存の資料による限り戦国最末期である。この資料の年代も戦国最末期を視野に入れておく必要があろう。

口頭語と異なり、文章語は外来的影響を受けやすい。秦の文章語は六国とは異質な要素を多分に含みつつも、戦国期に全国的な規模で展開されていたと想定される文章語の相互作用から無縁では無かったのである。文字統一や焚書坑儒など、秦の文化政策には強権的なイメージが強いが、その文章語の実情は六国系の要素を徹底的に排斥したわけではなく、部分的にではあるが受容する一面を持ち合わせていた。「也」の採用や、『秦駰玉版』の言葉は、それを如実に物語っている。

図版出典

1、張光裕『包山楚簡文字編』２４３頁、藝文印書館、一九九二年。
2、『殷周金文集成』第15冊９７３５・３A、中華書局、一九九三年。
3、『殷周金文集成』第５冊２８４１C（摹本）、中華書局、一九八五年。
4、張世超・張玉春『秦簡文字編』９６４頁、中文出版社、一九九〇年。
5、郭沫若『石鼓文研究・詛楚文考釈』１３６頁、科学出版社一九八二年。
6、同上。
7、『国学研究』第６巻、北京大学出版社、一九九九年。
8、張光裕『郭店楚簡文字編』３５８頁、藝文印書館、一九九九年。
9、『殷周金文集成』第１冊２７１・１、中華書局、一九八四年。
10、『殷周金文集成』第５冊２８４０A、中華書局、一九八五年。
11、何琳儀『戦国古文字典』６０３―６０４頁、中華書局、一九九八年。
12、同４、８５１頁。
13、同８、１４６頁。

注

（1）王紅星「包山簡牘所反映的楚国暦法問題——兼論楚暦沿革」、湖北省荊沙鉄路考古隊『包山楚墓』上冊所収、文物出版社、一九九一年。平勢隆郎『中国古代紀年の研究』第一章第二節・戦国四分暦、東京大学東洋文化研究所、一九九六年。西暦年代割り当てに対する両者の結論は表面的には同じであるが、前者は戦国楚暦を建丑暦、後者は建亥暦として計算しており、実際には根本的な相違がある。

（2）「坪夜」は地名で、文献では「平輿」と表記される。現在の河南省駐馬店市平輿県付近。

（3）楊寛「馬王堆帛書《戦国縦横家書》的史料価値」、馬王堆漢墓帛書整理小組『馬王堆漢墓帛書　戦国縦横家書』、文物出版社、一九七六年。

（4）詳細は拙稿「秦漢以前古漢語中的〝主之謂〟結構及其歴史演変」（『第一届国際先秦漢語語法研討会論文集』、岳麓書社、一九九四年）を参照。

（5）例文の引用に際しては、特に問題が無い限り初文を記さない。

（6）拙稿「並列連詞〝及〟〝與〟在出土文献中的分布及上古漢語方言語法」、『第二届国際古漢語語法研討会論文選編　古漢語語法論集』、語文出版社、一九九八年。

（7）拙稿「従方言的角度看時間副詞〝將〟〝且〟在戦国秦漢出土文献中的分布」、『紀念王力先生百年誕辰学術論文集』、商務印書館、二〇〇二年。

（8）William H. Baxter, A Handbook of Old Chinese Phonology, Mouton de Gruiter, 1992.

（9）楚簡にも少数ながら「殹」字が使われており、秦における本字同様句末助詞であるとの解釈が一部の研究者によって提唱されている。私の反論は本稿の元になった「古代漢語における地域的差異と相互交流——秦楚の出土資料を中心に

——」注2（『早稲田大学長江流域文化研究所年報』第2号、二〇〇三年）に述べておいたので参照されたい。
(10) 拙稿「「殹」「也」の交替——六国統一前後に於ける書面言語の一側面——」、『中国出土資料研究』第2号、中国出土資料研究会、一九九八年。
(11) 例文（13）の『平安君鼎』の国別には秦、衛等諸説あるが、黄盛璋「新出信安君鼎、平安君鼎的國別年代與有關制度問題」（『考古與文物』一九八二年第2期）が魏の器とするのに従う。
(12) 銘文は『文物』一九八〇年第9期を参照。
(13) 銘文は『文物』一九八七年第12期を参照。
(14) 馮春田「秦墓竹簡選択問句分析」、『語文研究』一九八七年第1期。朱徳熙「"V-neg-VO"与"VO-neg-V"両種反復問句在漢語方言里的分布」、『中国語文』一九九一年第5期。
(15) 二つ目の「論」は衍字である。
(16) 松江崇「漢代方言における言語境界線——揚雄『方言』における方言区画の再検討——」、『中国における言語地理と人文・自然地理（7）言語類型地理論シンポジウム論文集』、平成九—十一年度科学研究費基盤（A）（課題番号09301022）研究成果報告書、二〇〇〇年。
(17) 形声文字の発音を表わす部分を諧声符という。諧声符の発音は、それを含む文字の発音と同じか近い関係にある。バクスター氏の上古中国語再構音で示すと、「將」は＊tsjang、「爿」（「牀」の初文）は＊dzrjangである。
(18) 図版の出典は文末を参照。図版の作成については、早稲田大学の森和氏の手を煩わせた。お礼申し上げる。
(19) 何琳儀『戦国古文字典』（中華書局、一九九八年）をもとに作成。
(20) 拙稿「戦国文字随想——系統論と統一の意義をめぐって——」（『中国出土資料研究』第6号、二〇〇二年）より。
(21) 工藤元男『睡虎地秦簡より見た秦代の国家と社会』、創文社、一九九八年。

(22) 松崎つね子氏は、秦は占領地の文書行政の一翼を在地の下級官吏を登用して担わせたと推測している(「中国文明の継承性に果たした文字の役割――官僚制と関連して――」『駿台史学』第111号、二〇〇一年)。松崎氏の見解は文字に対する考察によって補強することができる。西林昭一氏は湖南省で出土した里耶秦簡の文字に関して「統一秦において、かつては楚国の版図であった書には、書き手によっては、結構のベースは秦系ではあるが、筆法には、手に染み付いた楚系風の習癖が出るのではないか」と指摘している(「湖南古代の書相」、『古代中国の文字と至宝』、サントリー美術館「湖南省出土古代文物展」図録、二〇〇四年)。横田恭三氏はこれに対し、「その書者は旧楚人の官吏ということになるのであろうか」と述べつつ、睡虎地秦簡『為吏之道』にも楚系風文字が看取できると指摘している(「戦国および秦における簡牘文字の変遷とその特色――楚簡と秦簡の字形・字体を中心にして――」、『早稲田大学長江流域研究所年報』第2号、二〇〇三年)。

(23) 中国語音韻学では、一つの音節を語頭子音とそれ以外の部分とに分割し、前者を声母、後者を韻母と称している。「影母」等は声母の種類、「脂部」「祭部」等は韻母の種類を表わす名称である。かりに「殹」字が影母脂部であったとすれば、バクスター氏の再構音では*ʔijとなる。

(24) 拙稿「『殹』『也』の交替――六国統一前後に於ける書面言語の一側面――」、『中国出土資料研究』第2号、一九九八年。

(25) 劉樂賢『睡虎地秦簡日書研究』、文津出版社、一九九四年。

(26) 工藤元男『睡虎地秦簡より見た秦代の国家と社会』、創文社、一九九八年。

(27) 馬繼興・李學勤「我國現已發現的最古医方」、『文物』一九七五年第9期。

(28) 黄盛璋「雲夢秦簡辨正」、『考古學報』一九七九年第1期。

(29) 裘錫圭『文字学概要』、商務印書館、一九八八年。

（30）張世超・張玉春「漢語言書面形態学初探」、『秦簡文字編』、中文出版社、一九九〇年。
（31）秦の文字統一の実体に関する諸説については、陳昭容「秦『書同文字』新探」（『中央研究院歴史語言研究所集刊』第68本第3分、一九九七年）に詳しい。
（32）拙稿「『殹』『也』の交替――六国統一前後に於ける書面言語の一側面――」、『中国出土資料研究』第2号、一九八八年。
（33）李学勤「秦簡的古文字學考察」、『雲夢秦簡研究』、中華書局、一九八一。
（34）西林昭一『書の文化史・上』、二玄社、一九九一年二月。
（35）詳細は注に掲げた拙稿を参照されたい。
（36）『二年律令』246―248号簡の条文が、青川木牘所載の秦律に類似していることが整理小組によって指摘されている。『張家山漢墓竹簡』166頁を参照。また『二年律令』252―252号簡の条文は、龍崗秦簡83号簡にほぼ等しい条文を見つけることができる。
（37）李零「入山與出塞」、『文物』二〇〇〇年第2期。
（38）譚其驤主編『中国歴史地図集』第1冊「諸侯称雄形勢図（公元前三五〇年）」（地図出版社、一九八二年）を参照。『左傳』僖公十五年に「晉侯許賂中大夫、既而皆背之。賂秦伯以河外列城五、東盡虢略、南及華山、內及解梁城、既而不與」とあることから、華山は本来晋の領地であったことがわかる。『史記』秦本紀によると、華山北方山麓の邑陰晋は、恵文王六年に魏から秦に編入された。
（39）徐筱婷「秦駰玉版研究」、国立花蓮師範学院語教系編『第十三届全国暨海峡両岸中国古文字学研討会論文集』、萬卷楼図書有限公司、二〇〇二年。本論には秦駰玉版の年代をめぐる諸説の紹介と検討がある。

中国古代の筆記文字と書写用具

横田恭三

プロローグ

現在、我々が目にすることができる最古の漢字は甲骨文字である。甲骨文字とは、亀の甲や動物の骨を焼き、生じたひび割れによって吉凶や可否を占い、その事柄を小刀で刻んだものである。主として王室の祭祀・戦争・狩猟・農事などに関する占いの内容が記されていることから、卜辞ともよばれる。

今から百年余り前、王懿栄《おういえい》らは殷代の文字が刻まれた甲骨片を発見し、その後の研究により、河南省安陽小屯村が殷墟であることが突きとめられた。これらは文字としての体系をそなえており、漢字の祖型といえる。以後、陝西・山東などから現在まで一〇万点以上の有字甲骨片が発見されている。これらの文字は以後どのように現在の文字へと変化してきたのであろうか。ごく大雑把ではあるが、字体の変遷を成立順に並べれば、篆《てん》書―隷書―草書―行書―楷書となる。この中で文字の構造上もっとも大きな変化といえば〝隷変〟であろう。隷変とは、篆書から隷書に移る過程で起こった現象である。殷から西周にかけて、ある一部の権力者が神々の接点として文字を独占し、そこに神聖なもの・権威性を裏付けるものとして重要な役割を与えてきたが、諸侯が文字を獲得し、青銅器に銘文を自鋳することが一般化して以来、文字の使用は各地に広まった。社会の機構がしだいに変化する中で、文字は記録したり伝達したりするものへと用途が拡大し、こうした情況下で隷変が起こった。隷変の最大の特徴は、象形的要素が符合化されたことである。過去において甲骨文や金文など刻したり鋳込んだりした文字だけしか見ることができなかった時代は、文字がどのように変遷してきたのか、その実態をほとんど知り得なかった。しかし、近二、三十年、考古学的発掘の増加により、戦国・秦漢にかけての簡牘《かんとく》が大量に出土するに及んで、文字の変遷がしだいに明らかにされつつある。かつて江村治樹氏が、楚簡の露鋒・円転と秦簡の蔵鋒・方折の別を明らかにした上で、秦簡文字の方折化の時期を戦国後期と推定し、筆記文字における戦国と秦漢の断絶という図式を提起した（「戦国・秦漢簡牘文字の変遷」・１９８１）。大変示唆に富む論考であったが、あれから二十余年を経た今、書法史の視点から古代の筆記文字について再検討する必要が生じている。楚簡のいわゆる円転と秦簡のいわゆる方折とを対比させつつ、戦国簡牘文字の変遷と特色について概括し、当時用いられた書写用具、とりわけ毛筆との関連についても考えてみるとき、書体の変遷過程に新たな解釈が可能になると思われる。

用語の定義

文字の変遷を考えるにあたり、字形、字体、書体、書風について言及しておきたい。これらは密接な関係があり、相互に作用し合って一つの様式が確立されると考えられるからである。これに先立ち、用語の使い方に関していささか留意しなければならない。書体の発生、例えば、隷書の萌芽を考える際、隷書の定義をはっきりさせないまま議論を進めた場合、おのおのの論点がかみ合わない恐れがあるので、用語について以下のように定義しておく。

＊用語の定義
(1)字形―文字の形体・形状。
(2)字体―文字の形体結構の意もあるが、ここでは文字の体式の意に用いる。
(3)篆書―大篆・小篆の総称。広義では甲骨文字や金文を含む。
(4)隷書―一般に八分隷を想起するが、ここでは篆書が簡化される過程で①篆書の曲線→直線化、方折化、②象形的要素→符号化といった一連の変化が見られる文字も含む。

楚簡・秦簡の出土総数

一般に〝木簡〟というとき〝木や竹を材料にした文字を書くための札〟の意と解釈して、竹簡をも含めて使う場合がある。この理由は、日本ではこれまで竹に書かれた札の出土例がなく、すべて木の札であったことによる。しかし、厳密にいうと正しくない。中国において竹と木は区別されており、〝簡牘〟といえば竹簡と木牘の総称である。「簡」とは札の意であり、竹簡は竹質の札のことである。「牘」とは細長いものを意味する語で、木牘とは木質の札のことを指す。また、手紙のことを〝尺牘〟というのは、長さ一尺の木の札に文字を書き付けたからである。よってここでは混乱を防ぐために、木簡という言葉を極力用いず、竹簡と木牘の語によって論を進める。

もっとも年代の古い簡牘は何かといわれれば、年代の定まっているものでは、湖北省随県出土の曽侯乙墓竹簡（前四三三年頃）を挙げることができる。この墓葬からは青銅器や漆木・金・玉その他一五、四〇〇件余りが出土し、その中には貴重な文物が多数含まれていた。例えば、長さ七・四八m、高さ二・六五mの巨大な鐘架に大小六五個の鐘を三段

表１　主な出土簡牘帛書表（戦国～秦）

＊印　簡牘帛書に関する専著が出版されているもの　　△印　一部が出版されているもの

	出土地等	簡牘帛書の数	類別	時期	出土年	初出誌	
1	湖北・随県曽侯乙	竹簡２４０餘枚	遣策	前４３３頃	７８年	『文物』７９－７	＊
2	河南・信陽長台関	竹簡１４８枚	書籍・遣策	戦国中期	５７年	『文物参考資料』５９－９	＊
3	湖北・江陵天星観一号	竹簡７０餘枚	卜筮・遣策	戦国	７８年	『考古学報』８２－１	
4	湖北・荊門包山二号	竹簡４４８（有字簡２７８）枚	文書・遣策・卜筮祭祷	前３１６年	８７年	『文物』８８－５	＊
5	湖南・長沙・子弾庫	帛書１枚（約６００字）	書籍	戦国中晩期	４２年	『文物』６３－９、７４－２、９２－１１	＊
6	湖北・江陵望山一・二号	竹簡1号２０７枚・2号６６枚	卜筮祭祷・遣策	前２９５年? 前２８５年?	６５・６６年	『文物』６６－５	＊
7	湖南・長沙仰天湖二五号	竹簡４３枚	遣策	戦国後期	５３年	『文物参考資料』５３－１２	＊
8	湖北・江陵藤店一号	竹簡２４枚	遣策	前４４８～４１２	７３年	『文物』７３－９	
9	湖北・江陵秦家嘴一・一三・九九号	竹簡４１枚	卜筮・遣策	戦国	８７年	『江漢考古』８８－２	
１０	湖北・荊州郭店一号	竹簡８０４(有字簡７３０)枚	書籍	前２７８年	９３年	『文物』９７－７	＊
１１	湖南・慈利石板村三六号	竹簡約１０００枚	書籍	戦国晩期	８７年	『文物』９０－１０	
１２	四川・青川郝家坪	木牘2枚	法令	前３０９～３０７年	７９年	『文物』８２－１	
１３	湖北・江陵岳山	木牘２枚	日書	戦国		『考古学報』００－４	
１４	湖北・江陵九店六二一号・四一一号	竹簡１２７（有字簡８８）枚	古籍	戦国中晩期	８９年	『江陵九店東周墓』95	
１５	湖北・江陵九店五六号	竹簡２０５（有字簡１４６）枚	日書	戦国晩期	８１年	『江陵九店東周墓』95	＊
１６	湖北・江陵馬山磚廠一号	竹簡１枚	遣策	戦国晩期	８２年	『文物』８２－１０	
１７	湖南・長沙楊家湾六号	竹簡７２枚	遣策?	戦国後期	５４年	『文物参考資料』５４－１２	
１８	湖南・長沙五里牌	竹簡３７枚	遣策	戦国後期	５１年	『科学通報』５２（3巻－7）	
１９	湖南・常徳市徳山夕陽坡二号	竹簡２枚	詔書２枚	戦国	８３年	『求索』８７ 『中国考古学年鑑８５』	
２０	甘粛・天水放馬灘一号	竹簡４６０枚	日書・志怪故事	前２６７年?	８６年	『文物』８９－２	△
２１	湖北・雲夢睡虎地一一号	竹簡１１５５枚	法令・日書	秦	７５年	『文物』７６－５～８	＊
２２	湖北・雲夢睡虎地四号	木牘２枚	家信	秦（前２２３年）	76年	『文物』７６－６	
２３	湖北・江陵王家台一五号	竹簡８００餘枚竹牘1枚	法令・日書	秦（前２７８～秦代以前）	９３年	『文物』９５－１	
２４	湖北・江陵楊家山一三五号	竹簡７５枚	遣策	秦（前２７８～前漢以前）	９０年	『文物』９３－８	
２５	湖北・雲夢龍崗六号	木牘1枚 竹簡１５０枚	法令	秦代末年	８９年	『簡帛研究一』９３年	＊
２６	湖南・龍山里耶一号井 秦代木牘	簡牘約３６０００枚	書籍・日書	秦	０2年	『文物』０３－１	
２７	湖北・周家台三〇号	竹簡３８７枚・木牘1枚	暦譜・卜筮・医薬	秦（前２１３～前２０９）	９３年	『文物』９９－６	＊

その他

＊香港中文大学所蔵楚簡　（陳松長『香港中文大学文物館藏簡牘』，香港中文大学文物館，2001年）

＊上海博物館蔵戦国楚竹簡　全６巻の内、３巻までを出版（上海古籍書店）。１２００枚の楚簡。

表２　戦国～秦簡帛文字字形表

		簡帛名＼文字	水	其	而	之	及	則	＊馬	＊者
戦国	前期	曾侯乙墓竹簡								
	中期	信陽楚簡								
	中期	包山楚簡								
	後期	望山楚簡								
	後期	郭店楚簡								
	中晩期	繒書								

		簡帛名＼文字	水	其	而	之	及	則	＊可	＊除
戦国	中期	石鼓文								

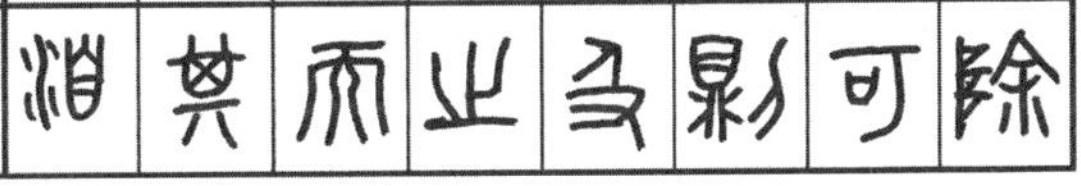

戦国	後期初	青川木牘								
	後期	睡虎地秦簡								
秦		龍崗秦簡								
		里耶木牘								
		周家台秦簡								

懸けした編鐘がそっくりそのまま出土しているが、その鐘は最大で二〇三kgもある。かつて東京国立博物館で開催された〝曽侯乙墓出土文物展〟でその複製品が展示・演奏されたのでご存じの方も多いであろう。これと同時に二四〇枚余りの竹簡が出土している。一簡の長さは七二〜七五cm。竹簡のサイズとしては最も長いものの一つで、総字数は約六六〇〇字になる。内容は葬儀に使用する車馬・兵甲等の記録である。

戦国から統一秦にかけての簡牘の出土地をまとめてみると湖南・湖北に偏っていることがわかる。なぜこの一帯に集中して出土するのであろうか。簡牘は年月を経る間に比較的早く腐敗してしまうために、残存する可能性がほとんどないが、湖北・湖南のような湿地帯と西域のような乾燥地帯とでは、その地域上の特性によって腐敗から免れたものが少なくない。湿地帯では地下の埋葬品が空気から完全に遮断されていたことが一つの理由である。これまで出土した簡帛《かんぱく》を〈主な出土簡牘帛書表（表1）〉としてまとめてみよう。西域を除く戦国から秦代にかけての主な出土簡牘（帛書一を含む）のうち、楚の簡牘は管見の及ぶところ、湖北一六カ所、湖南六カ所、河南三カ所、合計二八カ所、約五六〇〇枚、秦の簡牘は四川一カ所、甘粛一カ所、湖北六カ所、湖南一カ所、合計九カ所、約三九〇〇〇枚（里耶出土の簡牘、未発表分三六〇〇〇余枚を含む）にのぼる。これ以外に①香港中文大学所蔵楚簡②上海博物館所蔵楚簡があるが、二種はいずれも出土地不明のためにひとまず除外する。内容は遣策《けんさく》（副葬品のリスト）・卜筮《ぼくせい》・日書・法令・書籍類などさまざまで、その用途によって竹簡の長さに違いが見られる。書写する素材は主として、楚簡は竹簡、秦簡は竹簡と木牘である。

戦国簡牘文字の変遷

平勢隆郎氏は「春秋時代にいわゆる天下の領域にひろがった漢字は、都市国家の祭祀に利用されながら、継承され、戦国時代になると文書行政が始まる。」と述べ、文書行政を支える律令が本格的に整備されるのは前四世紀に入ってからだと指摘する（『春秋と左伝』・２００３）。簡牘の需要はこうした状況下で広がりをみせ、これに伴って文字を書く役人も激増したものと推測される。文字に携わる人間が増加すれば字体書風におのずと個性や優劣の差が生じるであろう。また迅速な処理能力を要求されることから、書く速度もおのずと速まるであろう。文字の省画や崩れは必然的に起こる現象である。戦国期の銅器・兵器・貨幣・璽《じ》印・陶器・簡牘・木器・縑《けん》帛などに書かれた文字の字形結構を地域別に四系統あるいは五系統に分ける考え方がある。何琳儀氏の『戦国文字通論』はその一つである。何氏は戦国文字の分類は非常に複雑であることを認めつつ、文字の特徴からみて①斉系②燕系③晋系④楚系⑤秦系の五つの地域で分類している（『戦国文字通論』・１９８９）。一方このような考え方に対して、各地域の特徴が必ずしも特有のものとなりえないとする意見もある（『楚国簡帛文字構形系統研究』・１９９７）。見方を変えれば、六国文字の構造は極めて共通点があるともいえる。重要な問題ではあるが、本論では出土資料の関係から楚と秦の簡牘文字を中心にして検討するため、この文字系統に関する議論についてはひとまず紹介するに留める。

楚簡の字形と書相（図2参照）

これまで出土した楚簡のうち、専著があるものを中心に字形の考察を試みてみる。〈字形表〉をご覧いただこう。一瞥してわかるように、一つの文字に対して複数の字形が存在している。このような現象は先に述べたように書き手の個性や優劣、あるいは意識や習慣からくるもので、結果として字形の簡体化・繁体化・異体化が起きたものと考えられる。この簡体化・繁体化・異体化は正体字に対して変化を指すものであるから、漢字は常に正体と通行体の二面性を保有しながら変化し発展してきたといわねばならない。

一九八四年、湖北省荊門市十里鋪の包山で五基の戦国楚墓が発見され、第二号墓から竹簡四四八（有字簡二七八）枚が伴出した（以下、包山楚簡とよぶ）。総字数一二四七二字。内容は司法関係の記録と卜筮祭祷《さいとう》、それに遣策である。この竹簡で注目することは書風に多様性が見られることである。包山楚簡の字形比較図（図１）を見ていただこう。

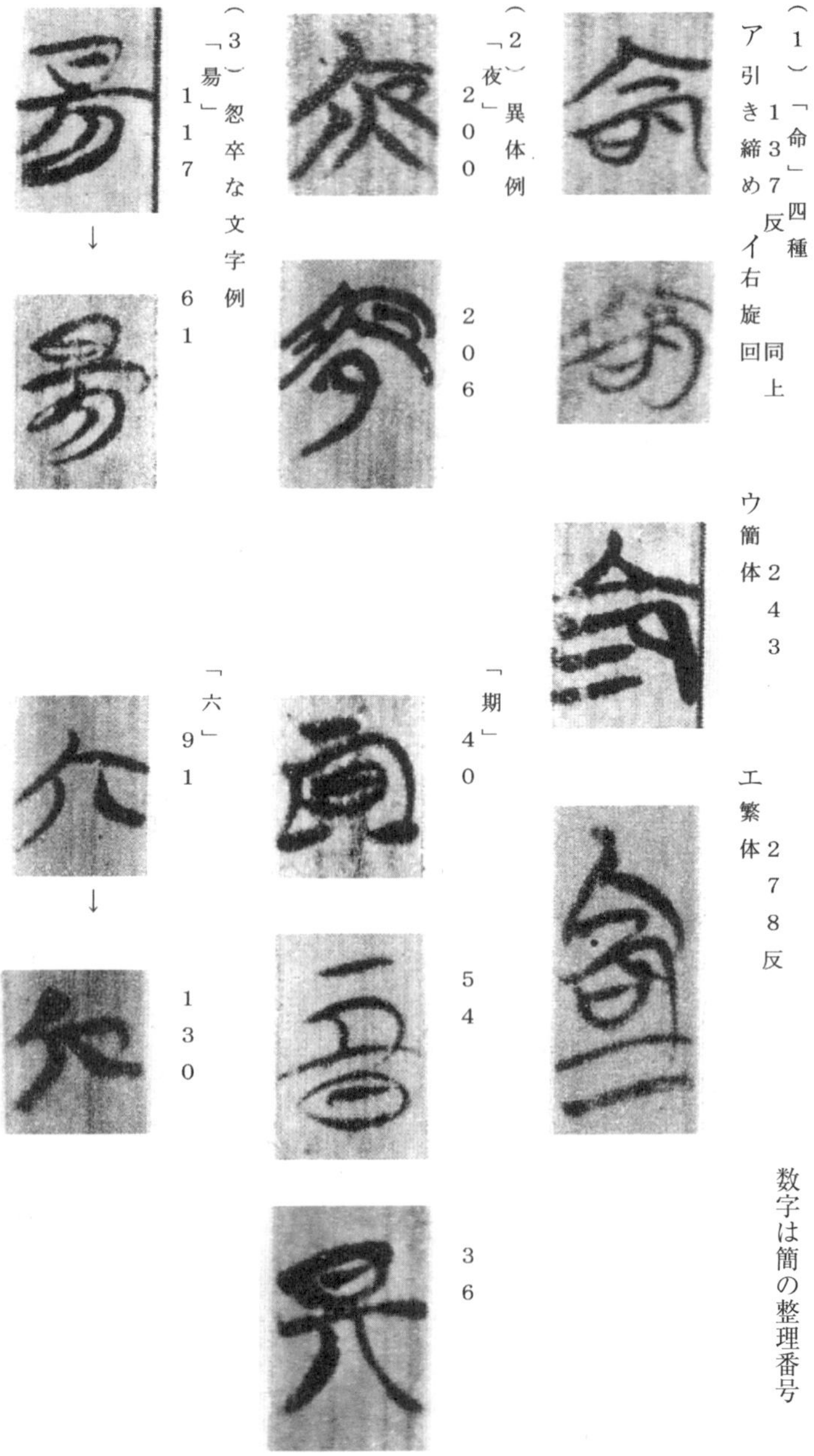

図1　包山楚簡　簡体・繁体・異体・忽卒な文字例

「命」（ア）は第四画目の竪画を金文に見られるように内側へ引き締めている。（イ）は捷《はや》書きのためであろう、次の画へすばやく向かおうとして右回りの円転に変化している。（ウ）は簡体化の例で三画で書くべき「口」が横画二本になっている。（エ）は繁体化の例で、（ア）の字形にさらに横画二本が加えられたものである。次に異体化の例として「夜」と「期」をあげたが、これらは偏旁の位置を置き換え変化したものといえる。こうした例が包山楚簡には数多く見られる（「包山楚簡文字の特徴」参照・１９９１）。

一九五七年、河南省信陽県長台関の戦国楚墓から竹簡一一七枚が出土した（以下、信陽楚簡とよぶ）。内容は遺策と書籍類である。墓葬年代は戦国早期に比定される。一般に遺策は短時間のうちに書写しなければならないことから捷書きが要求され、したがって字形に崩れやゆがみが目立つ可能性が考えられる。しかし、この信陽楚簡の遺策と書籍類の二種の書風にはさほど差がなく、ともに抑揚の少ない筆線を用いた沈着な運筆で、扁平な結構を有している。その書きぶりから判

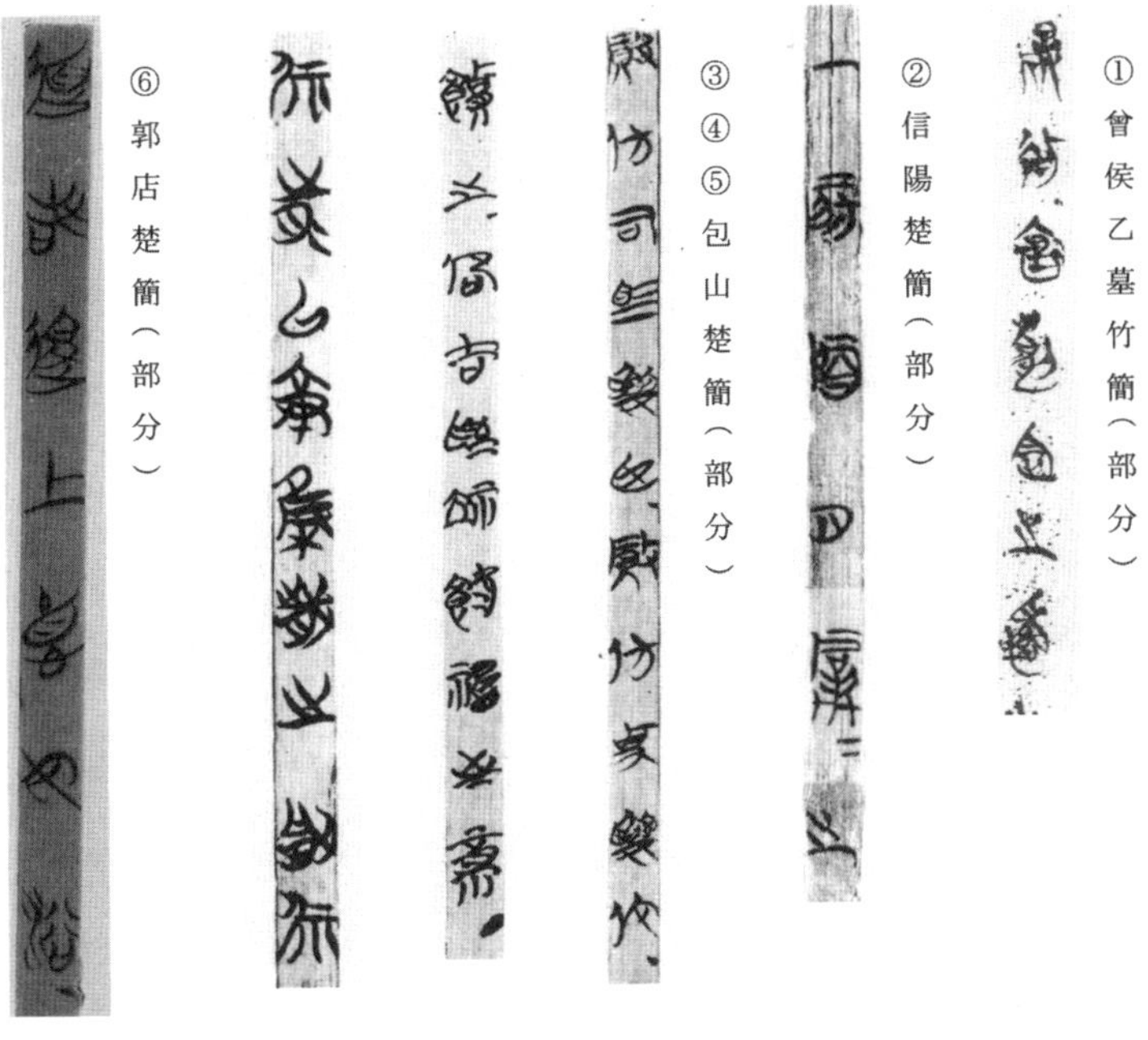

①曾侯乙墓竹簡（部分）
②信陽楚簡（部分）
③④⑤包山楚簡（部分）
⑥郭店楚簡（部分）

図2

断して、書写水準の高い人の手によると思われる。前述の包山楚簡の内容は、文書・遣策・卜筮祭祷の三種に分けられるが、その書きぶりは信陽楚簡とは異なり、書写水準の高いものから稚拙と思われるものまで多種多様な書風が混在していることから、多数の書き手によって書かれたものと考えられる。包山楚簡のある一部の書風は信陽楚簡や望山楚簡（湖北省江陵県望山出土、竹簡二七枚）、楚の繒書《そうしょ》（湖北省長沙市子弾庫出土の帛書）にそれぞれ類似しており、当時の標準的な通行体とはいうものの、いくつもの書きぶりが存在し、かつ広く容認されていたことを窺わせる（「包山楚簡の文字とその書風―卜筮祭祷記録簡を中心として―」参照・１９９９）。こうした竹簡の書きぶりを考察する際、注意すべきことは、竹簡の用途によって書写時期と埋葬時期との差が予想されることである。遣策はその性格から見て、前述したように埋葬の直前に短時間で書写されたものであろう。一方、書籍類は伝抄の可能性を拭い去ることはできず、その文字の書きぶりをも忠実に書写する場合と抄録を重ねてしだいに書きぶりが変化していった場合とが考えられる。その一例として郭店楚簡を採り上げることができよう。

一九九三年、湖北省荊門市郭店村出土の戦国楚墓から竹簡八〇四枚（有字簡七三〇枚）が出土した（以下、郭店楚簡とよぶ）。『老子』をはじめとする一八種の伝抄本である。周鳳五氏はその字形や書風から見て①楚国簡帛の標準体②斉・魯儒家経典抄本（楚国に馴化）③用筆は小篆に類似。斉・魯儒家経典文字の原始面貌④斉国文字の特徴と合致。多くは斉国文字の形体・結構・書法風格を保留。以上の四類に分類している（「郭店竹簡的形式特征及其分類意義」・２０００）。これは、郭店楚簡中に楚国通行の文字だけでなく、斉魯の文字が転写によって楚国文字に「馴化」されたと思われる現象が見られることから分類したものである。周鳳五氏の論考に対して、福田哲之氏は、特に第四類の根拠となる「仁」字以下八字を採り上げ、これらの八字と斉国文字との間に排他的な共通性を指摘することは困難であることを指摘し、さらに「者」字をもとに伝抄古文の検討を試みている（「楚墓出土簡牘文字における位相」・２００２）。字形表（表２）にある郭店楚簡の右側の「者」字がこの議論に該当する字形である。この四種の書風をそれぞれ比較すると、かなりの違いがあることに気付かされる。謹飭《きんちょく》な文字や規範性をそなえた標準体もあれば、捷書きのくずし字も見られる。周氏の分類法に対して全く異論がないわけではないが、それについてはひとまずおくとして、大切なことは伝抄の仕方によってその書写された文字の字形そのものに直接影響が出ることの好例と考えられる点である。伝抄の可能性とその情況とを考慮した上で、当時の字形・結構の変遷を斟酌しなければならないことがわかっていただけよう。

戦国中期以降、字形の簡体化、繁体化、異体化といった現象が顕著になることに加え、匆卒《そうそつ》な文字が増加してくることが知られる。ここで匆卒な文字例を採り上げてみよう。すでに新井光風氏が、包山楚簡と郭店楚簡の字形を考察し、「篆書一般の概念では説明できない新しい姿の文字が検出できる」と指摘している（『大東書道研究』第二号・第九号参照）。例えば、図1（3）に示した上段の「昜」字は下部の筆画が連続していることがはっきりと見て取れる。また、「六」は第一画目の収筆部から連続して第二画目を真横に引いている。こうした運筆は包山楚簡のみならず、戦国楚簡には往々にして見られる現象であり、捷書きで獲得した新たな字形はしだいに習慣化され定型化していくことになる。このような運筆のリズムは、漢代の草書を生み出す原動力となっているといえよう。

以上、主な楚簡を概観してきたが、ここで楚簡の書きぶりの特徴を総括すれば、①起筆における特色―起筆を滑り込ませるような〝柳葉〟風の筆画、または起筆を太く打ち込み収筆を細くする筆画―いずれも露鋒が主　②横画はやや右上がりで結構は左へ傾く　③収筆を下方へ巻き込む　といった点を指摘できるであろう（「楚帛書之書法芸術」参照・1985）。その点画は総じて曲線的で円転を基調とする。実際は一cmにも満たない幅の簡に二・五～三・五cmの鋒を有する筆で書くのであり、起筆における用筆法の意識としては、真上からトンと打ちこむか、滑り込ませるように入筆するかの違いがある。したがって楚簡の起筆だけに着目すれば、大別して二種の用筆法が看取できるのである。

楚簡は円転を主とする筆法に特徴があることは前述の通りだが、簡牘以外の文字資料には見られない現象であろうか。殷から春秋戦国にかけて器物の鋳銘もしくは刻銘は、時代が降るにつれて結構をしだいに竪長にとるようになり、筆画は主として曲線的になっている。なかには中山王方壺・{嚳}鼎のように図案性を追求した装飾美に優れたものも見られる。したがってことさら楚簡の文字だけが円転を用いたわけではない。また一方で、盟書のように起筆を強く打ちこみ勢いよく引き放つ書法、いわゆる粗頭鋭尾は、文献に言及があるだけでなく、時代と地域を越えて曽侯乙墓竹簡にも見られることから、広く支持された筆法であったことは特記しておかねばならない。ちなみに、晋の武帝咸寧五年（二七九）に汲郡（河南省）の戦国墓から出土した簡牘で、「汲冢書」と呼ばれるものが挙げられる。王隠『晋書』束皙《そくせき》伝には「その字、頭麤《あら》く尾細く、蝌蚪《かと》の虫に似たり」とある。

戦国早期から中期にかけては出土資料が少ないため断定は避けねばならないが、あえて言うならば、早期は水準の高い書き手による比較的整った書きぶりのものが主であったが、中期から晩期になると、さまざまな結構や字形を有するものが同一の墓葬に混在するようになるといった様相を呈してくる。一つには簡牘の用途によって生じる改まった書きぶりであったり、くだけた書きぶりであったりという違いがあることを指摘できよう。また当時の社会情勢の変化を受け、文字が各地域においてより多くの人に用いられるようになり、長い期間を経るなかで用字の増加等も加わり、さらに書き手の個性や優劣によって生じる微妙な違いなどが、簡体化・繁体化・異体化といった字形の変化を引き起こしたことを見逃してはならない。

秦簡の字形と書相（図3、4参照）

戦国秦簡の出土件数は楚簡のそれとは比較にならないほど少なく、今与えられている出土資料は青川木牘と天水秦簡、それに睡虎《すいこ》地《ち》秦簡だけである。これに統一秦以後の三種の簡牘（龍崗秦簡・里耶秦牘・周家台秦簡）を加えて字形を比較してみよう（ただし、出土簡牘帛書表にはこのほか王家台簡牘・楊家山簡牘の2つがあるが、いまだ専著は公刊されず鮮明な図版がないため、ここでは除く。）。青川木牘（図3の①）は、戦国後期の初めにおける秦簡文字の重要な資料とされ、睡虎地と共通する要素である平板な線で硬い筆致を有していることがわかる。これを一般に方折体とよび、青川木牘はその最古の遺例といえよう。秦簡において「さんずい」を書くときは、多くは横画三本に作る。この書き方は青川木牘にも見られるように、かなり古くからの用法である。ところが青川木牘より百年ほど後の書写と考えられる周家台秦簡には「氵」と「三」のどちらも使われているばかりか、同一の簡に両方を併用している例がみられる（図3⑤）（『関沮秦簡墓簡牘』参照・２００１）。つまり一人の書者が二種類の書き方を許容していたことになる。誤解を恐れずに言えば、意識的に変化を付けて書いたとも考えられ、書き手の美意識の有り様が窺えるのである。

青川木牘より五〇〜六〇年後にあたる墓から出土した睡虎地秦簡は、篆書の構成要素とその用筆法から一歩抜けだし、隷書のある段階を示す姿に変貌している。例えば、「秦律十八種」には一画に線の肥瘦が見られるだけでなく、横画や右払いの部分にはっきりとした波磔《はたく》が使われていることが認められる（図3②）。ちなみに、「秦律十八種」全体にこの傾向は看取できるが、一例を挙げれば、「之」「上」字の

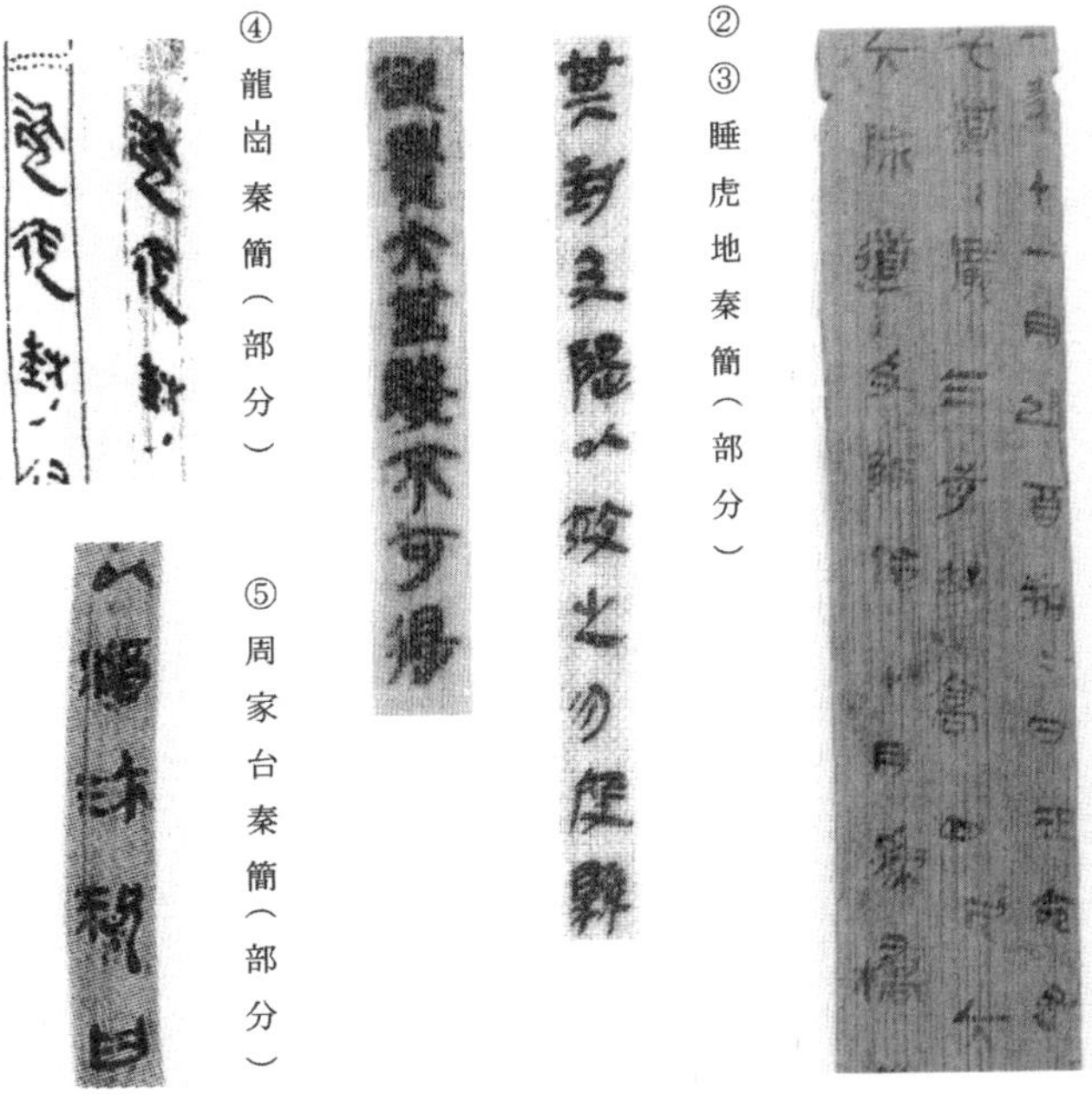

①青川木牘（部分）
②③睡虎地秦簡（部分）
④龍崗秦簡（部分）
⑤周家台秦簡（部分）

図3

最終画がこれにあたる。青川木牘は文字数が少なく鮮明な図版もなくサンプルとしてはやや難があるため、読者には判断しにくいであろう。筆者はかつて四川省文物考古研究所で実見したことがあるが、このときの印象からいえば、睡虎地秦簡の字形と比較して波勢はまだ見られないものの、大きな差異はさほど認められないと考える。牛克誠氏は、秦が楚の郢を陥落させ、南郡を置いたころにはすでに隷変は完了していたと指摘している（「簡、冊体制与隷書的形成」・1994）。ここでいう隷変とは篆書が次第に隷書へと変容する過程を指す。青川と睡虎地の二つの簡牘に共通する筆法

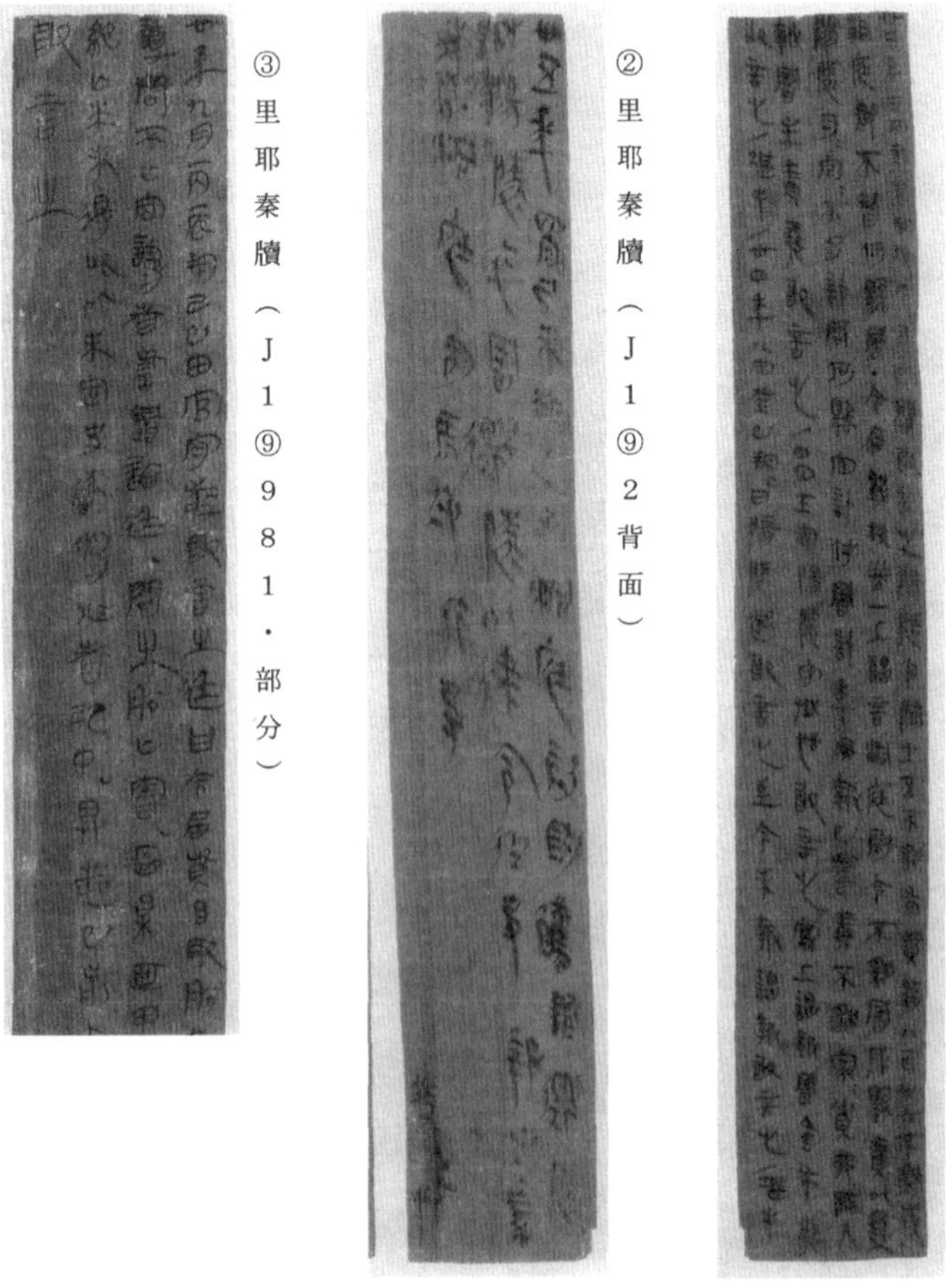

①里耶秦牘（J1⑨2正面）

②里耶秦牘（J1⑨2背面）

③里耶秦牘（J1⑨981・部分）

図4

は、字形は横への動きが強調され、横画の起筆は明らかに蔵鋒が見られることである。このようなはっきりした蔵鋒を用いた筆遣いは、これまで出土している楚簡の文字には見られないものである。

二〇〇二年六月に出土した里耶秦牘は、『文物』〇三—一に六二点のカラー図版とともに報告された。この木牘の内容は公文書とされるが、例えば〈J１⑨２〉の木牘のように、その正面・背面の書きぶりを比較してみるとかなり差があることに気付かされよう（図４①②）。籾山明氏は「木牘の多くは複数の機関から発せられた指示や依頼が表裏にわたって列記され、一枚中の筆跡もまた一様でない」という（「秦代公文書の海へ—湖南龍山里耶出土の簡牘を読む」・２００３）。〈J１⑨２〉正面に書かれた諸機関からの指示や依頼は、（１）陽陵県の司空から県廷への依頼（２）それを取り次いだ陽陵県から洞庭郡への依頼（３）陽陵県から洞庭郡への催促。の三種が年月順に書き連ねられている。これに対して、背面のややくだけた書風は（４）洞庭郡仮尉から遷陵県への通達であり、〈J１⑨１～１２〉の一二枚のどの簡も「三十五年四月乙未朔乙丑（七日）」の日付で、発信者は「洞庭仮尉の觿《けい》」となっている。つまり、洞庭郡に保管されていた催促状一二枚の木牘を、郡仮尉の命令を書き添えて遷陵県へ送ったもので、陽陵県の要請通り処理したならば、その結果を至急回答せよとの内容である。正面の謹厳な書きぶりは〈J１⑨１～１２〉の全簡ほぼ一貫しており、規範性を有している。ところが、背面に書かれた郡仮尉の命令文の書きぶりは、正面と比較すると一見して分かるが、メモ代わりに書き付けたものではないかと思えるほど忽卒なものである。同一の木牘に記されたこの二種の書きぶりの違いは何を意味するのであろうか。藤田勝久氏は秦牘の形態は、正面の文書が複数コピーされたあと「背面で任務をメモして確認する実用性をもつ」と指摘している。（「中国古代史における秦・巴蜀・楚」・２００３）。つまり、正面は一字一句違うことなく正確に記すことが求められ、背面は控えやチェックの場として機能していたと考えられる。これが秦代における文書行政の姿である。西林昭一氏はこうした背面の文字を「日常書写体の捷書きで、いわば〝草隷〟風である」と指摘される（「湖南古代の書相」・２００４）。以上の実例をもとにまとめると、当時、簡牘に書かれる文字の中には、公文書に用いる準公用体ともいうべき規範性の高い書きぶりと日常通行体に用いるややくだけた書きぶりとが併用され、その時々の用途によって書き分けられていたことがわかる。

楚系文字は滅んだか

司馬遼太郎は、ある講演会で文明と文化の違いを一言で表現したことがある。「ビルが建ち並び、電気水道が通ればもうそれは一つの文明である。しかし文化は違う。人間の営みとそれに付随する精神というものがなければならぬ。」と。文化とは人間の精神活動の結果であり、長い年月にわたって築きあげてきた成果である。

前二二三年、楚は秦に滅ぼされたが、その文化まで滅亡したのであろうか。古代の戦争の歴史を紐解けば、敵国の軍隊を大量に殺戮することも稀ではないが、秦が楚を滅ぼす過程は楚人を軍事力で降伏させ支配するという併呑の形である。沃興華氏は『史記』秦本紀の記述を例に出し、「秦国は楚国の、とりわけ工芸の類を保存してきたが、楚国の書法もまたその独特の魅力で秦国に影響を与えた」と述べ、楚の文化は決して滅亡していないと指摘する（「荊楚書法研究」・１９９７）。工芸類の問題はさておき、文字はどうであっただろうか。沃氏は、秦の宰相・李斯《りし》が若いとき楚国の小役人であった（楚の上蔡の出身）ことから、楚国の書風によって薫陶を受けていたはずであり、大篆を整理し小篆を作ったとき、若い頃培った楚人の審美眼が反映され、その書風が大篆中に融合されることは避けられなかったと見る。また、その遺例として琅邪台刻石を採り上げ、結体は修長で、竪画はより曲線を含んで伸びやかであることを述べている。琅邪台刻石と石鼓文との結構を比較すれば確かに前述のような違いが見られる。が、一方で次のような資料もある。

一九八六年、陝西省鳳翔県南指揮村で発見された秦公一号墓から出土した石磬《せっけい》に注目すべき文字が刻されていた。石磬とは典礼用に作られた石製の打楽器をいう。古代の打楽器の主なものに編鐘や編磬があげられる。編磬といえば、

「へ」の字型の平たい石磬を木架上に一六枚ずつ二段に懸けて配列したもので、殷代晩期になって殷人が祭祀・楽舞する際の重要な楽器の一つとして用いていた。王輝氏らの考釈によれば、この石磬の銘文からみて墓葬年代は前五七三年に比定され、その考証に誤りがないとすれば、統一秦に先行すること約三五〇年ということになる（「秦公大墓石磬残銘考釈」・１９９６）。ちなみに、高久由美氏は石磬・封泥・説文の三種を比較検討し、秦の文字は春秋戦国から統一秦までの長期間にわたって用いられながら、変化の少ない文字であったとする一方、文字の構成原理上、見逃しがたい変化・変形が少なからず起こっていることも指摘している（「新出秦公大墓石磬銘・秦封泥について―とくに秦系文字研究における意義―」・１９９８）。この石磬の書体と前後するとされる石鼓文や秦公《しんこう》簋《き》の書体と比較してみると多くの共通点が見られるだけでなく、その姿態は小篆体に近いものが散見される（図５①②）。こうした点を踏まえれば、戦国中期には小篆の原形となるべきものがすでに存在していたことが指摘できる。「史籀の大篆を取り、或いは頗省改す。いわゆる小篆なるものなり」（『説文解字叙』）の「頗」を西林昭一氏が「ほんの少し」と解釈する背景が鮮明に浮かび上がってくるのである（『書の文化史』（上）・１９９１）。

話を元に戻そう。李斯が若いとき楚の役人であったことが、小篆を考案する際に全く影響されなかったとは言い切れないが、前述の理由だけで「大篆中に融合された」と見なすのは現段階では尚早といわざるをえない。今後の新資料の出現に期待したい。

ところで、秦系簡牘中に楚系の特徴を有した文字が現れる例が看取できる。睡虎地秦簡を例に取ってみよう。〈法律答問〉は扁平で、方折の姿態が一段と強い一方、右回りの部分に円転の要素を残していると思われるものに〈為吏之道〉（図３③）がある。この点について福田哲之氏は、睡虎地秦簡や王家台秦簡において円転の傾向を有する簡と方折体のものとを分類した上で、「秦の公的な文書には、厳格さがさほどは要求されず、所々で円転の傾向を示すことになった」と指摘している（「戦国簡牘文字における二様式」・２０００）。つまり、主に法律文書の類は方折体で書かれ、典籍・占ト類に円転傾向も見られるというのである。ただし、この円転傾向というのは、楚簡に見られるような書きぶりを指すのではなく、曲線をより含んでいるといった様式論から見た結果である。書かれる簡の内容や性格、あるいは書き手によって、秦においても楚の円転様式がときには現れるということになる。しかし、例えば、〈為吏之道〉の文字構造はやはり秦系そのものといってよいから、この相違はモード差の範囲に含めるべきであろう。ちなみに、陳振裕氏らは睡虎地秦簡は多数の書者によるものとし、「文字学から見れば一体系に属すが、書法芸術の角度から見れば、違った風格がある」と述べている（『睡虎地秦簡文字編』・１９９３）。

また、工藤元男氏は、秦の南郡の統治について、はじめはその地の旧来の習俗を認める柔軟な姿勢で支配していたが、のち、一元的支配へ転換した。よって、睡虎地秦簡には二つの性格をもった竹簡が併存することになったと指摘する（『睡虎地秦簡よりみた秦代の国家と社会』・１９９８）。これは竹簡の内容を論じたものであるが、その文字の書きぶりを考える際にもこうした背景を考慮する必要があろう。

次に里耶秦牘〈Ｊ１⑨９８１〉を見てみよう（図4③）。一見して分かるように、第9層から出土した簡の中にあって、この簡の書きぶりは特異である。文字の結構についていくつか特徴を探ってみると、（1）「年」「之」の最も長い横画を弓なりに湾曲させる。（2）「守」「寅」の第3画目を右肩上がりにする。（3）「辰」「不」「言」は横画の収筆を下方へ巻き込む。（4）粗頭鋭尾状の線筆がまま見られる。など、円転傾向を示し、明らかに楚系文字の特徴を有していると思われる。最も規範性を備えた書きぶりと思われる、例えば、〈Ｊ１⑨１～１２〉正面の方折で平直な文字と比較してみる

①石鼓文（部分）

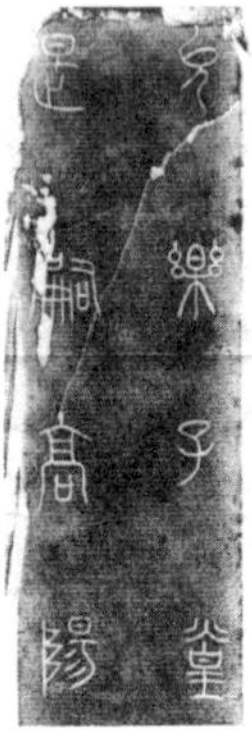

②秦公大墓石磬（部分）

図５

と、〈J1⑨981〉は当たりの強い起筆と尖鋭な筆画の収筆が目に付くが、字形そのものの違いはほとんどない。こうした点をどのように理解すればよいのであろうか。西林昭一氏は「統一秦において、かつては楚国の版図であった書には、書き手によっては、結構のベースは秦系であるが、筆法には、手に染みついた楚系風の習癖が出るのではないか」と指摘する（「湖南古代の書相」・２００４）。「之」「者」など、書かれている文字の字形は秦系に違いないものの、明らかに円転傾向を有した木牘が混在する背景は何かと探れば、その書者は旧楚人の官吏ということになるのであろう。これら書きぶりに違いがある木牘が1号古井の同じ層から出土している点に大いに留意しておく必要がある。

以上をまとめれば、秦の簡牘に書写された文字は方折体だけが厳格に用いられていたわけではなく、楚簡に見られる円転様式の筆法も時には混じることが指摘できる。こうした流れが、次の馬王堆出土簡牘や帛書の多様な書きぶりに繋がってゆくと考えられる。ちなみに、陳松長氏は、馬王堆帛書の内容を六類四三種に分類し、その書法面から①篆隷②古隷③漢隷の三種に分類している（『馬王堆帛書芸術』・１９９６）。

隷書の萌芽と隷変

隷書は秦代にはすでに書かれていたという記述が『漢書』藝文志や『説文解字』叙に見えることは周知のことであるが、では隷書の萌芽はいつ頃かという点については隷書の定義との関連で議論が分かれる。

常耀華氏は「東周盟書は隷書の濫觴である。」と提起し、「盟書には、蔵頭露尾、軽あり重あり、肥あり痩あり、といった新しい筆画、例えば撇《へつ》・捺《なつ》のような筆画の出現は、篆書の曲線的な筆法を大いに簡略化し、基本点画の動きを上下の運動から左右の伸びに改変し、それらによってもつれたような篆書の筆画を解き放った。」と指摘している（「開隷変端緒的東周盟書」・１９９４）。この解釈を踏まえるならば、多様な侯馬盟書（図６）の書風は、概して切れ味のよい筆致で書かれた通行体であり、こうした中に新しい動きが芽生えており、ここに簡略化、符号化の流れが窺える。陳松長氏は常氏の論を踏まえた上で、隷書の起源は控え目に見ても春秋晩期、即ち紀元前四九六年前後とするのが妥当だと見る（『馬王堆帛書芸術』・１９９６）。もっとも、この見解を容認するにあたっては、先に示したとおり、篆書が簡化される過程で起こる一連の変化を隷書の第一歩と認めることが大前提となる。

戦国・秦漢の文字の変遷を窺う際に、最も注視しなければならない点は「隷変」という現象である。隷変とは、篆書がしだいに隷書へと変容し定型化する過程、もしくはそのことを指すことはすでに述べた。隷変の隷変たる最大の理由は、漢字の構成原理を推測できないほどにその筆画を変えたことにある。いわば、文字体制上の一大変革である。さて、冒頭でも触れたように、隷書の定義を明確にしておく必要がある。篆書と隷書の違いを比較すると、形体の面から曲線が直線化、方折化し、筆画上に波勢のリズムが発生するなど、いくつか指摘できるのであるが、最大の違いは漢字の造字法であった象形的要素を含んだ筆画がしだいに符号化された点である。

では、（1）なぜ、こうした現象が引き起こされたのか（2）どのような過程をたどって定型化していったのか、といった点が注目されよう。まず、（1）の点であるが、春秋時代に漢字はいわゆる天下の領域にひろがり、戦国時代になると文書行政によって漢字の需要が格段に広がり、簡易速成が求められたことが大きな要因であることは間違いない。こうした社会的背景を考慮に入れながら（2）のどのような過程をたどって定型化されたかが検討されなければならない。

呉白匋氏は睡虎地秦簡をもとにその変革の過程を一一種に分析しているので、次に示す（呉白匋「従出土秦簡帛書看秦簡早期隷

図６　侯馬盟書（部分）

書」・1978―2）。なお、（　）内の漢字はその一例である。①円転を方折に変える（者）②曲線を直線に変える　③線を連続さす（也）④線の連続を分離さす　⑤短い筆画を点に改める（魚・馬）⑥偏旁の筆画を省く（阝）⑦結構の一部を省く（書）⑧いくつかの複雑な形体を一つの符号で代表する（秦と奉）⑨書写時の用筆の軽重による筆画の減少（牛・生・朱）⑩書写に都合のよい増画（也）⑪仮借字の使用（也→殹）

また、同様な分析を試みた趙平安氏は九種（『隷変研究』・1993）に、矢野氏は一三種（「隷変における造形美の推移について―筆画の変容とその書法的分析―」・1999）に分類している。中には多少の増画された文字も含まれるものの、総体的には、捷書きに適するような文字の簡略化と識別のしやすさが図られたものである。

金文のような改まった特殊な文字が公式書体として使用された一方、盟書に書かれたようなくだけた文字が実用通行体として用いられた。後者のような比較的くだけた筆画を用いた筆法が多くの書き手に受容され、しだいに定型化していったのだと推測できる。こうした一連の変化は戦国時代のいずれの国にも見られた現象に相違なく、その一脈が秦の通行体であり、秦隷に他ならない。つまり隷変を考える場合、前章で述べたように秦系の文字がその対象であって、戦国の六国で使用された通行体を隷変と直接絡めて考えることには無理があろう。秦で使用されていた通行体が隷変の過程を経ながら秦隷として定型化していったことは疑いないのである。裘錫圭氏は「戦国時代において六国文字の俗体も隷書に類する書体へと発展する趨勢にあった。」と述べ、秦の天下統一がなければ別の系統の文字が次世代の正式書体として格上げされる可能性があったことを示唆している（『文字学概要』・1988）。もし仮に楚が天下を統一していたなら、楚国通行の書体が〝楚隷〟として公認されていたかもしれない。

書写用具と用筆法

書写用具として主要なものといえば筆墨硯紙、いわゆる文房四宝が挙げられる。このうち、硯と墨のもっとも古い実例は睡虎地出土の硯と研墨石、それに墨塊である。硯は七・五×五・二cmの平たい板状の石で、その上に墨塊を載せ、研墨石で磨りつぶして使用したものと考えられる。紙が登場するのはいつ頃であろうか。まず紙の定義を述べる必要がある。紙とは「植物性の繊維を煮沸し、叩いて分解したものを漉いた薄片」ということになる。つまり植物性の繊維を①叩いて分解②漉く、という一連の工程を備えていることが条件となる。古代エジプトで使用されていたパピルスは、草の茎を切り開いて編んだ書写材料ではあるが、前述①②の条件を満たしていないので紙とはみなせない。『後漢書』蔡倫伝などの記述によってこれまで後漢の蔡倫が紙を発明したと伝えられてきたが、二〇世紀に入って西域から前漢時代の紙が出土したことで、この通説を根底から改めなければならないときが来た。一九八六年、甘粛省天水市の放馬灘から出土した天水紙が前漢早期に比定され、現段階では紙の最古の実例となっている。これは、最大で約二・六×五・六cmの薄い残紙の表面に、太い直線が一本、細い曲線と短い線が何本も書き込まれたものである。一見したところ、これらの細線は筆で書かれたもので、略地図と思われる。後漢の蔡倫が発明したとされる蔡侯紙より以前に紙があったことが出土資料により明らかとなった。つまり蔡倫が紙を発明したのではなく、改良紙を作ったことを意味するものである。この点について冨谷至氏は「包装に使用されていた紙を書写のためのものに改良した、書写用の紙を製造し一般化させた、これが蔡倫の作った紙、すなわち蔡侯紙にほかならない。」と結論づける。(『木簡・竹簡の語る中国古代』・2003)。以上、硯・墨・紙の三種について略述したが、もっとも重要な役割を果たすのは毛筆である。

一九五七年、河南省信陽長台関で戦国墓が発見され、竹簡に書かれた当時の筆記文字とともに一本の筆が出土した。毛先はすでに朽ちていて、筆鋒の状態をつぶさに窺うことはできないが、戦国早期に比定される貴重な文物であることは間違いない。このように新中国建国以来、墓葬あるいは砂漠の地からいくつもの毛筆が出土している。これまで出土している戦国秦漢代の筆の数量は、管見するところ別表の通り二二本にのぼる。筆桿の長さは一八・二〜二四・八cm、鋒長は一・〇〜三・五cm、筆頭は差し込み式と軸に巻き付けたもの、あるいは軸に挟み込んだものがある。毛の種類は兎毫が二本、イタチの毛が一本、羊毫が二本、後漢晩期の武威筆は黒紫色の毛を芯にして周囲を狼毫で覆ったものが一本、これら以外の一六本は報告に記載がない。古代の筆を時代順に分類してみると多少の違いはあるものの、その原型は現在我々が使っている小筆とあまり差がないことがわかる。

〝蒙恬《もうてん》造筆〟という成句がある。秦の蒙恬将軍が筆を造った意であるが、これを「初めて筆を造った」と解釈するのは誤りであることは、戦国時代中期の筆の実例によって証明されている。さらに言えば、甲骨に刻まれた文字に「聿」字（筆を手で持つ象形）があり、筆で書かれたと考えられる刻し残しの朱線も発見されている。また殷代のものと考えられる玉片に朱書された「束于丁」字、白陶に墨書された「祀」字もある。古代から細い竹木の先に動物の毛のようなものをつけて筆として使用していたことは明らかであろう。では、〝蒙恬造筆〟とはいったい何を意味するものかというと、蒙恬が造ったかどうかは別にして、秦代に改良筆が造られたことを示唆していると考えられる。

晋の崔豹《さいひょう》『古今注』（問答釈義第八）には〝蒙恬造筆〟に関する質問に対して「蒙恬初めて造るは即ち秦筆なるのみ。枯木を以て管と為し、鹿毛を以て柱と為し、羊毛を皮と為す。いわゆる蒼毫にして、兎毫竹管に非ざるなり。」とある。崔豹の記述で留意しておきたいことは、①これまでの筆とは違う、秦筆なる筆を始めて造ったこと。②その筆は芯に弾力のある鹿毛を使い、その周りを柔らかい羊毛で包んだ、いわゆる有芯筆であったこと。この点は特筆されねばならない。遐庵氏はこの『古今注』を引用した上で、兎毫と鹿毫は筆の芯にするための主要な材料であることを述べ、居延筆の芯はすでに朽ちてしまい兎毫・鹿毫の別は判断できないが、毫端の白色状のものは羊毛の被であろうと推測する（遐庵「毛筆」）。

ただし、これまで出土した筆の状況から言えば、雲夢筆の筆桿（筆の軸）は加工竹であり、毛の仕立て方が有芯筆かどうかはわからない。木の筆桿は〈高望燧《すい》筆〉、〈連雲港筆〉、〈居延筆〉の三種がある。また時代に差はあるものの、報告に武威筆の仕立て方は有芯筆とある。ただし、崔豹の「鹿毛を以て柱と為し、羊毛を皮と為す」ものとは違うようである。こうした出土例から推測すれば、崔豹の言をそのまま鵜呑みにはできないものの、〝蒙恬造筆〟の語が生まれる背景にはある種の事実が隠されていると見ることはあながち誤りではないだろう。

では秦筆がこれまでの筆とどのように違うのかというと、一つは鋒長の違いが考えられる。楚の筆を見てみよう（表3「毛筆一覧表」参照）。①信陽筆の鋒長は二・五cmだが、直径は太く（雲夢筆のほぼ倍の太さ）、②包山筆の鋒長は三・五cmで、他の楚筆より一cmも長い。

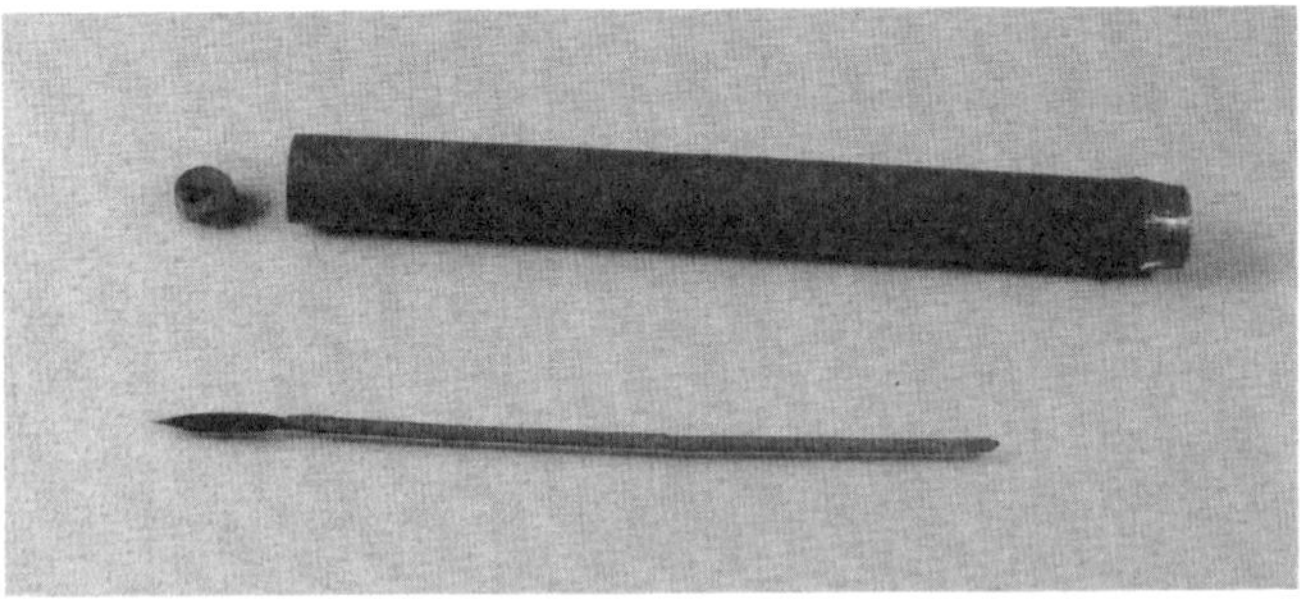

①包山筆

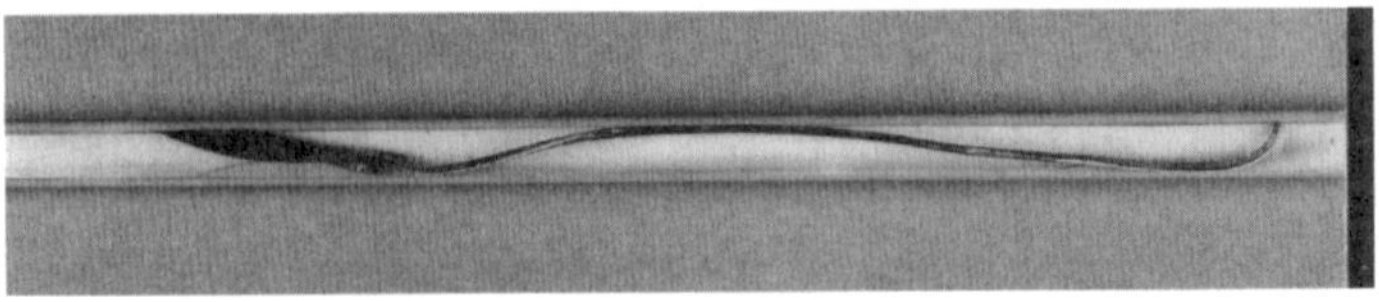

②長沙筆

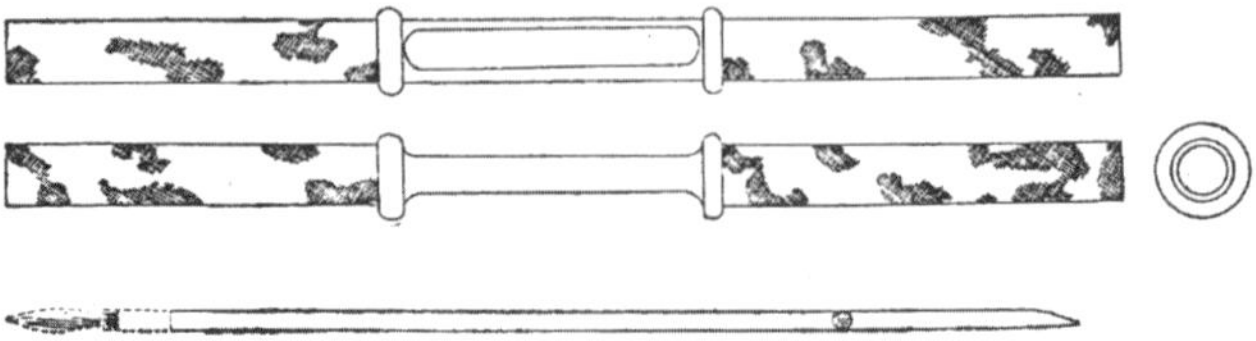

③雲夢筆

図7

表3　毛筆一覧表（戦国～後漢）

種類	筆名・時代	本数	寸法と材質：毛頭と筆桿の種類	寸法と材質：鋒長	寸法と材質：筆管	寸法と材質：直径	筆頭：孔内装填	筆頭：孔外巻つけ	筆頭：挟み込み	筆桿：軸鼻直落し	筆桿：軸鼻片殺ぎ	筆桿：軸鼻円錐	筆套：鏤孔なし	筆套：鏤孔一カ所	筆套：鏤孔多所	筆套：彩絵	筆套：漆掛け	備考	典拠
1	信陽筆 前400年頃	1	自然竹	2,5	20,9	0,9	○			○			○					簡牘作成用具と伴出 筆の根本を糸で縛る	『信陽楚墓』図版７３
2	包山筆 前316年	1	葦	3,5	18,8		○				○		○					筆套は竹製	『包山楚墓』(下) 図版１５－１
3	長沙筆 前300年頃	1	兎毫	2,5	18,5	0,4		○		○			○					軸の材質未報告・筆毫を管の周りにまとい、細い糸で縛り、漆で固める	『新中国の考古収穫』 図６８－２
4	天水筆 前267年？	1	加工竹	2,5	23,0		○				○			○			○	双套	『文物』８９－２
5	雲夢筆 前217年	3	加工竹	2,5	18,2	0,4	○				○			○				2支中の1は鏤孔の両端に骨箍	『文物』７６－６
6	江陵筆１６７号 前漢文帝～景帝	1	加工竹		24,9		○				○			○		○		２支はほぼ同仕立て	『文物』７６－１０
7	江陵筆１６８号 前漢文帝～景帝	1	加工竹		24,8	0,3	○				○			○				穂先は腐蝕	『文物』７５－９
8	臨沂筆 前漢中期	1	加工竹	1,0	23,8	0,6	○				○				○		○	筆套3カ所に皮箍・鏤孔4カ所	『文物』84-11、カラー図版
9	西湖高望燧 前漢	1	木		21,3													図版と簡単な解説のみ 毛とあるだけ	『敦煌文物』２００２ カラー図版
10	連雲港筆 前10年	2	兎毫 木	1,6	21,4	0,7	○				?			?		○		双套２支	『文物』９６－８
11	甘粛馬圏湾筆 前漢	3	イタチ 加工竹	1,2	18,4	0,6	○					○						１本はイタチの毛、２本は羊毛軸の根元に鋒を挿入し、外から絹糸で縛り、漆を塗る	『文物』８１－１０ 中国木簡古墓文物展『シルクロードのまもり』９４
12	甘粛懸泉置筆 前漢	4	加工竹	2,2	22,3				○			○						３支・四つ割 １本は「張氏筆」と記す	『漢簡研究の現状と展望』 １４４頁
13	武威筆(56) 新～後漢初	1	加工竹		21,0		○					○						筆桿に「史虎作」銘を記す	『武威漢簡』８６頁
14	居延筆 後漢初期			1,4	20,9				○			○						筆桿は四つ割にした木の軸を合わせる筆毫を挟み込み、麻糸で縛り漆で固める	『居延木簡』１１１頁
15	武威筆(72) 後漢中晩期	1	兼毫 自然竹	1,6	21,9	0,6	○					○						筆桿に「白馬作」銘・黒紫色の毛を芯にし、周囲を黄褐色の狼毫で覆う	『中国芸術』５「甘粛専号」 ７９頁

（この表は西林昭一氏作成「毛筆一覧表」を参考に補訂したもの）

＊周家台秦簡　筆桿・筆套（竹製）が出土しているが、状態が悪く、詳細な報告がないので、ここでは省く。＊網掛け数字４・５は秦筆。

長沙筆は二・五㎝だが、差し込み式ではなく、軸に巻き付けたものである（図7①②）。この違いは筆の芯の部分に空洞が出来てしまうことであろう。こうしたことから、楚にはいくつか筆の種類があったと考えられる。次に、秦筆は出土した筆の実例から判断すれば、楚筆と同様に一つの規格だけではなく、やはり複数の種類があったものと考えられるが、時代が降るに従ってさらに鋒の短いものが現れることから、おそらく短鋒が歓迎されていたのであろう。短鋒筆の場合、手の力が書写する面に直接伝わりやすいために、どちらかというと線質は硬めになるが、その反面、運筆の動作は楽になり、捷書きに適すると考えられる。

ところで、古代の人は筆をどのように持って書いたかという疑問がわいてくる。これを窺うに足る史料に河北省望都県の壁画墓がある（図8）。望都漢墓とは、一九五四年、河北省望都県所薬村で発見された後漢時代の壁画墓である。墓室壁画上に墨で書かれた題記が、漢代の貴重な肉筆資料として注目されている。硯と墨を傍らに置き、左手に木簡、右手に筆を持っている。机はない。ところで、竹簡の編連は書写する前か後かという点について、包山楚簡の報告書では相反する二つの見方が提出されていた。「包山二号楚墓簡牘概述」（『包山楚簡』・１９９１）によれば、契口の位置や紐の痕跡から見て、文字を書いたあと編んだものとみている。一方、同書の「包山楚簡文字の特徴」では、編み連ねる後に書写したものと推定し、一定しないが、先頃の研究によれば、郭店楚簡の編連の仕方を例に出し、必ず書写したあとに編連したものであるという。こうしたことから判断すれば、一般に、当時は一本ずつ手に持って書写したのではないかと考えられる。

図8　望都漢墓壁画とその模写図

龍崗秦簡に書かれた文字は極端に右肩下がりである。これまでもやや右肩下がりのものがあったにしても、このような極端なものは見かけなかったために、左手による書ではないかという意見も聞かれた。しかし、簡牘に書かれた字体を見る限り、漢字は右手で書くのに適しており、また秦律で規定された「史」という専門の書記官の中に、左利きの人が含まれているとは考えにくい。これを具体例で見てみよう。四川省出土の漢代画像塼〈講義拝聴図〉がある（図9①）。下方右側の人物は左側の腰に削刀（簡牘を削る小刀）を差している。もう一つの図（図9②）は漢代の書記官であるが、右側の耳に筆を挟んでいる。このことから何がわかるかといえば、書記官はやはり右利きであったと判断できるのである。右利きだからこそ、脇差しのように左側の腰に削刀を差すのであり、右利きだからこそ右手に近い右耳に挟んだのであろうと考えられるからである。

では、図3④のように右肩下がりの書がなぜ発生したのか。大変難しい問題であるが、敢えて言えば、短鋒を用いて捷書きする際、最も無理なく合理的に書くことが出来ることを誰かが発見し、一つの筆法としてしだいに受容されたからではないだろうか。その証左として右肩下がりの書が秦簡になって激増するし、里耶秦簡の裏面に書かれた捷書きの日常通行体は、往々にして右肩下がりになっている。ただし、この点につ

②漢代の書記官

①講義拝聴図

図9

いてはあくまでも推測の域を出ない。今後新たな資料が出土することによって、しだいに明らかにされるであろう。

エピローグ

漢字は殷周秦と時代を経る中で、より広範囲により多くの人々に使用され、さまざまな条件が複雑に絡み合って、簡体化・繁体化・異体化といった現象を生み出した。このことは出土例の多い楚簡から実証できるだけでなく、出土例がわずかしかない戦国秦の簡牘文字についても、その前後の字体から判断して同様な状況にあったことが推し量られる。

中国古代の筆記文字について、楚簡の円転と秦簡の方折の二様式を柱に、それぞれの字形と書相について概観してきたが、福田氏は「これらの二様式は遅くとも戦国中期には分立状態にあり、それは秦による楚の併合まで継続したと見なすことができよう」と結論づけている（「戦国簡牘文字における二様式」・２０００）。楚簡の書は戦国中期以後、一段とバラエティーに富み、怱卒な書きぶりが現れる。秦簡の書にはその用途によって規範性の高い標準体だけでなく、捷書きの結果生じた日常通行体があることが顕著になった。この捷書きが加速された日常通行体は草隷へと向かい、後の草書へと発展する過程が看取できる。一方、楚の滅亡によってその文字までもが滅んだことにはならなかった。里耶秦牘の出土によって方折様式の簡牘中に、楚系に見られる円勢が加味された書きぶりのものを見ることができた。つまり、楚簡に見られる怱卒な書きぶりもまた、馬王堆出土の簡帛で明らかなように、のちの時代の一書風にその脈流が伝えられていったものと考えられる。

隷変は、文字を取り巻く一連の社会環境の変化の中から発生したもので、隷書の定義を前述のごとく定めれば、その萌芽は春秋晩期にまで遡ることができる。また書写用具、とりわけ毛筆が書体の変遷（主として隷変）に果たした役割もけっして少なくないと思われる。これらの点は今後新たな出土によって一段と明らかになるであろう。

書体の変遷を概観すれば、一つの新しい字体がひとたび成熟期を迎えると、それはまた次の簡略化の字体へと新たな展開を生じ、定型化へと向かう。このように同時期に複数の字体が並行して用いられ、その用途に応じて使いわけられていたということが知られるのである。

参考文献

1 江村治樹「戦国・秦漢簡牘文字の変遷」(『東方学報』第53冊、1981)
2 平勢隆郎『春秋と左伝』(中央公論社、2003)
3 何琳儀『戦国文字通論』(中華書局、1989)
4 李運富『楚国簡帛文字構形系統研究』(岳麓書社、1997)
5 「包山楚簡文字の特徴」(『包山楚簡』所収、文物出版社、1991)
6 横田恭三「包山楚簡の文字とその書風―卜筮祭祷記録簡を中心として―」(『論集　中国古代の文字と文化』所収、汲古書院、1999)
7 周鳳五「郭店竹簡的形式特徴及其分類意義」(『郭店楚簡国際学術研討会』所収、湖北人民出版社、2000)
8 福田哲之「楚墓出土簡牘文字における位相」『中国研究集刊』第31号(大阪大学中国哲学研究室編輯、2002年)
9 新井光風『大東書道研究』第二号「戦国・包山楚簡―篆書中に見える怱卒の文字を中心として―」・第九号「郭店楚簡文字字形考―篆書中に見える怱卒の文字を中心として―」
10 饒宗頤「楚帛書之書法芸術」(『楚帛書』所収、中華書局香港分局、1985)
11 『関沮秦簡墓簡牘』(中華書局、2001)
12 牛克誠「簡、冊体制与隷書的形成」(『中日書法史論研討会論文集』所収、文物出版社、1994)

13　籾山明「秦代公文書の海へ—湖南龍山里耶出土の簡牘を読む」(『東方』第268号所収、2003)
14　藤田勝久「中国古代史における秦、巴蜀、楚—長江流域の出土資料と地域文化—」(『長江流域文化研究所年報』第二号、早稲田大学、2003)
15　西林昭一「湖南古代の書相」(『古代中国の文字と至宝』湖南省出土古代文物展図録、2004)
16　沃興華「荊楚書法研究」(『中国書法全集』第5巻、栄宝斎、1997)
17　王輝・焦南鋒・馬振智「秦公大墓石磬残銘考釈」(『中央研究院歴史語言研究所集刊』第67本、台北、1996)
18　高久由美「新出秦公大墓石磬銘・秦封泥について—とくに秦系文字研究における意義—」(日本中国学会創立50周年記念大会、1998)
19　西林昭一『書の文化史』(上)(二玄社、1991)
20　福田哲之「戦国簡牘文字における二様式」(『国際書学研究／2000』所収、萱原書房、2000)
21　陳振裕・劉信芳『睡虎地秦簡文字編』(湖北人民出版社、1993)
22　工藤元男『睡虎地秦簡よりみた秦代の国家と社会』(創文社、1998)
23　常耀華「開隷変端緒的東周盟書」(『中日書法史論研討会論文集』所収、文物出版社、1994)
24　陳松長(『馬王堆帛書芸術』、上海書店出版社、1996)
25　呉白匋「従出土秦簡帛書看秦簡早期隷書」(『文物』所収、1978—2)
26　趙平安『隷変研究』(河北大学出版社、1993)
27　矢野千載「隷変における造形美の推移について—筆画の変容とその書法的分析—」(『青山杉雨記念賞　第二回学術奨励論文選』所収。1999)
28　裘錫圭『文字学概要』(商務印書館、1988)

29 冨谷至『木簡・竹簡の語る中国古代』（岩波書店、２００３）
30 崔豹『古今注』（「問答釈義第八、『叢書集成新編』第十一冊所収）
31 遐庵（葉恭綽）（『藝文叢輯』第11編「毛筆」）
32 「包山二号楚墓簡牘概述」（『包山楚簡』所収、文物出版社、１９９１）

図版出典一覧

図１『包山楚簡』文物出版社・１９９１年
図２①『曽侯乙墓』文物出版社・１９８９年
②『信陽楚墓』文物出版社・１９８６年
③〜⑤『包山楚簡』文物出版社・１９９１年
⑥『郭店楚墓竹簡』文物出版社・１９９８年
図３①『中国美術全書』書法篆刻編１、人民美術出版社・１９８７年
②③『睡虎地秦墓竹簡』文物出版社・１９９０年
④『龍崗秦簡』中華書局・２００１年
⑤『関沮秦漢墓簡牘』中華書局・２００１年
図４①〜③「湖南龍山里耶戦国—秦代古城一号井発掘簡報」『文物』２００３年一期
図５①『中国美術全集』書法篆刻編１、人民美術出版社・１９８７年
②小家所蔵原拓
図６『侯馬盟書』文物出版社・１９７６年

図7　①『ヴィジュアル書芸術全集』第十巻、雄山閣・1993年
②『華夏の道』2（戦国時期から南北朝時期まで）中国歴史博物館・1997年
③『ヴィジュアル書芸術全集』第十巻、雄山閣・1993年
図8　図版（右）『中国美術全集』書法篆刻編1、人民美術出版社・1987年
模写図（左）『ヴィジュアル書芸術全集』第十巻、雄山閣・1993年
図9　①画像石「講義拝聴図」文物出版社
②『中国古代服飾研究』

巴蜀符号から見た巴蜀青銅器文化の社会

小澤正人

1 はじめに

現在の四川省と重慶市にまたがる四川盆地の先秦時代には、殷周王朝の勢力範囲であり春秋戦国時代には諸侯国が興亡した黄河中・下流域や長江中流域といった文化の先進地帯から強い影響を受けながらも、地域色の強い文化を産みだし、独自の「地域」として存立していた時期と位置づけられる。なかでも主に戦国時代に平行する時期には、「巴蜀青銅器」と呼ばれる、殷周青銅器を基としながらも、独自の変容を遂げた青銅器が分布しており、早くから注目されてきた。本稿ではこの特徴ある青銅器を生み出した四川盆地の戦国時代平行の文化を「巴蜀青銅器文化」と呼ぶことにする。

巴蜀青銅器文化ではしばしば青銅器上に独特な符号が見られ、それが印章にも使われていたことから「文字」との関連で注目されてきた。この「巴蜀符号」にどのような意味があるのかを検討し、それを生み出した巴蜀青銅器文化社会のありかたを考えることが本稿の目的である。

以下、本論に入る前に、まず四川盆地の先秦時代の時代区分について概観しておきたい。

2　四川盆地の先秦時代

第1図は新石器時代から統一秦までの中国史の時代区分と、四川盆地の文化編年表である。以下この表に従い、四川盆地における新石器時代から統一秦までの文化を概観してみたい。

成都盆地の新石器時代文化の状況が明らかになるのは、後期に位置づけられる宝墩文化以降である。宝墩文化では集落周囲を土塁と壕で囲むなど定住した農耕集落が確認されており、土器製作などでも高度な技術がみられる。宝墩文化は、地域色が強い文化であるが、同時に黄河流域・長江流域と関連する要素もあり、四川盆地が隣接地域から完全に孤立したものではなかったことを示している。

この宝墩文化に続くのが、紀元前二〇〇〇年からの三星堆文化である。この文化を代表する三星堆遺跡はやはり集落を土塁で囲った大規模な集落遺跡である。特に三星堆文化後期に属する器物坑からは大量の青銅器・玉器・象牙などが出土しており、その発見は四川盆地の古代文化のイメージを大きく変えることになった。出土遺物には強い地域色がある反面、明らかに黄河・長江流域からの影響が見られる。つまり三星堆文化は宝墩文化以来の地域文化の伝統を基礎として、青銅器や玉器などの権威や地位の象徴となる「威信材」には黄河・長江流域の器物を取り入れ、さらにそれを地域化させた文化なのである。三星堆文化の終末は殷墟文化期、つまり紀元前一〇〇〇年前後と考えられる。

地方文化としてのあり方は三星堆文化に続く十二橋文化にもあてはまる。十二橋文化は紀元前一千年紀の前半、下限は紀元前500年前後と考えられ、西周時代から春秋時代に相当する。十二橋文化でも土器などには強い地域色が見られる。その反面青銅器ではやはり黄河流域の影響が見られ、特に罍を重視した青銅器のありかたは特徴的である(1)。

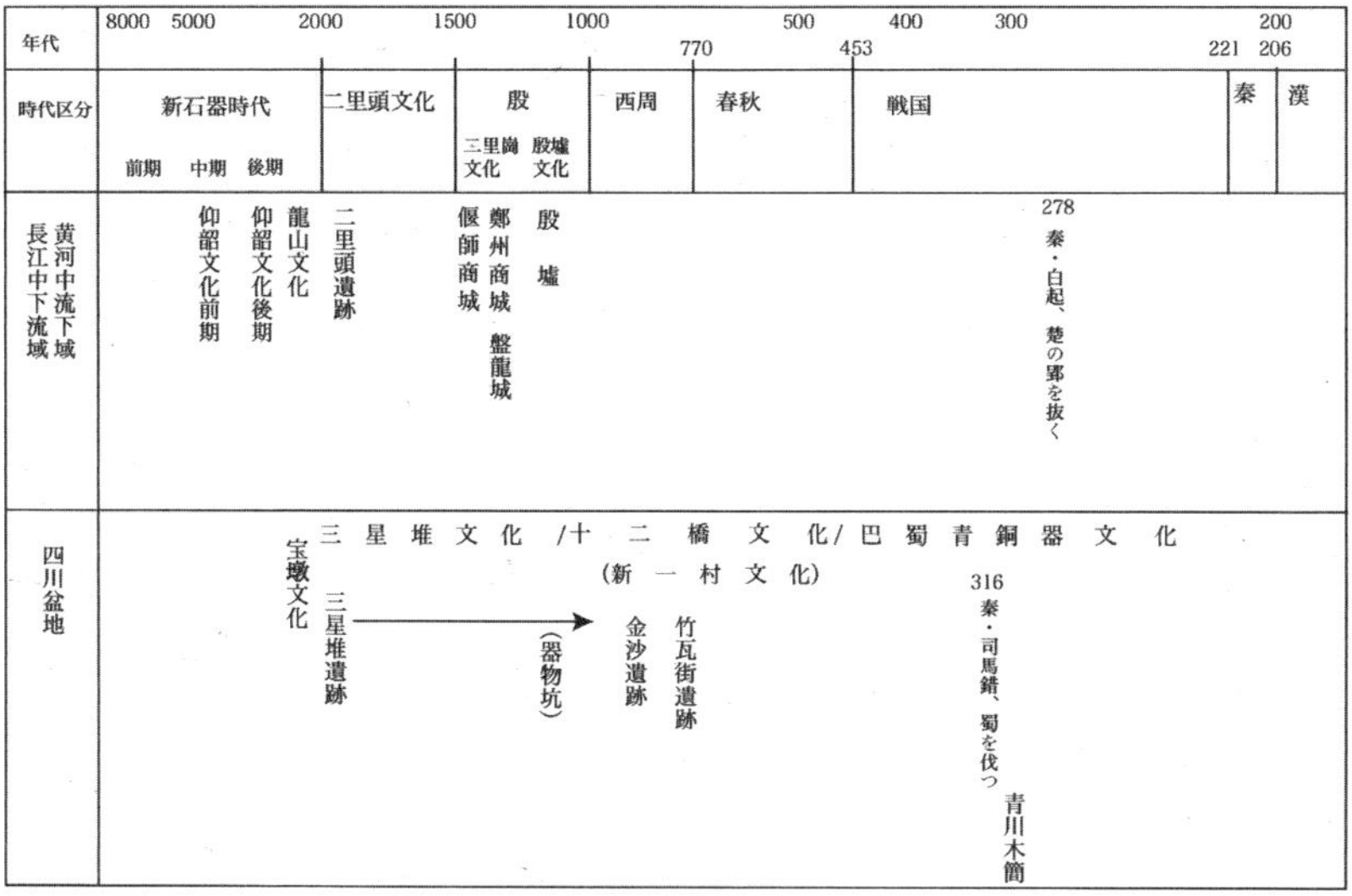

第1図　関連年表

作成にあたっては以下の文献を参考にした。
孫華『四川盆地的青銅文化』(2000年　科学出版社　北京)
江章華・李明斌『古国尋踪』(2002年　巴蜀書社　成都)

これに続くのが巴蜀青銅器文化で、ほぼ戦国時代から秦の占領期を経て前漢初頭までが相当する。この時期になると四川盆地では遺跡数、特に墓地の報告例が増加する。巴蜀青銅器文化でも四川盆地の地域色の強い文化要素とともに、黄河・長江流域の要素も見られる。前者を代表するものとして、「船棺」と呼ばれる木材を刳りぬいて組み合わせた木棺や地域色が強い巴蜀青銅器がある。後者では当初長江中流域楚文化の影響が強く、木槨木棺といった墓葬、楚系青銅器などがみられる。その後秦の占領に伴いその影響も見られるようになり、秦系の印章などが出土している。前漢に入ると巴蜀青銅器は墓葬などから僅かに出土するのみとなる。従ってその下限は紀元前二〇〇年頃とするのが妥当と考えられる[2]。これ以後四川盆地の文化は黄河・長江流域の漢文化の中に取り込まれたのである。

秦による占領以前の巴蜀青銅器文化の社会では、青銅器の武器が共通の威信材となっており、同じ価値体系をもったまとまりが形成されていたことがわかる。しかし大規模な都城や政治的な統合の存在を象徴するような隔絶した大型墓の存在は知られていないことから、同時期の七国のような組織的な国家を想定することはできず、小地域ごとに首長が存在し、時に応じてその連合体が出現するような社会が想定される。この時期に増加する各地の墓地は、このような首長たちの墓葬と考えられる。これら墓葬からは楚文化の青銅器などがしばしば出土しており、首長たちが楚文化を受容していたことがわかる。しかし墓葬は基本的に船棺葬であり、副葬品も巴蜀青銅器や在地の土器が中心であることから、楚文化の影響は限定的であった。

以上が統一秦時代以前の四川盆地における文化の変遷である。これを基にして、次に巴蜀符号を取り上げてみたい。

2　巴蜀符号の実例

まず巴蜀符号の実例についてみてみたい。巴蜀符号は主に青銅器上にみられるのであるが、青銅器の中でも印章の印面、剣・矛といった武器、鑿・小刀といった工具、あるいは容器などで確認されている。ここでは印章とその他の青銅器に分けて、巴蜀符号の実例を見てみたい。

（1）印章

巴蜀青銅器文化の印章の多くは円形（第2図）あるいは方形（第3図）である。

円形印は3㎝以上の大型（第2図1～14）、2～3㎝の中型（15～33）、2㎝以下の小型（34～49）に分けられる。大型印・中型印では、印体は板状で、鈕は橋鈕のものが一般的だが、中型印のなかには鳥形鈕の例もある（25）。小型印もほとんどは板状・橋鈕だが、なかには鳥形鈕（47）や柱状や台状の印体のものもある（44～49）。

方形印も円形印同様に3㎝以上の大型（第3図1・2）、2～3㎝の中型（3～12）、2㎝以下の小型（13～28）に分けられる。大型印はいずれも印体は板状で、橋鈕だが、馬家郷墓出土のものは印体が台状になっている。中型印もほとんどだが、獣鈕（6）、亭鈕（11）もある。小型印は長方形のもの（13～21）と正方形に近いもの（22～28）があり、少数の獣鈕（18・19）を除くとほとんどが橋鈕である。このうち中型印には印面を「田」の字状に区画する田字格が（11・12）、また小型の長方形印には印面を「日」の字状に区画する日字格があり（13）、秦印の影響を受けていることは明らかである。なお方形印では1例のみだが骨印も報告されている（2）。[3]

巴蜀印章の印面は複数の記号を組み合わせることで構成されている。その内容は多様だが、具象的な記号、漢字の借用、幾何学記号に分けることができる（第4図）。

具象的な記号はさらに器物などをそのまま表現した写生的なものと、それを象徴化したものに分けられる。前者の例として代表的なものとしては鐘（1）・壺（2）・鳥（3）などがあり、後者の例としては太陽または星らしき天体と考えられる記号（4）・植物的な記号（5）・やはり植物の垂葉状の記号（6）などがある。漢字からの借用には王字記号（6）がある。幾何学的な記号では主なものとして連鈎状記号（7）・台状記号（9）・三叉状記号（10）・鈎状記号（11）などがある。

巴蜀印章の編年研究は少なく、そのため初現期の状況はよくわかっていない。比較的早い時期の例としては、戦国中期、すなわち秦征服以前と考えられる万年村1号墓（第2図1）[4]、五聯村5号墓（第2図2～4）[5]、什邡城関10号墓（第2図10・15）[6]・33号墓（第3図2・9）[7]、新都馬家郷墓（第3図1）[7]、蒲江東北公社2号墓（第3図3）[8]などからの出土品を挙げることができる。傾向としては大型・中型印が多い。記号には具象的なものが多く、特に写生的な鐘・壺・鳥が目立つほか、馬家郷墓や万年村1号墓出土例には鬭も見られる。また象徴的な記号では、天体状記号・植物状記号・垂葉状記号などがある。この他には、王字記号・連鈎状記号・台状記号・三叉状記号・鈎状記号などがみられる。

戦国後期、すなわち秦占領以後の墓葬から出土した巴蜀印章は多く、なかでも巴県冬笋壩墓地[9]、滎経県同心村墓地[10]

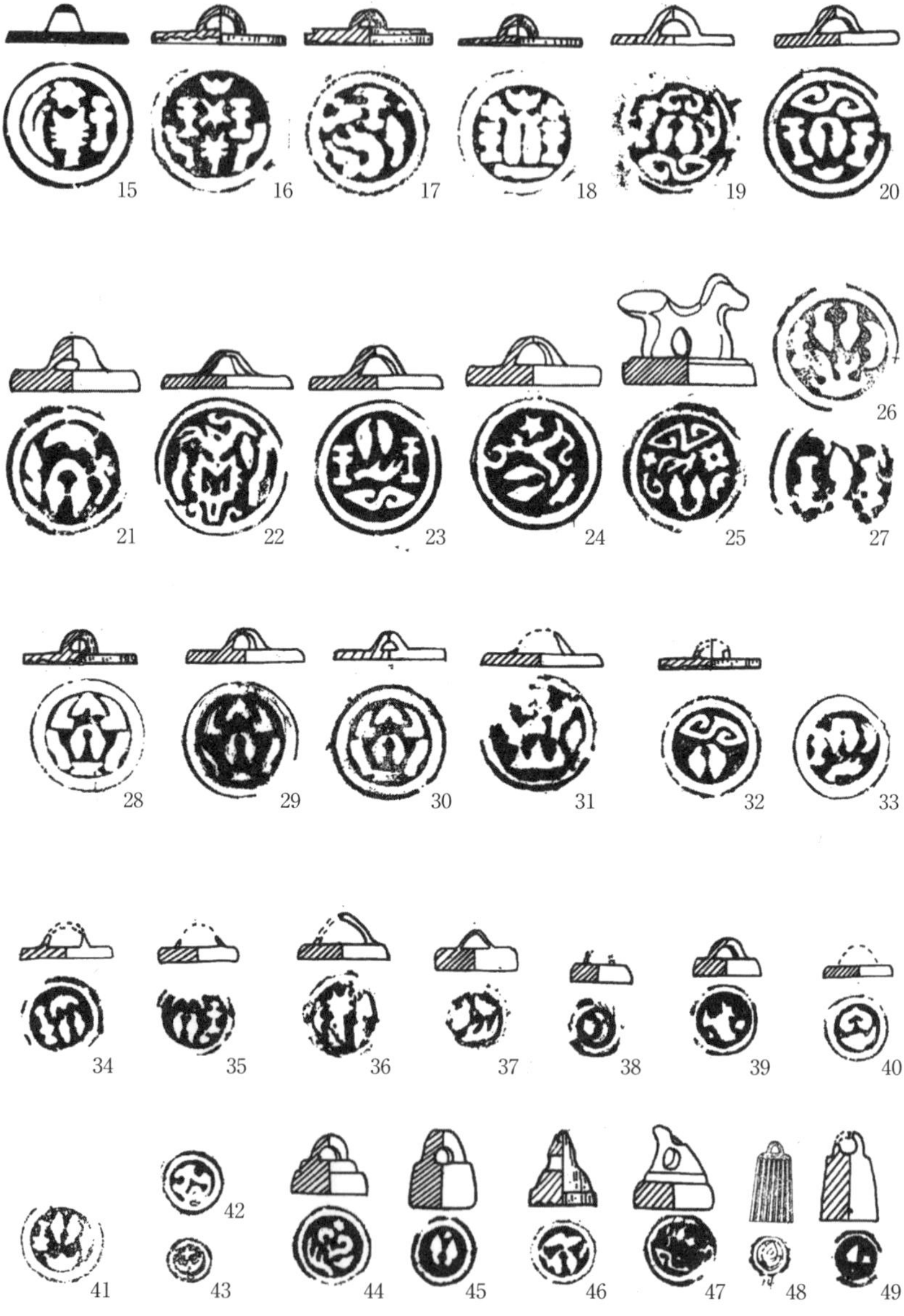
15
16
17
18
19
20
21
22
23
24
25
26
27
28
29
30
31
32
33
34
35
36
37
38
39
40
41
42
43
44
45
46
47
48
49

第２図　円形印章

(1：万年村1年墓　2～4：五聯村5号墓　5～7：万年村6号墓　9：羅家壩55号墓　10・15：城関10号墓　11：同心村24号墓　12・20・35・38・45：同心村20号墓　13・22～24・29・31・44：同心村21号墓　14：同心村19号墓　17・18・28・32・46：烈太1号墓　19：同心村11号墓　20・37：同心村18号墓　25：同心村25号墓　26：冬笋壩53号墓　27・33：紅光墓　30：南羅壩9号墓　34：同心村1号墓　36・39：同心村22号墓　40：宝輪院22号墓 41：冬笋壩1号墓　42・43：冬笋壩32号墓　47・49：同心村17号墓　48：冬笋壩49号墓)

第3図　方形印章

(1：馬家郷墓　2・9：城関33号墓　3：東北公社PD2号墓　4：南羅壩5号墓　5：万年村6号墓　6：同心村7号墓　7・15：同心村3号墓　8：冬笋壩64号墓　10・16・17・23：同心村18号墓　11：同心村24号墓　12：宝輪院6号墓　13・18・26：冬笋壩50号墓　14：同心村6号墓　21：冬笋壩41号墓　19・20：同心村17号墓　22・27：飛龍村1号墓　24：同心村25号墓　25：曽家溝16号墓　28：冬笋壩2号墓)

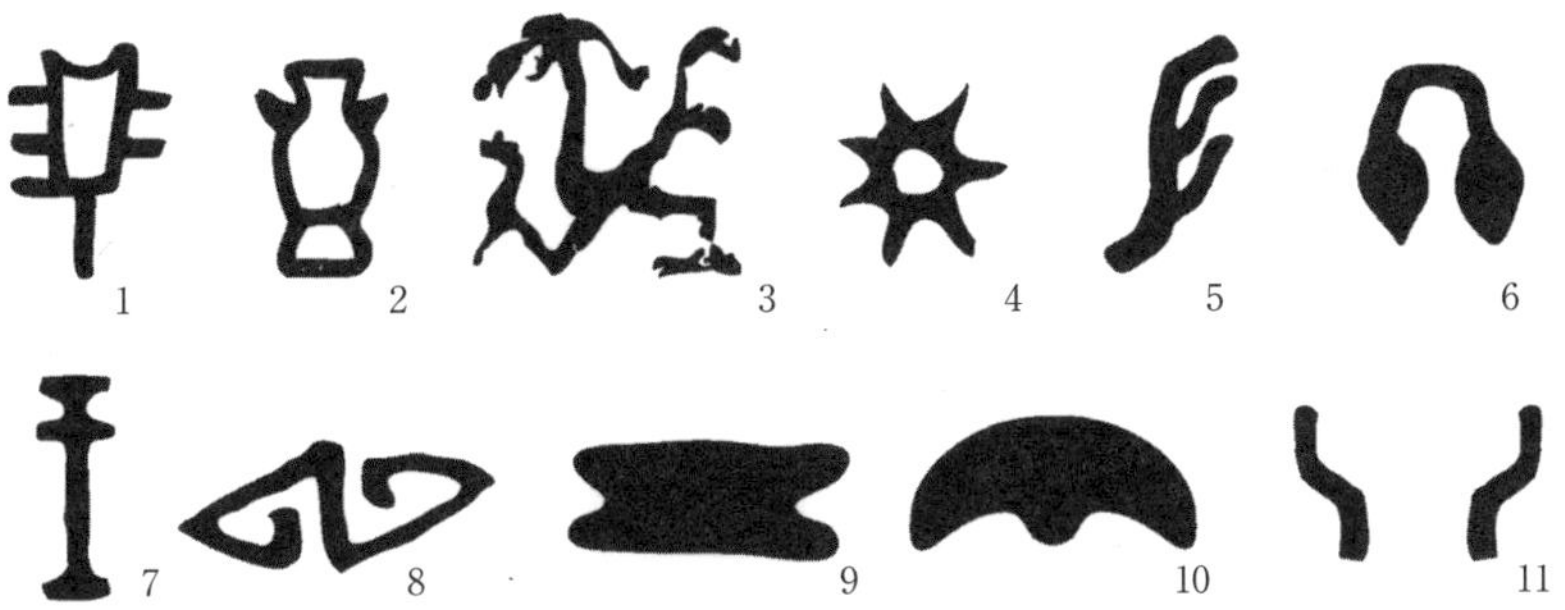

第4図　個々の記号

などからはまとまった出土数がある。この時期には中型・小型のものが多く、戦国時代中期までの大型のものは少なくなる。[11] 方形印章には田字格、日字格のものがある。冬笋壩50号墓では日字格で秦系文字を印面に持つ秦印、やはり日字格だが印面が巴蜀符号の巴蜀符号印、格を持たない巴蜀符号印が共伴しており、この時期の秦印と巴蜀印章の密接な関係を物語っている。[12] 印面には中期に見られた鐘・壺・鳥・闕といった写生的な記号が少なくなり、象徴的な記号、漢字からの借用記号、幾何学記号などが中心となる。

以上見てきたように、戦国後期の巴蜀印のなかに秦印の影響を受けたものがあることは疑いないが、それ以前の巴蜀印章の出現過程はよくわかっていない。ただし荘新興氏は楚系印のなかに動物と漢字を組み合わせた印章の存在を指摘しており、[13] このような印章が巴蜀印の出現に影響を与えた可能性も考えられる。いずれにせよ巴蜀青銅器文化の特徴とされる青銅器は基本的には黄河・長江流域の青銅器を変容させたものであり、印章も同じ脈略で捉えるべきであろう。[14]

（2）武器・工具・容器にみられる巴蜀符号

巴蜀青銅器文化には青銅武器の短剣・戈・矛、または青銅工具、さらには青銅容器に巴蜀符号を鋳込んだり、陰刻する例がある。このなかでは青銅武

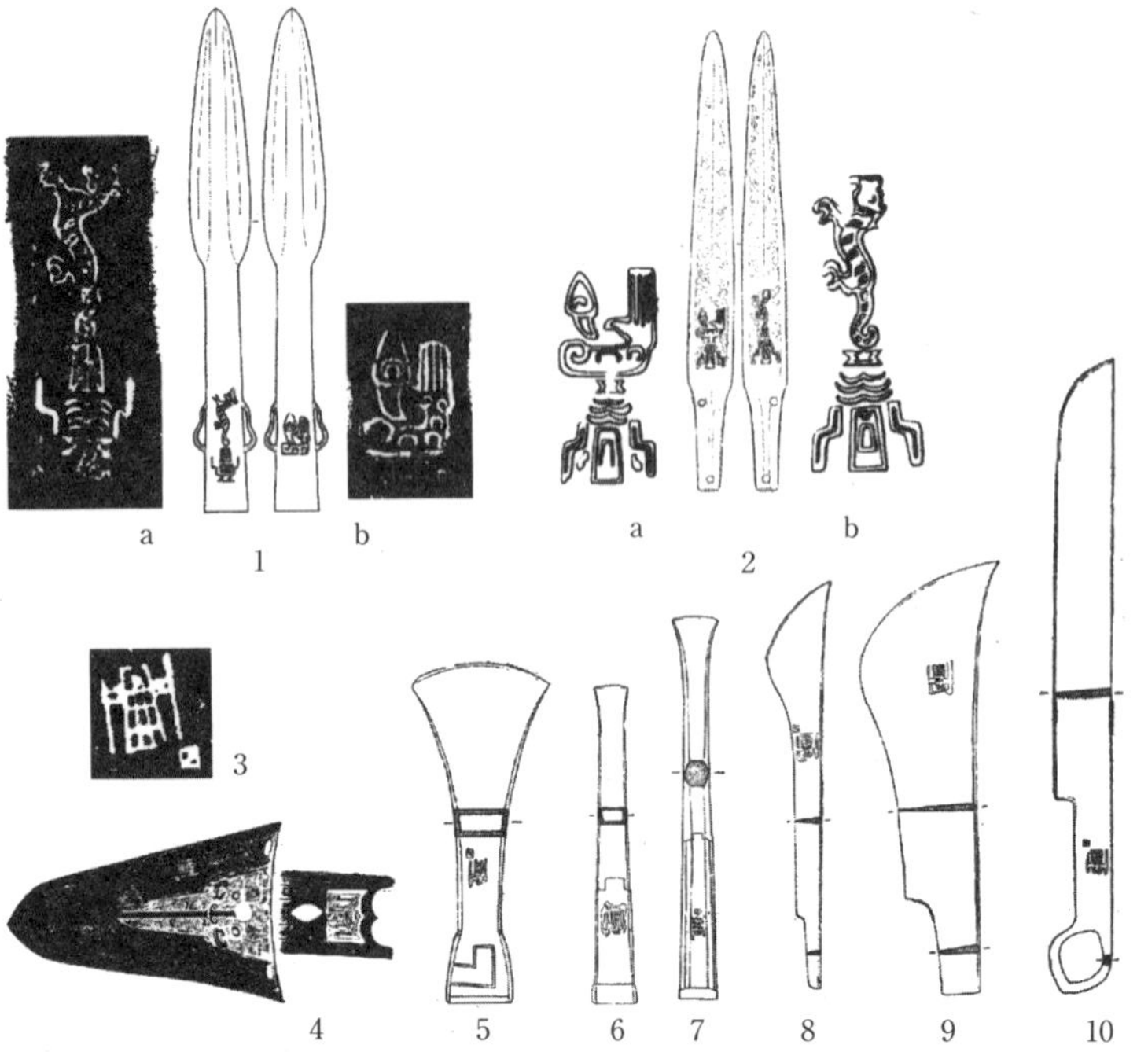

第5図　武器・工具・容器にみられる巴蜀符号（縮尺不同）
（1：同心村1号墓　2：同心村21A号墓　3～10：馬家郷木槨墓）

器の例が多く、ついで青銅工具が多く、青銅容器の事例は少ない。この種の巴蜀符号は大きく2つの種類にわけることができる。

そのひとつは2・3の符号を組み合わせたもので、先の印章の印文と同じ構造をしている。もとになる記号には虎のような動物文、手とスペード型、拱手形、三本線などがあり、それらが組み合わされている（第5図）。

いま一つは幾何学的な符号列である。これについては王仁湘氏による集成と考察がある(15)。王氏はこの種の符号列には2つの系統があるとしている。そのひとつはやや図像的な符号列で、王氏はこの例として成都市郫県紅光公社墓出土戈（第6図1・4～6）(16)や万県新田郷収集戈（第6図2・7・8）(17)の援の部分に陰刻されたものをあげている。この2件の戈は胡の下部に牙がある形状、内に虎をモティーフとした装飾、援の下半分に半円形の符号が付された装飾などが共通しており、同じ型式に属す。同じ型式の戈

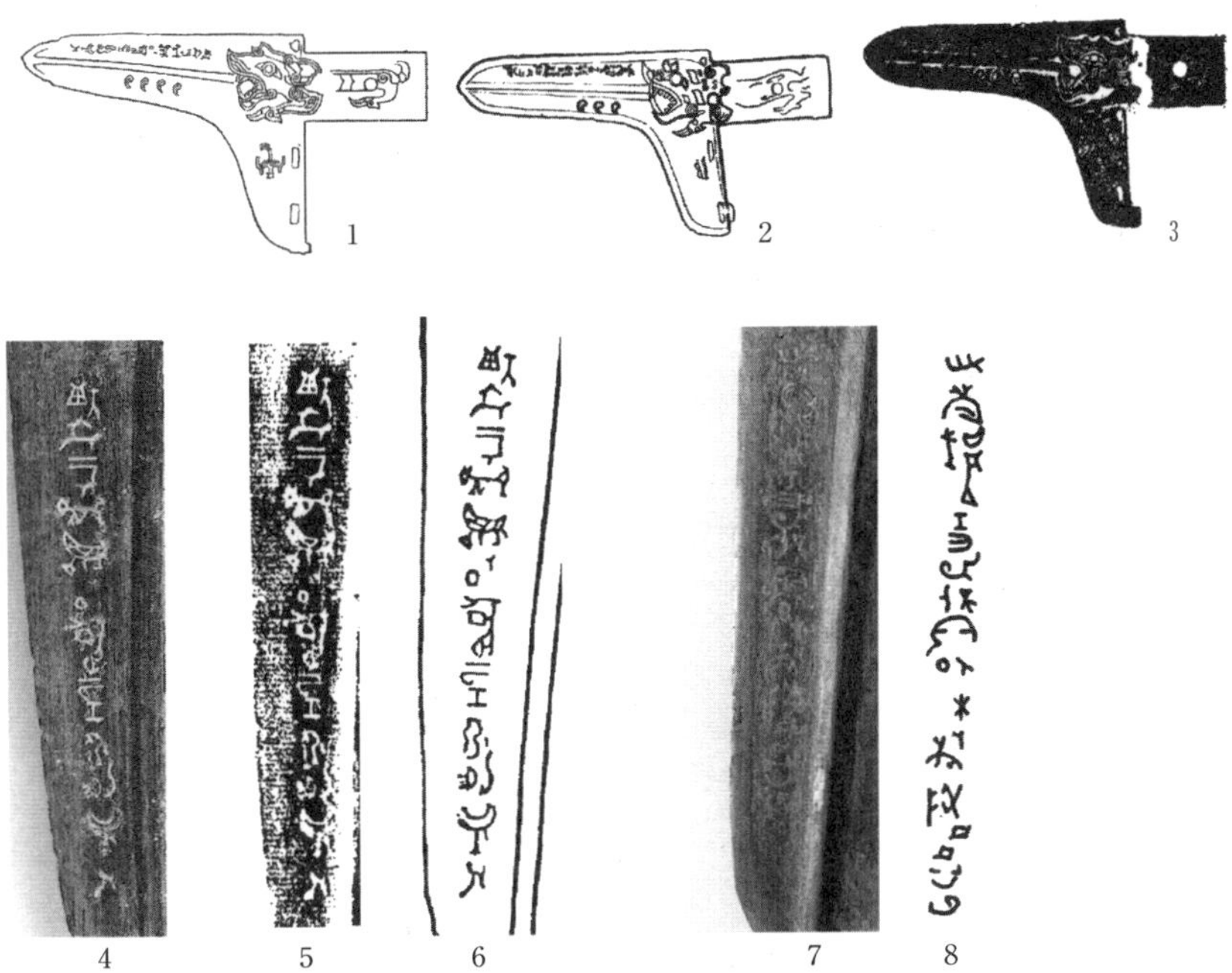

第６図　幾何学的な符号例(1)（縮尺不同）
（1・4〜6：紅光墓　2・7・8万田出土　3：長沙採集）

で符号が陰刻された例は出土地不明であるが湖南省でも報告例がある（第６図３）[18]。このうち紅光公社墓出土戈は半両銭とともに出土しており、その年代は秦による征服以後のものと考えられる。新田郷出土戈も同型式であることから、ほぼ同じ年代とすることができる。

いまひとつの幾何学的な符号列は、王氏により「より記号的」とされたものである。この種の符号列も戈でのみ確認されており、その胡や内に陰刻、あるいは鋳造されている。王氏は成都市羊子山出土品のほか成都市、新都市などでの収集品（第７図１・２・６）を例としてあげている。近年の報告例としては什邡市城関遺跡59号墓出土戈（第７図３・７）[19]、広元市宝輪院17号墓出土戈（第７図４・８・９）[20]にもこの種の符号列がみられ、いずれも陰刻である。また同様の例は湖南省常徳市徳山遺跡26号墓出土戈（第７図５・10・11）[21]にもみられ、熊傳新氏はこれを鋳造銘としている[22]。このうち宝輪院17号墓からは半

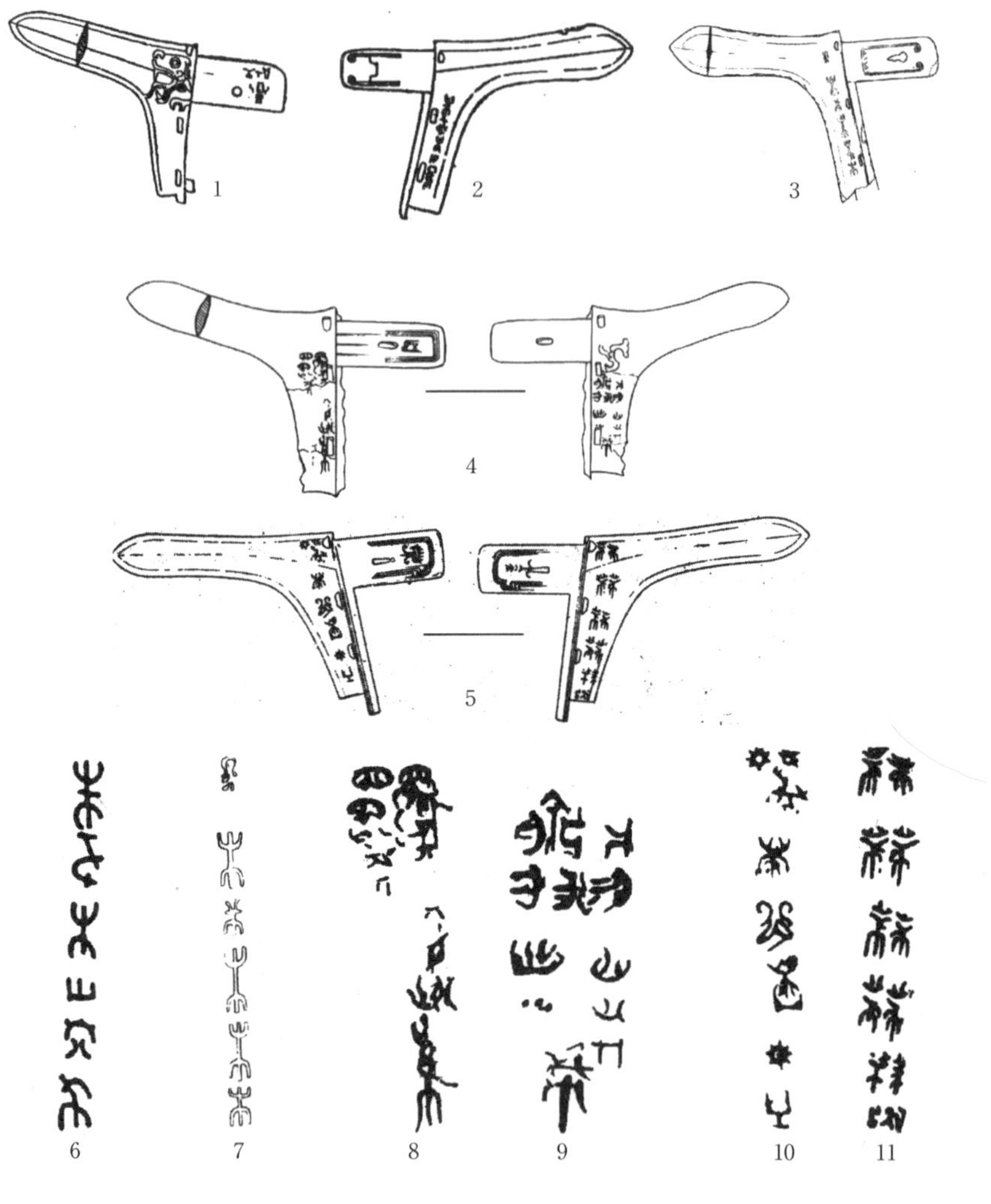

第７図　幾何学的な符号例(2)（縮尺不同）
（1：成都市博物館蔵　2・6：新都出土　3・7：城関遺跡59号墓　4・8・9：宝輪院17号墓　5・10・11：徳山遺跡26号墓）

両銭が出土していることから、その年代は秦征服後と考えられる。また城関遺跡59号墓は報告者により統一秦時期に編年されており、この種の符号列も秦征服以後の年代を与えることができる。

以上が巴蜀符号の実例である。これら巴蜀符号は、2・3の記号を組み合わせて構成した印章や武器などに見られる符号と、戈のみに見られる幾何学的な符号列とに区別される。ここでは前者を巴蜀符号A類、後者を巴蜀符号B類とする。巴蜀符号B類については、王氏の分類により、郫県紅光公社墓出土戈のようにやや図像的なものをB1類、城関遺跡59号墓出土戈のように記号的なものをB2類としておく。

これら巴蜀符号をどう解釈するか、特に「文字」とするかについては様々な立場がみられる。

童恩正氏はB類を巴蜀文化独自の文字とするが、A類については集団を表す図像銘であるとして「文字」とするのには否定的である。(23) 西田龍雄氏はA類については「言語の一部を代表したものにすぎない」ことからこれを文字と見なすことには否定的であるが、B類については漢字の系統から発達した文字と考えている。(24) 孫華氏はA類について(1)文字数が少なく言語全体を表すことができない、(2)個々の符号が絵画的であり規範化されていない、といったことからこれを文字とすることはできないと主張している。(25) さらに孫氏はA類のうち戈などの主に武器に見られるものは呪術的な性格を持つ吉祥文とし、印章上の符号について母家族などの図象銘とするが、そこにも呪術的な意味があるとした。また高浜秀氏は特に理由を述べてはいないがA類・B類をすべてを記号だとしている。(26)

以上の諸説はA類・B類の両者とも文字とするには否定的であるが、これらすべてを文字とする立場の研究者もいる。李学勤氏は童氏と同様にB類を巴蜀文化特有の文字とし、A類も集団を表す図象銘とする。(27) 王仁湘氏もほぼ同じ考えで、A類にはその配列や組み合わせに一定の規則性があるとして、文字とみなしている。(28) 徐朝龍氏は「文字」の機能を特定の意味を不特定多数の人々に伝えるものとしたうえで、A類・B類いずれもが配列や組み合わせに一定の機能があることからこれらすべてを文字としている[29]。

このように巴蜀符号を「文字」と解釈するかについては諸説がある。しかし巴蜀符号が単なる装飾ではなく、何らかの意味を持つ「符号」であるとすることについて各説は共通している。このことは巴蜀青銅器文化には「中国文明」の地域に広く普及していた漢字とは異なった、地域的な独自の表現法が存在していたことを意味するものである。

しかしすでに述べたように四川盆地は一貫して隣接する地域と交流があり、その過程で四川盆地に漢字が流入していたとしても不思議はなく、事実巴蜀符号の中には「王」字のように漢字から借用したと考えられる符号も含まれている。それにもかかわらず巴蜀青銅器文化では漢字とは異なった独自の表現法が生み出されたのである。従って巴蜀符号の性格を考える上で、巴蜀青銅器文化における漢字のあり方を明らかにする必要がある。次にこの点について検討してみたい。

3　巴蜀青銅器文化に於ける漢字のありかた

巴蜀青銅器文化時代のうち、秦征服以前の漢字の例は少なく、新都市馬家郷木槨墓出土の鼎に鋳造されていた文字をあげることができるのみである[30]（第8図1）。この文字は楚系文字であり「邵之食鼎」と読まれている。鼎自体も明らかに長江中流域の戦国時代の特徴を持っており、楚文化の分布域からもたらされたものと考えて問題ない。

秦征服以後になると漢字の確認数は増加し、青川県、涪陵市、滎経県、巴県などの例がある。

青川県では郝家坪遺跡で秦の移民と考えられる墓葬が調査され、多くの秦系の漢字資料が確認されている[31]。なかでも秦の法律文書を記した木簡が50号墓から出土したことは重要であり、この時期に秦の法律による支配がおこなわれていたことが明らかになると共に、その手段として漢字がこの地にもたらされていたことがわかる。また漆器も多数出土

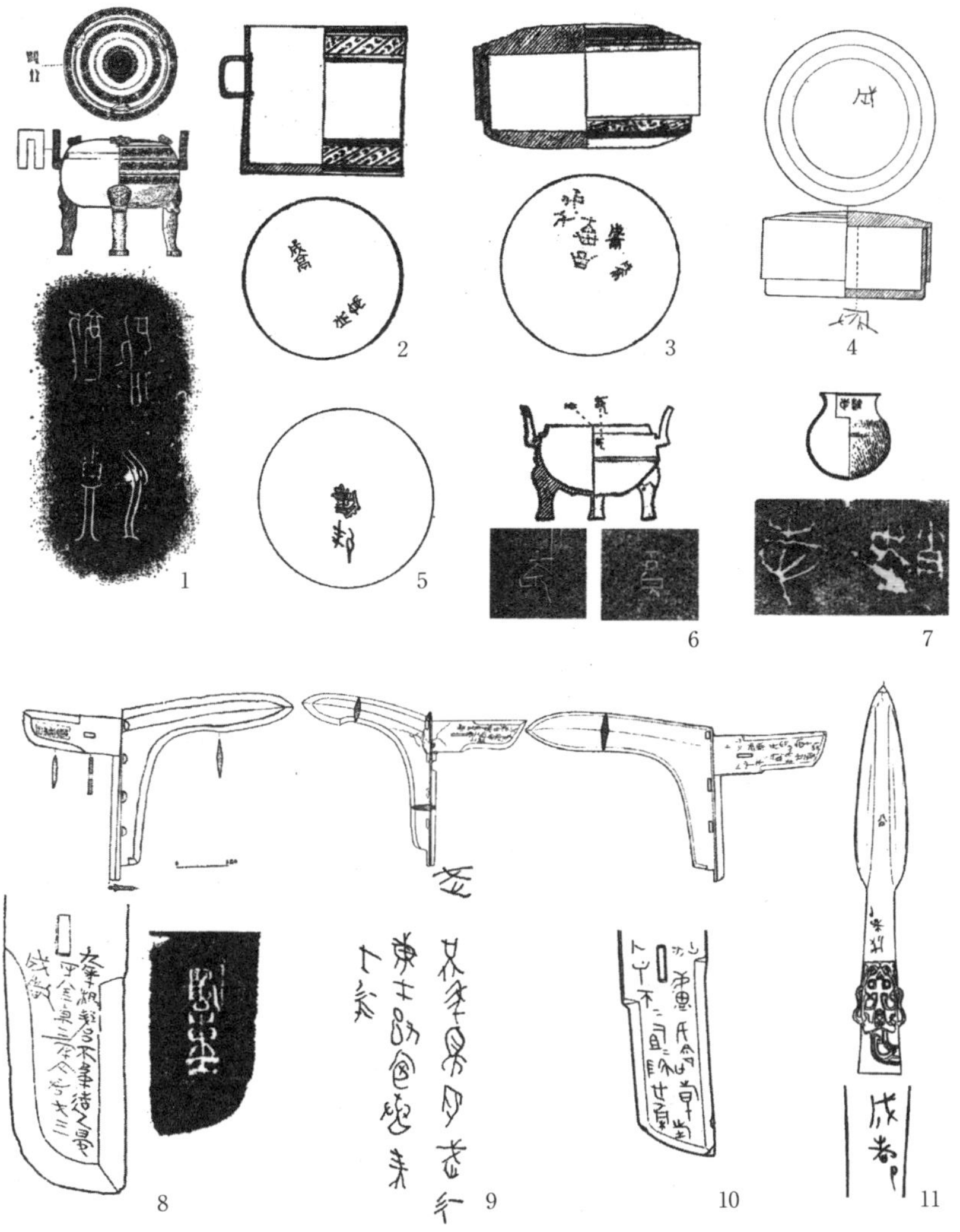

第8図　巴蜀青銅器文化の漢字(1)（縮尺不同）
（1：馬家郷墓　2：郝家坪26号墓　3：郝家坪41号　4：曾家溝16号墓　5：古城坪1号墓
6：郝家坪1号　7：郝家坪50号墓　8：青川県出土　9：小田渓3号墓　10・11：同心村1号墓）

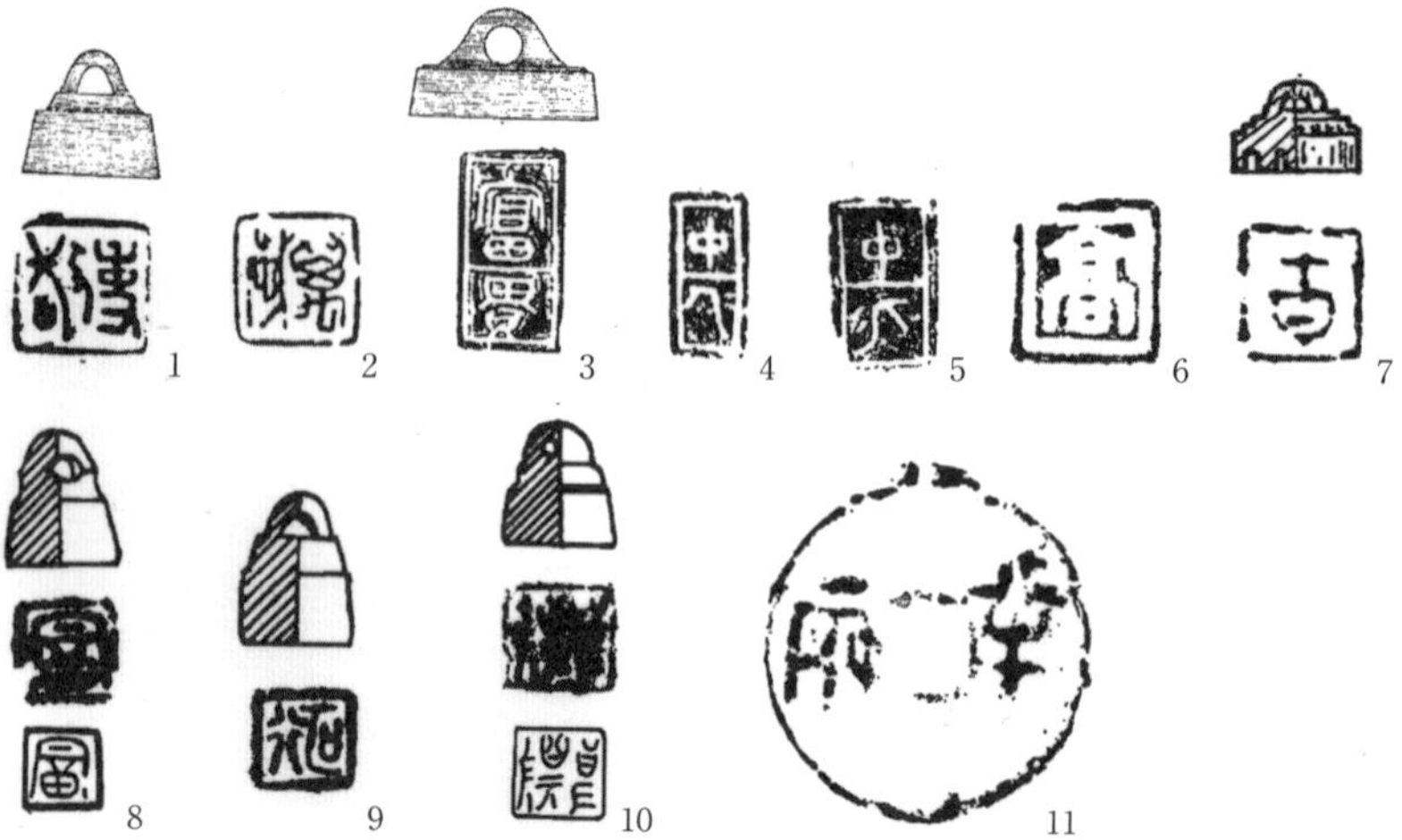

第9図　巴蜀青銅器文化の漢字(2)（縮尺不同）
（1〜3：冬笋壩49号墓　4・5：冬笋壩50号墓　6：冬笋壩2号墓　7：烈太1号墓　8・9：同心村6号墓　10：同心村16号墓　11：紅光公社墓）

しており、符号と共に多数の漢字が刻まれている。そのうち26号墓出土卮（第8図2）や41号墓出土盒（第8図3）には「成亭」とされる文字があり、成都で製作されたと考えられている。この漆器が成都製であれば、この文字は成都で書かれたことになり、秦の占領以後の巴蜀青銅器文化に秦系の文字が浸透していったことを示す資料となる。この他1号墓出土青銅鼎にも陰刻があり、報告者は「壴」「長」と釈している（第8図6）。また50号墓出土の土器にも漢字の陰刻があり、「趙志」と釈されている（第8図7）。

この他青川県では秦系の文字で秦始皇帝9年の刻銘を持った青銅戟も採集されている（第8図8）[32]。報告者は「（正面）九年相呂不韋造蜀守金東工守文居戈三成都（背面）蜀東工」と読めるとしている。

涪陵市では小田渓遺跡3号墓から出土した戈に秦系の漢字の陰刻が確認されている（第8図9）[33]。報告者はこれを「武、廿六年蜀月武造、東工師宦、丞業、工□」と釈した。しかし童恩正・龔廷万氏は「武。廿六年蜀守武造、東工師宦、丞耒、工□」としている[34]。ただし両者とも銘文中の「廿六年」を秦始皇帝26年とする点では共通している。

滎経県では複数の遺跡で漢字が確認されている。

同心村遺跡では1号墓から秦系の漢字を陰刻した戈と矛が出土している。[35] 戈の銘文は「七年盧氏命韓歳（または「止威」）厥工師司馬隊作（または「余」）と釈されている（第8図10）。矛は巴蜀青銅器文化に特有の青銅器で、そこに刻まれた漢字は「成都」「公」読まれている（第8図11）。また6号墓と16号墓からは漢字印が出土している（第9図8～10）。

古城坪1号墓からは「王邦」と朱書された漆器が9点出土している（第8図5）。[36] この漆器には「成亭」との烙印もある。また曾家溝16号墓からも「成」の字を刻んだ漆器が出土している（第8図4）。[37] この2例の漆器に見られる「成亭」・「成」は先の青川県郝家坪遺跡出土の漆器同様に成都での制作を表すと考えられる。

巴県では冬笋壩遺跡から漢字印が多数出土している（第9図1～6）。[38] このうち冬笋壩50号墓では、第3図13・18・26の巴蜀符号印が共伴している。

このほか郫県・青川県・什邡県・滎経県・巴県・広元市などで「半両」の漢字がある半両銭の出土が確認されている。図示したのは郫県紅光墓出土例である（第9図11）。[39]

以上が巴蜀青銅器文化における漢字の確認例である。これら資料からみると巴蜀青銅器文化では秦の占領以前では楚系の漢字が、以後では秦系の漢字が確認でき、その件数は征服以後になると急激に増加する、ということがいえそうである。

このことから巴蜀青銅器文化における漢字の普及については、秦の占領が大きな転換点になっていることがわかる。つまり秦の征服により巴蜀青銅器文化にかなりの速度で漢字が普及していったのである。これは秦の支配が本国と同じように「漢字」を使った直接的な支配であったことがもたらした結果と考えられる。では秦の征服以前の巴蜀青銅器文化における漢字の状況はどう解釈できるのであろうか。

征服以前に確認される漢字が楚系文字であることは、この時期の巴蜀青銅器文化と楚との関係を考えればうなずける。つまり秦征服以前の巴蜀青銅器文化には、漢字は楚国の地域との交流を通してもたらされていたのである。この楚との交流が少数の首長層によって担われていたと考えられることは先に述べたとおりであり、従ってこれら首長層の間で漢字が知られていたことは確実である。銘文のある鼎を所有していた新都馬家郷木槨墓の墓主は、明らかに漢字に触れていた。

しかし漢字の出土例が少ない状況から見て、秦の征服以前に漢字が普及していたとは考えられない。ではなぜ首長層は漢字に触れたにもかかわらず、漢字を取り入れることをしなかったのであろうか。

すでに述べたように巴蜀青銅器文化の社会では小地域ごとに首長が存在し、時に連合体を形成することがあったとしても、戦国の七国のような整備された国家の存在は想定できない。従って官僚を組織し、文書による統治をおこなっていたとは考えられない。この点については、印章という個人を特定する器物に漢字が用いられないことが象徴的である。もし漢字による文書行政がおこなわれていれば、当然漢字による印章が使われていたであろう。

つまり秦征服以前の巴蜀青銅器文化の社会では、漢字を使い統治する必要性がなく、そのため漢字への移行とその普及が起こらなかったと考えられる。漢字の普及は、秦の征服による統治の始まりを待たなければならなかったのである。

このような巴蜀青銅器文化における漢字のあり方をふまえたうえで、次に巴蜀符号の性格について考えてみたい。

4　巴蜀符号の性格

巴蜀符号が単なる装飾文様ではなく何らかの内容を持ったものであることは諸説の一致するところである。しかしこの巴蜀符号を使い、統治のためのような長文の文書が書かれていたかとすると、それには否定的にならざるを得ない。その一つの理由としては先に述べた巴蜀青銅器文化の社会状況があるが、いまひとつの理由として特に巴蜀符号A類については孫華氏が述べているように規範化が進んでおらず、符号の種類も少ないことから、抽象的な概念を長文で表していたとは考えられないことがあげられる。この点については西田氏も「言語を直接表現したものではなく、ただそのごく一部を代表したにすぎない」と、同じ趣旨のことを書かれている(40)。

従って巴蜀符号A類はきわめて限定的な意味を表現する「符号」としての役割を持ったものと考えるべきである。その「意味」が集団の表象であるのか吉祥文であるのかは現時点では特定できない。しかしいずれにせよ巴蜀符号A類は言語体系全体を表したものではなく、ある特定の内容を表現する符号の集合体とみなすべきである。

ではB類はどうであろうか。これを文字とする研究者は少なくない。

巴蜀符号B類はその形状からB1類とB2類に分けられている。この2種の符号の出土地についてはB1類が成都平原と三峡地区、B2類が成都平原と四川盆地北部というように若干のずれはあるが、成都平原では出土地が重なっている。このことからB1類とB2類の違いを地域差として考えることはできない。またその年代についても、両者が少なくとも秦征服以後に共存していたことは確かである。従って秦征服以後の巴蜀青銅器文化には、B1類とB2類が地域を重ねて同時に存在していたことになる。このように同時期に異なった2つの符号が存在したことは、B類が巴蜀青銅器文化の中で広く共有されたものではなかったことを意味している。特にB1類についていえば、同一型式の戈にのみ認められるのであり、ある特定の集団でのみ使われていた可能性も考えられる。

さらにB類は戈にのみ用いられており、他の青銅器、特に印章などにはまったくみられない。もしB類が言語を表現するものであれば、印章等の他の青銅器に使用例があっていいはずである。それが見られないのは、B類が巴蜀青銅器文化の担い手たちの言語全体を表現するように規範化されたものではないことを示している。

従ってB類についても文字と考えるよりも、狭い範囲で使われ、限定した意味を表現した符号として考えるべきであろう。秦時代の戈には漢字を陰刻した例があることは前節でも取り上げたが、このような戈を模倣して符号を戈に刻んだと考えられる。

以上をまとめれば、巴蜀符号という巴蜀青銅器文化に特有なローカルな表現方法は、ある限定された意味を表現する符号なのであり、巴蜀青銅器文化を担った人々の言語体系全体を表現するような符号の集合＝文字とは考えられない、ということになる。

5　おわりに

秦占領以前の巴蜀青銅器文化では小地域の首長が分立しており、文字をもって統治をおこなうような国家の存在は想定できない。そのため黄河・長江流域で普及していた漢字に接しながらも、それを積極的にとりいれることはなかったのである。

ただ首長層では青銅器などに吉祥や集団などを表現する必要から、その意味を持つ符号が生み出された。それが巴蜀符号に他ならない。従って巴蜀符号は巴蜀青銅器文化という特定の社会の中でのみ意味を持つ符号の集合なのであり、秦の征服により社会状況が変わることで、巴蜀符号も影響を受けることになる。

秦は巴蜀統治のために官僚機構を持ち込み、そこでは漢字文書による行政がおこなわれるようになった。郝家坪遺跡から出土した木簡はこの間の状況を反映している。また漆器に見られる「成亭」がその生産地を表すのであれば、手工業においても漢字による管理が始まったのであろう。

秦の漢字による統治に巴蜀青銅器文化の社会も反応している。巴蜀青銅器に漢字が刻まれ、巴蜀符号印と漢字印が同じ墓葬から出土することは、在地社会の首長層が秦による統治に反応して漢字を使い始めた結果と考えられる。また秦印などに特徴的な田字格や日字格をもつ巴蜀符号印も制作されるようになっており、これも秦による漢字を使った統治の影響によるものであろう。

このように巴蜀符号の担い手であった首長層が、秦の統治に付随した漢字を受け入れ、それを自らの表現方法として取り入れたことで、巴蜀青銅器文化に特有の表現方法である巴蜀符号はその役割を終え、姿を消していったのである。

注

（1）孫華「巴蜀文物雜識」（同氏著『四川盆地的青銅時代』科学出版社　北京　二〇〇〇年所収）

（2）巴蜀青銅器を出土した墓葬のうち、最も年代が下がる例として前漢前期とされる羊子山１７２号墓が考えられる。ただしこの墓葬の葬具は典型的な木槨であり、巴蜀青銅器文化の要素は希薄である。

四川省文物管理委員会「成都羊子山１７２号墓発掘報告」（『考古学報』一九五六年第４期）

（3）秦系印の形態については以下の著作を参照。

荘新興『戦国鉩印分域編』（二〇〇一年　上海書店出版社　上海）。

なお荘氏は楚系印にも田字格があることも指摘している。これに従えば巴蜀印章の田字格印には楚からの影響も考えられる。しかし後述するように田字格印が現れるのは秦による占領以後であること、また楚系印には日字格がないことから、巴蜀印章の田字格印は秦系印の影響のもとで現れたと考えるべきであろう。

（4）王有鵬「四川犍為県巴蜀墓発掘簡報」（『考古與文物』一九八四年第３期）

（5）四川省博物館「四川犍為県巴蜀土坑墓」（『考古』一九八三年第９期）

（6）四川省文物考古研究所・什邡市文物保護管理所「什邡市城関戦国秦簡墓葬発掘簡報」（四川省文物考古研究所編『四川

考古報告集』一九九八年　文物出版社　北京）

（7）四川省博物館・新都県文物管理所「四川新都戦国木槨墓」（『文物』一九八一年第6期）

（8）四川省文物管理委員会・蒲江県文物管理所「蒲江県戦国土壙墓」（『文物』一九八五年第5期）

（9）四川省博物館編『四川船棺葬発掘報告』（一九六〇年　文物出版社　北京）

（10）四川省文物考古研究所・滎経厳道古城遺址博物館「滎経県同心村巴蜀船棺葬発掘報告」（四川省文物考古研究所編『四川考古報告集』一九九八年　文物出版社　北京）

（11）巴蜀印章の変化については、松村氏により「大型から小型」「円形から方形」といった指摘がある（松村一徳「巴蜀青銅器文化における文字」（『早稲田大学長江流域文化研究所年報』第四号、二〇〇五年所収）

（12）注（9）文献参照

（13）荘新興『戦国鉨印分域編』（二〇〇一年　上海書店出版社　上海）

（14）松村氏は巴蜀印の大きさにばらつきがあることから、「秦に征服される以前は形状・大きさに関する他国の影響はなく」とされ、「秦による征服以後は、正方形・長方形に漢字を用いていて、秦・晋の規格とほぼ等しくなっている」としており、巴蜀印章における戦国諸国からの影響に否定的である（村松氏注11文献155頁）。松村氏の論に従えば、秦征服以前の巴蜀印章にあった大きさのばらつきが、征服以後には規格化されることになるが、残念ながら松村氏は具体的な資料を提示されていない。従って上記の点は、松村氏から具体的な論証過程が提示されてから再検証したい。

（15）王仁湘（大島誠二訳）「巴蜀文明圏〝巴蜀文字〟の謎」（『日中文化研究』7　一九九五年）

（16）李復華「四川郫県紅光公社出土戦国銅器」（『文物』一九七六年第10期）

（17）童恩正・龔廷万「従四川両件銅戈上的銘文看秦滅巴蜀後統一文字的進歩措置」（『文物』一九七六年第7期）

（18）熊傳新「湖南発現的古代巴人遺物」（『文物資料叢刊』7）

(19) 注6文献参照
(20) 四川省文物考古研究所・広元市文物管理所「広元市昭化宝輪院船棺葬発掘簡報」(四川省文物考古研究所編『四川考古報告集』一九九八年　文物出版社　北京)
(21) 湖南省博物館「湖南常徳徳山楚墓発掘報告」(『考古』一九六三年第9期)
(22) 熊傳新、注18文献参照。
(23) 童恩正『古代的巴蜀』(一九七九年　四川人民出版社　成都)
(24) 西田龍雄『漢字文明圏の思考地図』(PHP研究所　一九八四年　京都)
(25) 孫華「巴蜀符号初論」(『四川文物』一九八四年　創刊号)
(26) 高浜秀「作品解説」(高浜秀・岡村秀典責任編集『世界美術大全集』東洋編1先史・殷・周　二〇〇〇年　小学館　東京)
(27) 李学勤「論新都出土的巴蜀青銅器」(徐中舒主編『巴蜀考古論文集』所収　一九八七年　文物出版社　北京)
　李学勤「符号最多的巴蜀矛」(『文物』一九九五年第8期)
(28) 王仁湘、注15文献参照
(29) 徐朝龍『長江文明の発見』(一九九八年　角川書店　東京)
(30) 注7文献参照
(31) 四川省博物館・青川県文化館「青川県出土秦更修田律木牘」(『文物』一九八二年第1期)
(32) 尹顕徳「四川青川出土九年呂不韋戟」(『考古』一九九一年第1期)
(33) 四川省博物館・重慶市博物館・涪陵地区文化局「四川涪陵地区小田渓戦国土坑墓清理簡報」(『文物』一九七四年第5期)

(34) 童恩正・龔廷万、注17文献参照
(35) 注10文献参照
(36) 滎経県古墓発掘小組「四川滎経古城坪秦漢墓葬」（『文物資料叢刊』第4集　一九八一年）
(37) 四川省文物管理委員会・雅安地区文化館・滎経県文化館「四川滎経曾家郷戦国墓群第一、二次発掘」（『考古』一九八四年第12期）
(38) 注9文献参照
(39) 注16文献参照
(40) 西田龍雄、注24文献参照

図版出典目録（注で引用したものは除く）

第2図
1：注4文献図3、2〜4：注5文献、5〜7：四川省文物管理委員会「四川犍為金井郷巴蜀土壙墓清理簡報」（『文物』一九九〇年第5期）図20、9：四川省文物考古研究所・達州地区文物管理所・宣漢県文物管理所「四川宣漢羅家壩遺址二〇〇三年発掘簡報」（『文物』二〇〇四年第9期）図22、10・15：注6文献図53、11〜14・17・18・20・22〜25・28・29・31・32・34〜39・44〜47・19：注10文献図71・72、17・18・28・32・46：李暁鴎他「四川滎経県烈太戦国土壙墓清理簡報」（『考古』一九八四年第7期）図5・6、26・41〜43・49：注9文献挿図59・60、27・33：注16文献図8、30：滎経厳道古城遺址博物館「四川滎経南羅壩村戦国墓」（『考古学報』一九九四年第3期）図12、40：注20文献図23

第3図
1：注7文献図6、2・9：注6文献図53、3：注8文献図7・8、4：滎経厳道古城遺址博物館「四川滎経南羅壩村

戦国墓」（『考古学報』一九九四年第3期）図12、5：四川省文物管理委員会「四川犍為金井郷巴蜀土壙墓清理簡報」（『文物』一九九〇年第5期）図20、6・7・10・11・14～17・19・20・23・24：注10文献図73・74、8・12・13・18・21・26・28：注9文献挿図59・60、22・27：成都市文物考古工作隊他「成都市蒲江県船棺墓発掘簡報」（『文物』二〇〇二年第4期）図9、25：文献37注文献図18

巴蜀青銅器文化の巴蜀文字

松村一徳

1　巴蜀文字とは

戦国時代において、四川盆地で製作された青銅器上に見られる符号類を、一般に巴蜀文字と称している。文字と称されているが、巴蜀符号・巴蜀図語・巴蜀図騰など多くの別名があり、こうした名称は記号や図を意味するものであり、李復華・王家裕氏は、文字ではないと考え、図像言語となる記号として、「巴蜀図語」と称している。実のところ文字なのか符号か図像なのか、多くの論争を経てもいまだ決着がついていないことから、本稿では、従来通りに「巴蜀文字」と総称し、部分的に符号・記号を使用する。主として巴蜀地域の戦国・秦・漢墓から出土した、兵器・楽器・工具・生活具・印章などの表面に鋳造・刻造された文字類である。巴蜀文字の出土数は一千件を越えて見られるが、単独で表記されている文字が約百種、複合で表記されている文字が約二百種程に分類されている(1)（図1）。

文字資料は、出土器物を解析する際に重要な役割を果たす情報源である。巴蜀青銅器文化(2)に先立つ三星堆文化及び

図１　巴蜀文字

十二橋文化の遺跡からは、文字資料が出土していないが、それらに対応する時期に中原地域では、亀の甲羅や牛の骨上に刻まれた甲骨文字、及び青銅器に鋳造された金文という書体が使用されている。だが巴蜀でそれらの文字が伝播したことを示す出土例はない。その後、巴蜀文字を使用する時代に、他地域では戦国文字や古文字と呼ばれ地域毎で微妙に異なる漢字文化が存在していた。なかでも秦は中国統一に際し文字の統一を行い、現在我々が用いている漢字は楷書と呼ばれる書体だが、その源流である小篆という書体の文字を中国全土で用いた。

秦は巴蜀を征服しそこで二重構造政策を実施した。蜀人を侯にし巴人を君長に封じて、蜀人・巴人らに従来の制度で先住民を統治させた。他方で秦から移民を送り、彼らには郡県政策を実施していたが、後に蜀人の反乱が数度勃発した事から、郡県制度に統一した。秦による征服前にあって、こうした巴蜀の上層統治集団が用いた巴蜀文字は、巴蜀青銅器文化を特徴づけるものであった。

巴蜀は、強大な勢力を誇る楚に隣接しながらも独立した立場を保持していた。出土品が多種多様な滎経県は、銅の産出地として著名だが、厳道の地名の方が知られているかもしれない。厳道の地は後漢の明帝以前には庄道と称されていたが、それは「岷山庄王」に由来するものであった。岷山庄王は春秋中期に、楚国の貴族が建てた王国の君で楚庄王の後裔にあたり、当時中国における黄金の一大産地である麗水での黄金採掘に際して、楚国が雲南の楚雄に派遣した代理人であった。後に楚への金輸送に便利な地点として、管理所は蜀の庄道に移された。こうした背景があり、楚は黄金を市場で流通させることが可能となり、「郢爰」という金貨を導入して貨幣経済を誕生させた。[3] また、楚人は西南への交易に際して、蜀を通る多数の交通路を用いた。

2　巴蜀文字分類

本稿では、巴蜀文字を使用器物による分類ではなく、文字形状による分類を試みた。

（1）巴蜀文字A　現実に存在する動植物をわかりやすく図像化したもので、虎形・心臓形・手形・四弁花形等を代表とし、巴蜀図語とも称されるもの（図2）。一方で、虎・鷹・鳳・亀・蛙・蝉・鹿・鶏等は、氏族を象徴するしるしである族徽の性質を帯びたものとする説もある。

（2）巴蜀文字B　巴蜀文字Aの一部（心臓形）の図像や、行動・動作を簡素化し符号化したと考えられるもので、符号を単独で表記した単独表記文字と単独表記文字を組み合わせて表記した複合表記文字があり、大半は複合表記したもので、巴蜀符号と称されている（図3）。

（3）巴蜀文字C　連続的な表記の少ない巴蜀文字にあって、連続表記し、形から巴蜀方塊文字と称されるものである。更に特徴から二つに分類する。[4] 図像的で列をなす形態をC1とする。成都市郫県独栢樹・万県新田で出土した青銅戈上に見られ（図4）、そこでは虎形図像と組み合わされている。他方、成都市新都区（図5）・什邡市城関・広

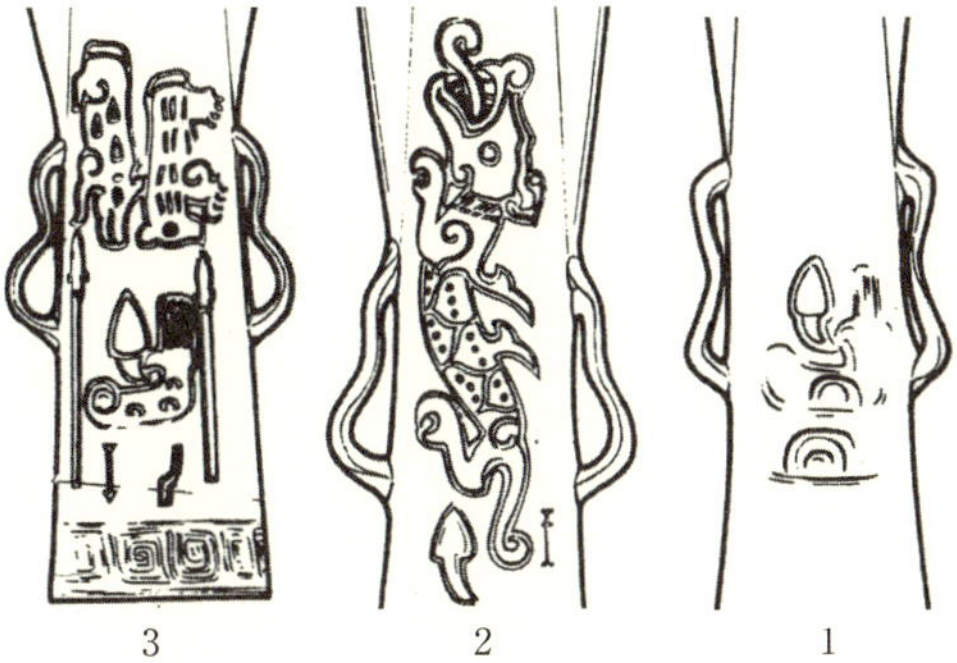

図２　巴蜀文字Ａ

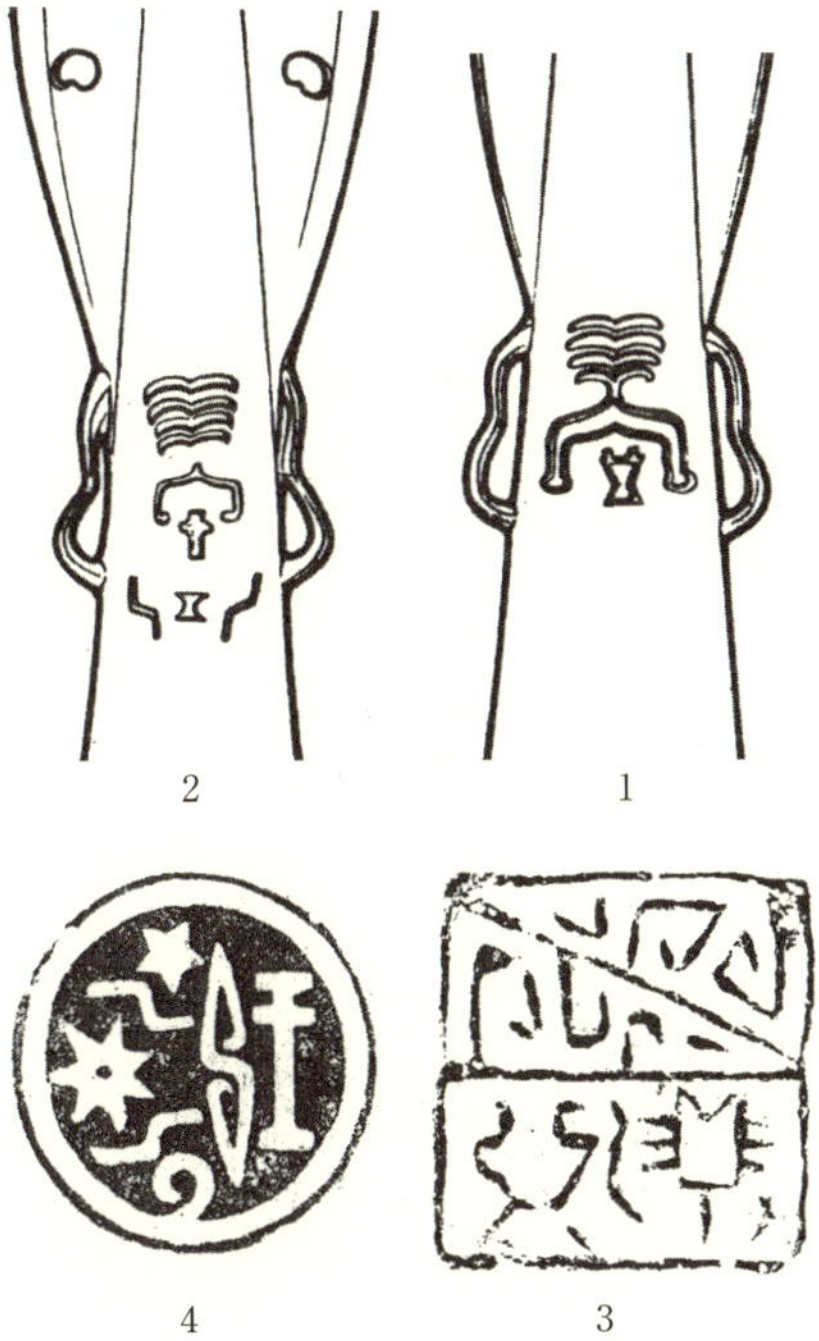

図３　巴蜀文字Ｂ

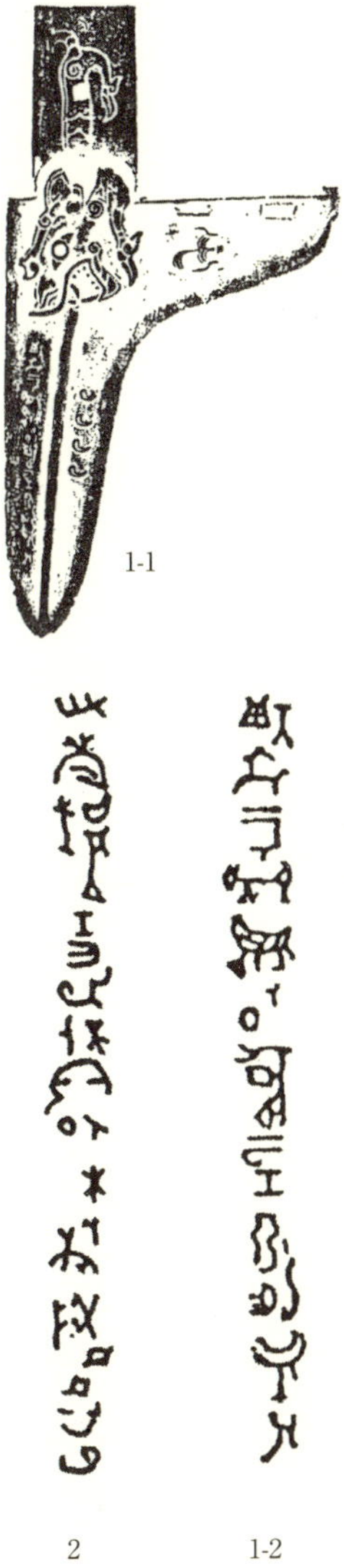

図４　巴蜀文字Ｃ１

１郫県独栢樹　２万県新田

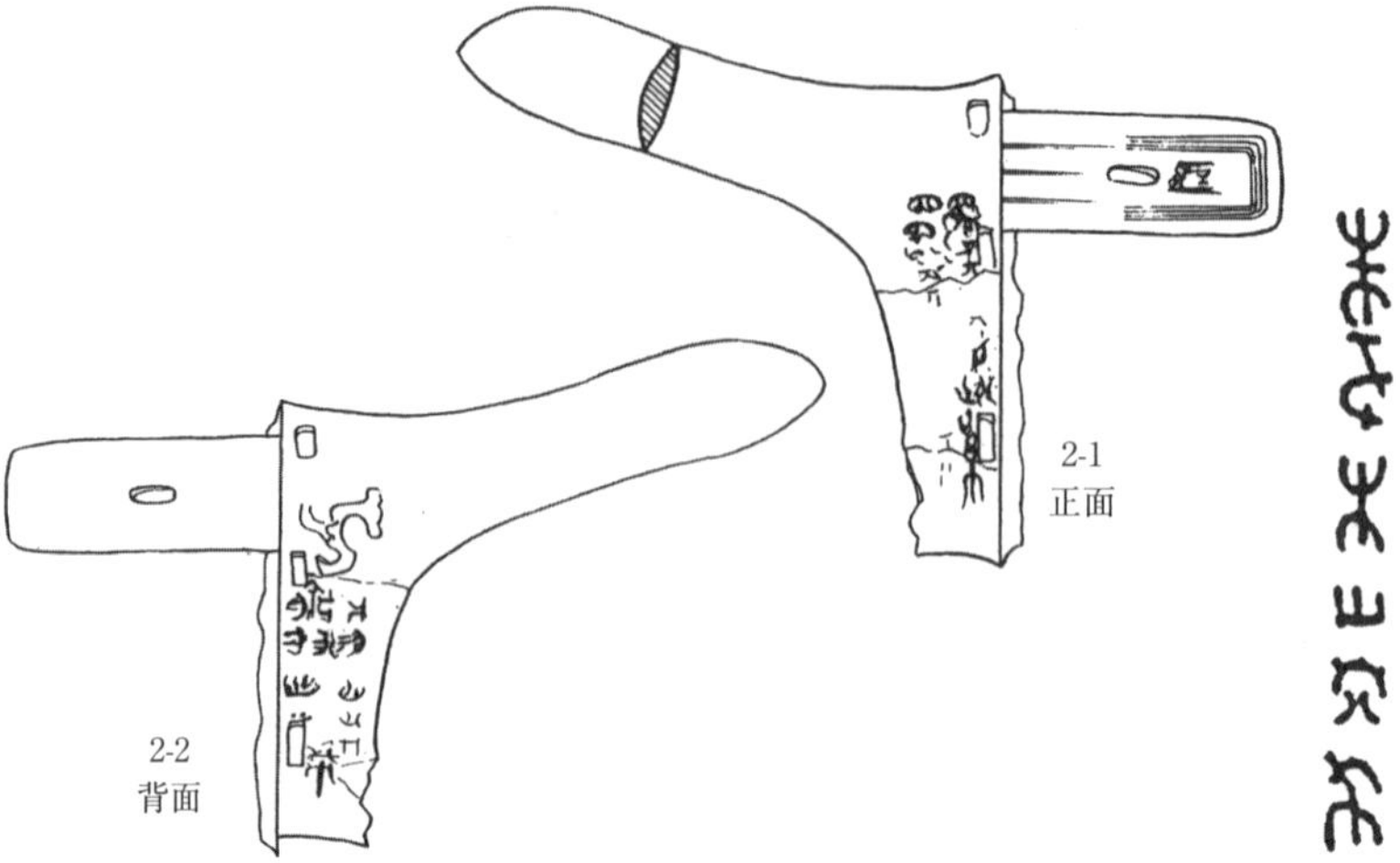

図５　巴蜀文字Ｃ２

１成都市新都区　２広元市昭化宝輪院

図６　巴蜀文字Ｄ

１姚石倩渇斎蔵印　２広元市昭化宝輪院

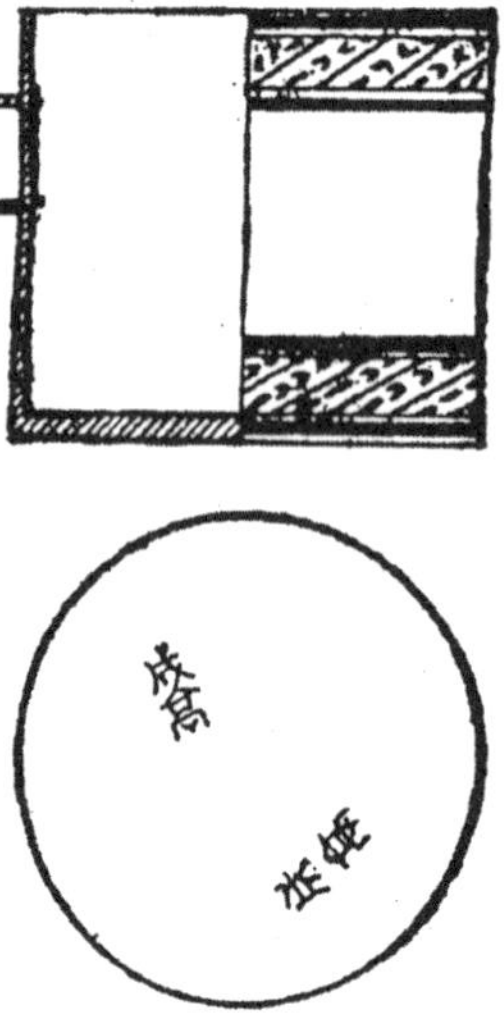

5成亭　　４可行　　３王子　　２高　　１富貴

図７　巴蜀文字Ｅ

１・２巴県冬筍壩　３蘆山県清源郷　４滎経県同心村　５青川県郝家坪

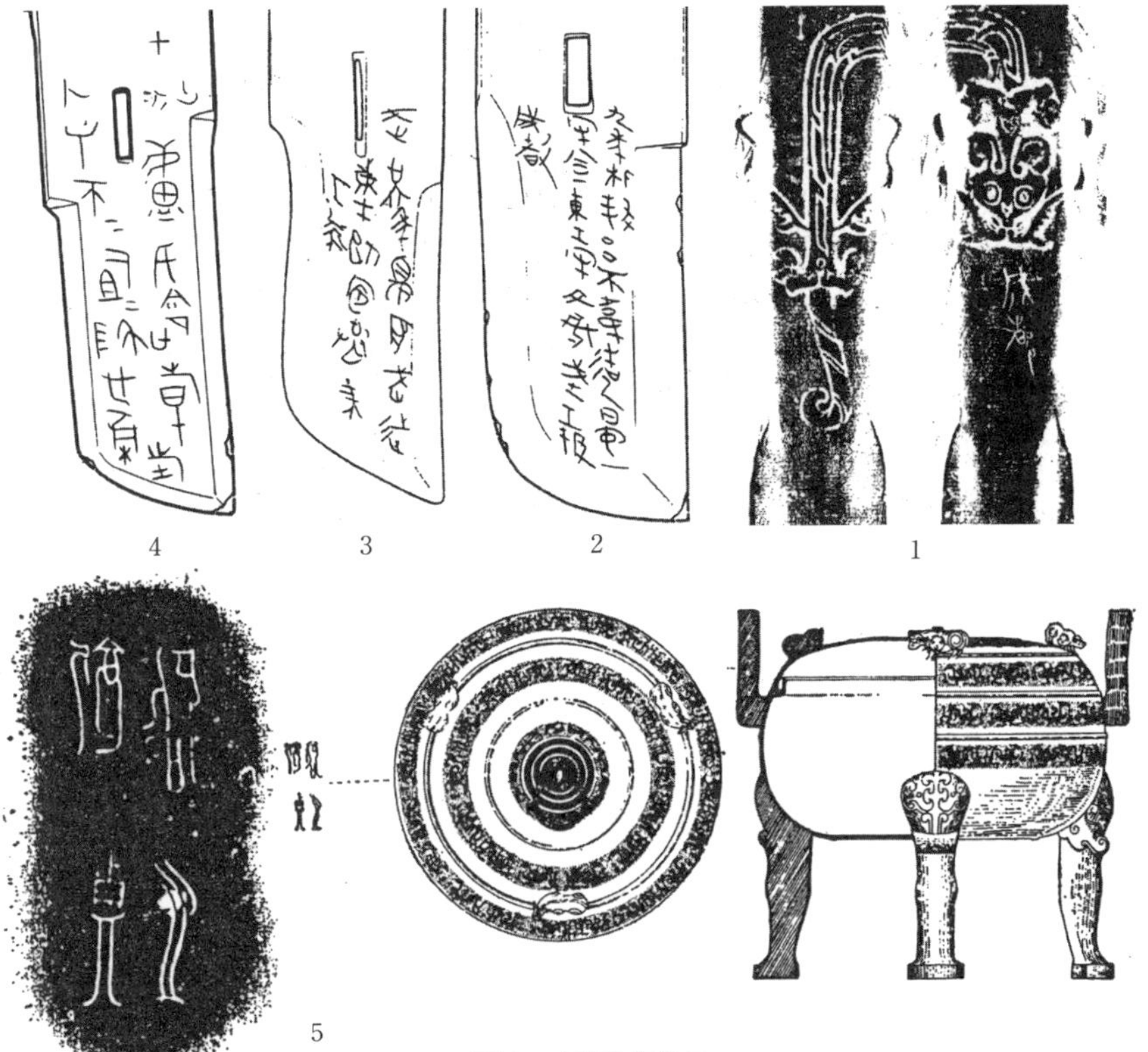

図8　巴蜀文字F

1・4 滎経県同心村　2 青川県郝家坪　3 涪陵市小田渓　5 成都市新都区馬家郷

元市昭化法輪院（図5）で出土した青銅戈上の記号的で列を成す形態をC2とする。巴蜀文字Cの使用はいずれも秦による征服後である。

（4）巴蜀文字D　篆書のようで篆書ではなく、釈読できない疑似篆書文字で、印章にのみ見られる（図6）。

（5）巴蜀文字E　漢字の影響を受け巴蜀文字の範疇から脱した正確な篆書文字で、印章及びその使用対象となった漆器・土器で見られる（図7）。

（6）巴蜀文字F　巴蜀文字の範疇に属さず、連続して漢字を表記した篆書文字で、印章以外で見られる（図8）。

さてここでの漢字とは、形・音・義から構成されている文字である。「文」とは、これ以上分解できない単体で、例として「山」「水」「馬」を挙げ、「字」とはいくつかの「文」を組み合わせた複合体で、先の

「文」との組合せの例として「峰」「河」「駆」を示す。巴蜀文字A～Dを漢字の規格から分析すると、単体である「文」の集合体と考えられるので、巴蜀文字は巴蜀文と表現する方が的確かもしれない。

以上のように巴蜀文字を分類したが、巴蜀文字AからDまで様々な形状を示している上に解読されていない。ただし、唯一「王」字とされている文字（図3-4の右端）があるが、この解釈が正しいかどうかはわからない。本稿では「王」字ではなく未釈で巴蜀文字Bに分類する。

3　巴蜀文字は文字か否か

巴蜀文字における最大の関心事は、巴蜀文字は〝文字〟か否かという点である。そこで先の分類毎に検討を加える。巴蜀文字A・Bに関しては、一部分で区分基準が不明解な点を残しながら、解釈は分かれている。李学勤氏は表音文字・表意文字に分類し、文字の範疇に入れている。文字肯定論者である王仁湘[5]、徐朝龍氏[6]らは肯定の理由として次の点を挙げている。（1）族集団を表す図像銘であるが、配列に規則性が存在。（2）文字としての意味を不特定多数者に伝達するための配列・組合せを備えている。一方、文字否定論者である孫華[7]・童恩正[8]・西田龍雄氏[9]らは否定の理由を、（3）族集団を表す図像銘である。（4）言語の一部を表現したものにすぎない。（5）文字数が少なく、言語として全体を表現できない。（6）絵画的であり規範性が見られない。としている。いずれにせよ意味を持つ符号という認識は一致している。

他に巴蜀文字Aに関して図騰説がある。図騰説とは、巴族では虎が崇拝の対象であったように、古代の民族が族集団を象徴するものとして、自然事物と結びつけた動植物等を図騰としていた事に由来するものである。歴代の蜀族で、初代の開国君主蚕叢氏は蚕、第二代柏濩氏は川鵜、第三代魚鳧氏は鴨、第四代杜宇氏は杜鵑鳥、第五代開明氏は鼈を図騰としている。確かにそれらしい図騰はみられるが、巴蜀文字は二百種程あるにも関わらず、巴蜀図騰にあたる文字は数種であるから、全てを図騰とするには根拠に乏しい。

巴蜀文字Cに関しては、巴蜀青銅器文化特有の文字とするのは童恩正・王仁湘氏で、漢字系統からの派生文字とするのは西田龍雄氏である。秦により巴蜀が征服された後に漢字（篆書）から派生した巴蜀独自の文字、という説が有力であるが、解読に至っていない。

巴蜀文字Dは、一見篆書のようだが、篆書ではないうえに他の巴蜀文字とも類似性がない。（図6-2）の印面（文字がある面）は正方形で、文字を仕切る枠が「田」字にみえることから田字格と呼ばれる型式を用いている。この田字格を用いる型式は秦国に由来するもので、つまり秦の影響を受けた証拠である。秦文化流入に対応する姿勢の現れで、秦による影響は同じであっても、巴蜀文字Cとは異なる文字系列であり、この文字類も釈読されていない。

巴蜀文字Eには、重慶市冬筍壩出土の「中仁」、「富貴」（図7-1）、「高」（図7-2）「敬事」等印章があり、廬山県清源郷出土の「王子」（図7-3）、滎経県同心村出土の「可行」（図7-4）等印章がある。これらは秦による征服後に篆書が普及した証拠となるもので、印章においてのみ確認できるものである。では巴蜀文字Eが使用された時期に、巴蜀文字A・Bは既に使用されなかったかといえば、そうではなかった。冬筍壩・同心村では、同じ墓から巴蜀文字B印章と巴蜀文字E印章が出土し、併用していた事を示している。「成亭」は、青川県郝家坪出土の漆器・卮（図7-5）・奩、滎経県古城坪出土の漆器で多数見られる秦系文字である。

巴蜀文字Fは兵器中心に見られる。巴蜀青銅器文化特有の形状をした矛上に見られる「成都」字は秦系文字で、行政区の名である「成都」を示す数少ない例である（図8-1）。他に「成都」の地名を残す資料として、青川県郝家坪で出土し秦系文字が刻された戟があり、「九年相呂不韋造蜀守金東工守文丞武工極成都」と釈読される（図8-2）。重慶市涪陵区小田渓三号墓出土の戈は、「武、廿六年蜀月武造、東工師宦、丞業、工□」（図8-3）、と釈読報告している。[10]

それに対して、童恩正・龔廷万らは、「武。廿六年蜀守武造、東工師宦、臣耒、工□」と釈読している。[11] どちらもこの「廿六年」は秦始皇二十六年としている。その論によればこの文字も秦系文字のはずだが、実際の文字形状は秦系文字の形を成していない。工人が文字を書く能力に欠如していたか、秦人ではない者が書いたと判断せざるをえない。さて、同心村出土の戈（M1:4/紀元前四世紀後半頃）には、晋系文字が見られる。〝七年盧氏戈〟と名付けられ、「七年盧氏命韓歳（あるいは「止威」の二文字）厥工師司馬（司馬は合文）隊作彔（又は「余」）」（図8－4）と釈読されている。

「邵之食鼎」字（図8－5）が鋳造されている成都市馬家郷出土の青銅鼎は、長江流域様式で楚文化との関係を示す資料で、文字自体も明らかに秦による征服以前の楚文字である。

巴蜀文字は文字か否か、という問いに対して、巴蜀文字は、狭義では未解読の文字系である巴蜀文字A～Dを対象とし、広義では未解読の文字系である巴蜀文字A～Dと、解読可能な漢字文字系である巴蜀文字E・Fの二系統の総称であることを紹介するにとどめる。

4　シールロード学からみた巴蜀文字

印章本来の役割に基づいて、世界の社会経済活動を分析し体系化するのが筆者の提唱するシールロード（印章之道）学である。印章が誕生した背景はいくつかあるが、その最重要用途は、国家における行政文書の作成・認証・伝達・保管、商品製造に伴う産地証明、商品の製造販売に伴う保存保管、経済活動のための書類作成、流通交易に必要な輸送と通関である。印章なくして文書類は成立せず、器物に〝しるし〟を付けたり、製造者・管理者を明記することもできない。印章と同様な作業は、手書き（手刻）でもできるが、それでは書き手個々による差異が生じ、認証の際に同一品かどうかを確認する作業に混乱が生じかねない。それ以上に問題となるのは、手書きでは大量生産に適合しないという点である。それゆえに印章が普及した。印章はそうした歴史的背景からメソポタミアで誕生し東西に伝わり、社会経済維持に不可欠な存在として、現在までその役割は継承されている。メソポタミアの円筒印章は、エジプト文明のスカラベ型印章やインダス文明の正方形スタンプ型印章に変化していった。ここで残された大きな問題を「印章東伝空白の千年」と筆者は称している。中国印章に一番近いと考えられるインダス印章が衰退した紀元前一八〇〇年頃から、中国で印章が誕生するまで、ほぼ一〇〇〇年の空白があるからだ。中国へ印章が西方からいつどのように入って来たかは不明で、インダス文明ルートまたは西南シルクロードルート、または北方ステップロードルートと、いくつか考えられる。

一　青銅器

青銅器に制作場所・制作者などの文字を入れる行為は、当時にあっては物自体が売買の対象ではないので、交易の目的ではなく、保管管理上の意味合いが強い。各出土地点で多少の差異はあるものの、巴蜀文字A・B・Cを含む青銅器の種類は、ほぼ一致している。巴蜀文字の多くは鋳造文字で、刻造文字は少ない。矛・剣・戈上の文字の多くは鋳造文字で、これに円形印章・正方形印章の多くも含まれ、戦国末以前に属する。鉞・斤・刀・盤上の文字や長方形小印章の多くは刻造文字で、戦国末から秦時代に属する。

矛の骹に見られる図像は、臥象・俯虎・虎・虎頭・奔虎・虎食鹿・鳥・牛鼠といった動物類や昆虫の蝉で、人間に関係するものでは手・心・屈膝人・跪座人、植物では蔕などで、巴蜀文字A・Bに属する。だがそれだけではなく、巴蜀文字A同士の組み合わせや、巴蜀文字Bだけのもの、また巴蜀文字Aと巴蜀文字Bを組み合わせたものなど変化に富む。

剣は中原式と巴蜀式があるが、巴蜀式剣では虎斑紋が剣身全体に施されている場合が多く、半円形紋及び罍や心紋・手紋を含んだ巴蜀文字A・Bが見られ、矛に見られる文字と共通している。戈では長巻鼻・羽状尾獣が特徴で巴蜀文字Bも組み合わされている。鉞では巴蜀文字A・Bいずれもほとんど見られないか、巴蜀文字Aだけというように単純である。

工具では、削・鑿・刻刀・斤・鋸等があるが、手紋や簡単な文字がわずかに見られる程度である。そのなかで、成都市新都区馬家郷出土の環首刀・円刀鉞・曲頭斤には、酒器である罍を図案化したと考えられる罍形図像が多数見られる。容器では鍪・甑・釜・盤などで見られるが、いずれも工具同様に文字は少ない。

巴蜀文字Fを用いている青銅器（図8-2・3）では、生産・管理情報を読みとる事ができ、当時の手工業の様子を知ることができる。(12)

郝家坪出土戟（図8-2）の銘文は、「九年相呂不韋造蜀守金東工守文丞武工極成都」である。

a「九年」は、秦王政九年（紀元前二三八）の製造を示す。

b「相呂不韋造」は、秦国相である呂不韋が監督製造した事を示す。

c「蜀守金」は、蜀郡の郡守（最高長官）である金という名の人物が監督製造した事を示す。

d「東工守文」だが、「東工室」という秦が蜀郡に設置した手工業生産機構において、「文」という人物が製造総請負人である事を示している。

e「丞武」は、「東工室」の「丞」が実際の製造請負人で、名が「武」である事を示す。

f「工極」は、現場で実際に製造した工人の名が「極」である事を示す。

g「成都」は、製造場所が「成都」である事を示している。

小田渓三号墓出土戈（図8-3）の銘文は「武、廿六年蜀守武造、東工師宦、臣業、工箎」である。(13)

a「廿六年」は、秦始皇二十六年（紀元前二二一）の製造を示す。

b「蜀守武造」は、蜀郡の郡守（最高長官）である武という名の人物が監督製造した事を示す。

c「東工師宦」は、「東工室」という秦が蜀郡に設置した手工業生産機構において、「師」はおそらく工室に所属する製造請負部署で、「宦」という人物が製造総請負人である事を示している。

d「臣業」は、「臣」が奴隷身分である技術請負人で、名が「業」である事を示す。

e「工篪」は、実際に製造した工人の名が「篪」である事を示す。『文物』での最初の報告及び童恩正・龔廷万氏らの解釈では、工人の名が釈読されていなかったが、羅二虎氏は「篪」と釈読した。

二　陶器

陶器の大多数は夾砂灰陶と褐陶で、他に夾砂黒陶、紅陶、黒皮褐陶、泥質灰陶、黒陶である。陶器自体に文字が見られる例は極めて少ないが、什邡市城関出土した数点の陶器上に文字が見られる。什邡市城関からは、陶器が三五四件出土し、うち一一六件が豆（黍稷などの食物を盛る皿）である。豆は柄の有無でA・Bの二類に分けられる。柄のないA型に属するV式豆は八件出土し、そのうち黒皮灰陶豆が四件あり、篆書と隷書の両者の特徴をもつ篆隷体で書かれた「亭」字が戳かれている（図9－1）。外側にではなく盤内に戳かれている点に注目できる。釜甑は十八件出土し、うちB型が二件出土し甑の頸部に不鮮明ながら文字がある長方形印が横向きに戳かれている。鉢は四件出土し、一件のⅡ式黒皮灰陶鉢には底内壁に隷書の「亭」字印が戳かれている。文字陶器はいずれもM67からの出土であり、前漢早期のものとわかる(14)。

戦国時代における文字は権力者の管理下にあり、各国で陶器は官主導で民間委託による手工業で製造していた。陶器上に文字を刻し印章を戳き、生産者・管理者情報を器物に埋め込み、流通させていた。生産者の〝しるし〟はいわゆる〝ブランド〟の誕生であり、商品タグの原型である。陶文の内容は、全てを明記した場合に、［行政区分］［生産単位］［生産者名］［工人名］で、官営工場の場合には［監督者名］［制作年］も含まれるが、大概は［生産単位］［工人名］でさらに省略するといずれかのみとなるが、［工人名］のみの場合が多い。文字が見られる陶器は古いものでも漢時代

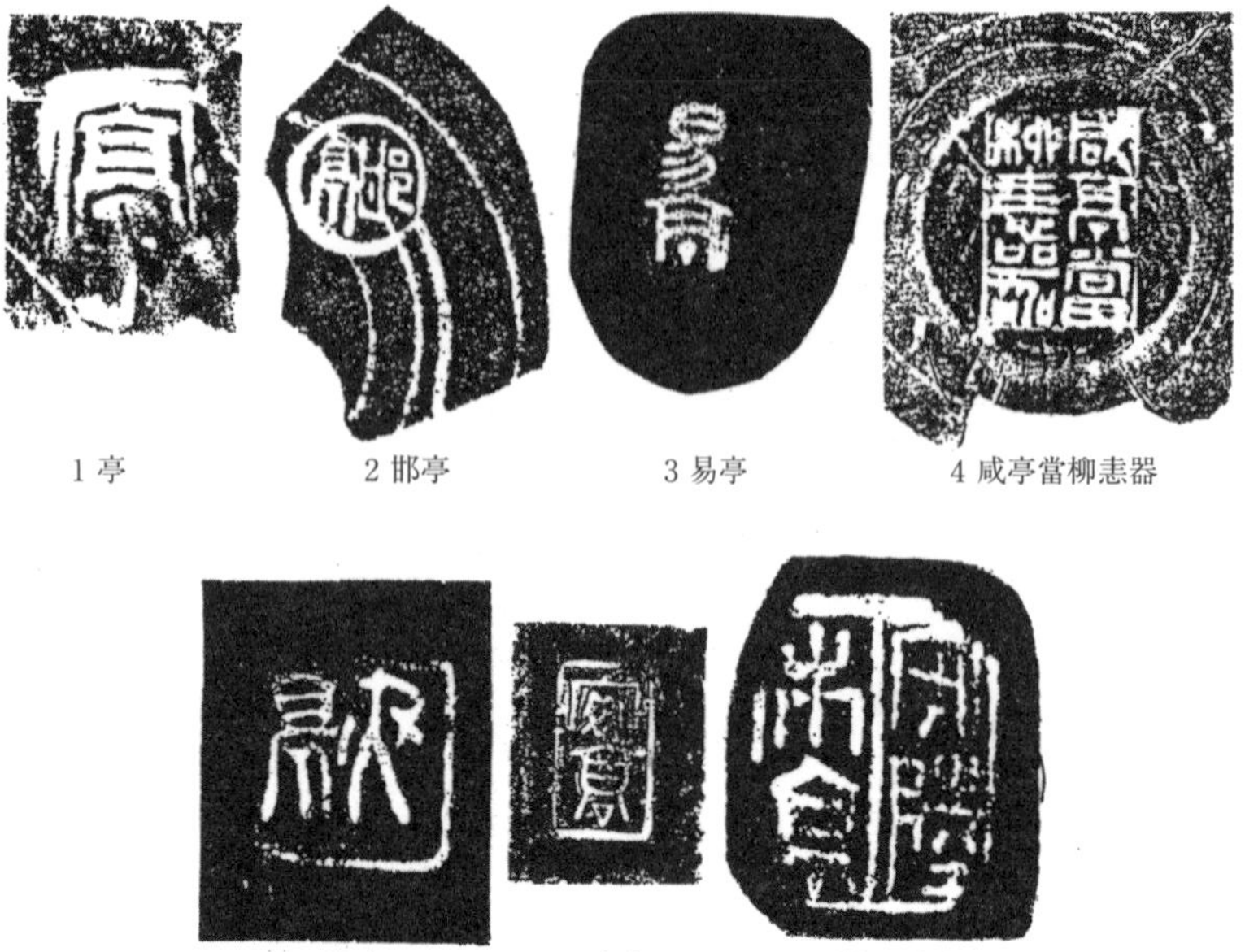

1 亭　2 邯亭　3 易亭　4 咸亭當柳恚器

5 陝亭　6 安亭　7 安陸市亭

図9　陶文

1 什邡市関城　2 河北安県午汲　3 河北永年　4 咸陽市黄家溝　5 河南陝県
6 山西夏県　7 湖北雲夢睡虎地

のものであり、巴蜀及び他地点出土も含めた陶器上には、戦国時期の巴蜀文字は見られない。この事から戦国時代において、巴蜀製造の陶器に関する流通経済は存在しなかった事がわかる。

　手工業と印の役割を示す例として、「亭」に注目してみる。「亭」の設置は伝説の堯舜禹に始まるとされるが、交通網上の施設として「亭」は春秋時代に始まる。秦になるとそれとは別に、地方における治安維持を目的とする行政組織に変容していった。巴蜀での出現は前漢早期であるが、同時代の他地域ではどのような状況であったのだろうか。「邯亭」（図9-2）は河北武安県午汲の出土、「易亭」（図9-3）は河北永年出土、「咸亭當柳恚器」（図9-4）は陝西咸陽市黄家溝の出土、「陝亭」（図9-5）は河南陝県の出土、「安亭」（図9-6）は山西夏県の出土、「安陸市亭」（図9-7）は湖北雲夢睡虎地の出土である。このように各地で組織としての「亭」が存在し、手工業をも担っていた事がわかる。「亭」

設置の基準となる戸数は十里であるから、千戸という人口を什邡市城関は擁していたことになる。そして秦漢に時代は移り、巴蜀を含む西南地区において、手工業としての製陶業はその技術の進歩に加えて、人口増加に対応し使用領域が拡大していった。だが巴蜀から外への陶器流通は確認されていない。

三　漆器

漆器は巴蜀地域において、戦国時代以来の重要な手工業製品であった。先に示した青川県郝家坪出土の漆器・卮（図7-5）・盒、滎経県古城坪出土の漆器で、多数の秦系文字「成亭」字が見られるが、それ以前には文字漆器の出土例がない。この事から、秦による征服以前には、巴蜀製造の漆器に係わる流通経済が存在しなかったと考えられる。だが、その後に状況は一変し、湖南長沙馬王堆・湖北江陵鳳凰山などの前漢墓から出土した多数の漆器上には、「成亭」「成市」「成市草」「成市飽」等の銘文が見られる。これらは、行政区分・生産単位を含み、成都での製造を示す内容であることから、成都と出土地点間での流通経済が存在した事を証明するものである。漆器は、陶器以上に「亭」による手工業と流通が秦漢を通じて存在した。

四　印章

国家体制を機能させる根幹となる文書行政が中国において発達した主因の一つは、広範囲にわたる行政区域において、共通認識が可能な文字規格としての漢字が存在したからで、その二はその漢字を用いた高度な印章制度が確立したからである。文書と印章は常に対で考える必要がある。それを巴蜀で考えてみると、極めて地域性が強く漢字の範疇外で存在した巴蜀文字は、種類が少ないことから印章数も少なく、それは、印章を行政文書に使用した痕跡がないことの説明となる。

巴蜀の印章を説明する前に、同時代の戦国各国で使用していた印章の特徴を説明する。各国印章はいずれも正方形で、界（外周の枠）・格（内部で文字を仕切る枠）を含まない形式が基本で大半を占める（図10）。

a燕国系印章は、朱文印（陽刻印）が白文印（陰刻印）より多い。白文印の田字格印・日字格（仕切が「日」字に見える）印はないのに、横日字格（仕切が「日」字に見え九十度回転している）印が若干見られる。朱文印の日字格印・横日字格印は見られないが、田字格印はほんの数例がある。形状では、円形や縦長方形が多少ある。

b斉国系印章は、白文印のほうが圧倒的に多い。日字格印は数例見られる程度で、田字格印が少し多くなり、横日字格印がさらに多く見られる。朱文印にはいずれの界・格も見られない。

c楚国系印章では、白文印が朱文印より多い。白文では日字格印は見られないが、若干の横日字格印は見られ、田字格印（c12）が極めて多い。朱文印にはいずれの界・格も見られない。

d晋国系印章の特徴は、白文印が非常に少なく、大部分が朱文印という点である。白文印にはいずれの界・格も見られない。朱文印には日字格印・横日字格印は見られず、若干の田字格印（d16）が見られる。他の特徴に、円形印や変形印が若干見られる点がある。

e秦国系印章は、白文印が大半を占め、田字格印（e18）・日字格印（e19）・横日字格印（e20）いずれも多い。なかでも縦長方形の日字格印が非常に多く、加えて他国に例のない横長方形の横日字格印が多い点も大きな特徴である。

以上のことを踏まえて、次に巴蜀印章の特徴を挙げる。

（1）規格

戦国時期の他国印章の印面は共通して正方形が主流で、長方形がそれに次ぎ、数はさほど多くはないが、円形も用いられていた。それに対して巴蜀印章は大半が円形で、それに次いで正方形・長方形・八角形となっている。なかでも円

a 燕系
1 庚都右司馬
2 單佑都市鉨 (80%)
3 公孫張
4 王喜
b 斉系
5 右司馬鉨
6 高幽信鉨
7 陳王
8 長官
c 楚系
9 司馬之厦 (70%)
10 敬
11 行可
12 王之上士
d 晋系
13 右司馬
14 京
15 王成
16 正行亡私
e 秦系
17 司馬戎
18 思言敬事
19 王厥
20 和衆

図10　戦国各国印章

形の変形に、三尖彎彎月形、二円穿洞為雙孔という特殊形状の印がある。円形印章の直径は最大48㎜、最小9㎜で、方形印章は一辺が最大で38㎜、最小で7㎜と大小の差が大きい。このように巴蜀印章には、形状及び大きさに関する規格がみられない。同時期他国では、正方形が標準で大半を占め円形は少数に属する点で共通し、国毎で多少の差はあっても、形状・大きさの規格はほぼ出来上がっていた。秦による征服以後は、正方形・長方形の中に漢字を用いていて、秦・晋の規格とはほぼ等しくなっている。以上から、秦に征服される以前は形状・大きさに関する他国の影響はなく、征服後に秦・晋の影響を受けた。

印面を見ると、円形・正方形で大型印章の多くは鋳造文で、正方形・長方形で小型印章の多くは、刻造文である。一般的に器物の形状は通常は複雑から単純化に向うが、印章においても同様に単純化が生じた。その形状は、大型から小型化、円形から方形へと変遷しているが、これも他国の影響と考えられる。また、正方形印章の数点が朱文印である以外は、大半が白文印という点が大きな特徴である。

（2）鈕式

鈕とは、文字・図像がある印面を下部とした場合の反対側で、紐と呼ばれるひもを通す穴を含み、印を抓む立体部分がある上部の名称である。この形状により製造地域・時代をある程度判別でき、印面と同様に重要な部分である。

印面が円形・正方形・八角形で巴蜀文字Bの場合には、鈕式は橋鈕が多い。これらの形状を印面にもち橋紐を備えた印章は、戦国時代の他国の印章に例を見ない。小型の正方形・円形で印台（印面から鈕の下端までの印章の土台部分）が高く、印面から鈕までの印章全体の高さも高く、巴蜀文字Eを使用しているものは鼻鈕が多い。この鼻鈕を備えた小型の巴蜀印章に相当する小型印章は、同時期の他国戦国印章に多く見られる。つまり戦国印章の影響を受けた可能性が高い。（図11－1）は巴蜀文字Aを使用している数少ない例で、鋬鈕である（図11－2）。ここで注目すべきは、鈕の

図11　巴蜀印章

1 成都市新都区馬家郷　2・6・7・9・10 重慶市巴県冬筍壩　3 蘆山県加仁郷
4・5・8・11 滎経県同心村

形状で最上部は橋型だが、中心部は亭型で二階建の建造物を模した二層亭鈕印章（図11－5－1）が出土している点で、この鈕式は晋系印章の特徴である。

（3）文字

文字の書体・書風は印章が製造された時代・地域を判別する為の重要な要素である。巴蜀の印章で用いられた文字は、符号が主となり、青銅器で多用された虎類を代表とする華麗な図像は用いられていない。また同様な図像を用いている場合でも、その形状が簡略化されている。例えば、「心臓形」図像などは兵器と印章いずれにも用いられているが、印章ではかろうじてそれと判断できる程度にまで簡略化されている。つまりこれは、時間経過による単純化である。巴蜀印章の一部に文字形状が複雑なものがあるが、これは簡略化が進む以前の早期印章である事を示している。文字の種類の絶対数が少ない理由は、使用地域の狭さと使用期間の短さが関係しているだろう。

白文印・朱文印の点だが、正方形の数点が朱文印である以外、大半が白文印であることが大きな特徴である。

次に文字・形状による分類を示す。

（Ⅰ）巴蜀文字Aのみ使用（図11－2）。これは虎の図像で、中国印章学で肖生印または肖形印と称する図像印である。

（Ⅱ）巴蜀文字A・Bを使用（図11－1・3）。

（Ⅲ）文字Bのみ使用（図11－4）。

（Ⅳ）秦征服後様式で巴蜀文字Bのみ使用。秦様式である田字格に巴蜀文字という組み合せで、秦・巴蜀の特徴を兼ね備えた注目すべき存在（図11－5・6）。

（Ⅴ）秦征服後様式で巴蜀文字Dのみ使用（図6－1・2）。

（Ⅵ）秦征服後様式で巴蜀文字Eのみ使用（図11－7～11）。この様式は、従来秦様式とされて来たが、それは白文印にのみに当てはまり、朱文印では事情が異なる。書体は篆書であるが、書風の異なる「敬事」印章が数顆出土している。戦国各国でも「敬事」印章が多数出土している事から、巴蜀「敬事」印章の系統が判別できる[15][16]。

印文が「敬事」である印章は、『古璽彙編』では吉語璽の部（4142～4198）に五十七枚収録されている[17]。ここでの注目点は、冬筍壩出土の「敬事」（図11－9）印章は五十七枚中唯一の秦系印章で、それも秦地域からの出土ではなく巴地域からの出土という点である。もう一点は他の五十六枚が全て晋系という事である。「敬事」印章（図11－10）は、「敬」「事」字いずれも晋系文字で、「敬」字は晋系で複雑に数種の文字系列がある。同心村出土「富」（図11－8）、「敬事」（図11－11）が晋系文字である。ここで、国別の文字形状の差異を理解するために、秦系「敬」字、晋系「敬」字と楚系「敬」字（図10－c10）で比較するとわかりやすい。戦国古璽印全体をみると、晋系印章が圧倒的多数を占め、楚系がそれに次ぎ、第三位が秦系である。この状態が「敬事」印章にも反映している。秦の中国統一で、最終的には秦が制定した文字をもって、全土で統一使用した。統一以前の印章の文字は晋系文字が優位を保っていて、それが巴蜀印章にも反映していた状況がわかる。以上から、巴蜀地域で晋系文字印章が存在していた点、秦系文字印章と晋系文字印章が併用されていた点、意外にも楚系文字印章は出土していない点などが未だ指摘されていなかったのでここに示す。文字・印章以外を今後研究する際に晋国との関係にも注意する必要がある。

（4）用途

巴蜀印章の大半は白文印で、同時期他国で封泥作成に用いるために製作されたものと同じ用式であるが、封泥への使用の痕跡が見あたらない。だが陶器では秦代以降にのみ用例がある。円形印章はその大きさに比べて、多くは印台に高さがない。直径が34㎜ありながら印台の厚みが4㎜といった極端に薄いものもあるが、平均的な大きさは直径25㎜、印台厚が3㎜、全高10㎜程度である。つまり大きさに対して鈕が極めて小さく、押印に不適当な形状である点から判断して、不便な形状から封泥作成には使用しなかったと推測する。

一方でこれとは対称的に、白文印以外に朱文印も含むが、小型・正方形で印台の厚みと高さがある印章が存在し、これは秦征服後のものである。こちらの類は、もしかすると陶器に戳いたかもしれないが、対応する出土例はない。ところで晋国のみ他国と異なり、朱文印が大半で白文印は極めて少なく、その点で巴蜀印章でも大型正方形のもので数点が朱文印である。となると、巴蜀印章の初期には、晋国の影響を受けた可能性がある。

では巴蜀における印章の意味だが、前述したように、印章を封泥作成に用いる時代にあって、巴蜀印章は封泥作成以外に用いていたと考えざるを得ない。では巴蜀は何に用いていたのかという疑問が生じる。その回答は、印章の根元的使用法の一つで、所有者の身分と行為を証明する［璽節］に求めてみた。璽節の起源は周に遡る(18)。商業行為に伴う交易及び人間の移動で、国・地域を越える通行・通関に際しては、通行証が必要でそれに用いたのが璽節である。形状はほぼ印章と同じだが、封泥作成には用いないことから、薄手で軽量である。さらに証明内容を示す図像や文字及び発行所である司市・司関の記が入っている点に特徴がある。だがその後、周の国力が衰微すると璽節制度の効力も落ちていったが、交易に有効な制度であった為に形を変えて存続した。経済の発展に伴い通商制度が複雑化し、加えて木簡類に封泥を用いる印章制度の重要度が増加したことで、印章が璽節による身分と活動の証明を受け継いだ。交易の要衝地点から巴蜀印章が出土するのは、巴蜀においても、中原のこの制度が採用されたからと考えられる。

巴蜀以外の中国で用いた印章の標準形は方形・長方形で、巴蜀印章の大半は薄型円形である事から、印章の形状と図像という点のみから判断しそのルーツを探ると、アフガニスタンのバクトリア印章（紀元前三〇〇〇〜二〇〇〇年頃）が該当するが、その関係を検証する資料は現時点では存在しない。

さいごに

巴蜀は、楚との緊密な関係時には楚の文字を受け入れなかったが、秦に征服されてからは、次第に秦の文化が内部から浸透し、秦系文字を主にし一部には晋系文字も使用し、ついには巴蜀文字と篆書の併用に至った。そして統一秦では巨大な帝国を維持する為に、法治主義を基にした文書行政が実施され、それを支えた秦系文字の漢字に飲み込まれ巴蜀文字は消滅した。文字として成長するには使用期間が短すぎたのが原因である。だが、雲南納西族の象形文字で唐代に栄えたトンパ文字中の二十文字が巴蜀文字と同形である指摘もあり[19]、巴蜀文字誕生と伝播の問題は多い。

中国西南に位置した蜀は、チベットと雲南を通り茶と馬の交易路である茶馬古道と、西南シルクロードとの折衝点にあり、東西交易解明に貴重な資料を提供する存在である。巴蜀文字と総称するその内容が一律ではない点を理解することで、当時の巴蜀青銅器文化と他地域との幅広い交流状況を知ることができる。

注

（1）孫華「巴蜀符号初論」（『四川文物』文物出版社　一九八四）
（2）小澤正人「巴蜀符号から見た巴蜀文化の諸相」（『長江流域文化研究所年報』第二号　早稲田大学長江流域研究所　二〇〇三）
（3）徐中舒「試論岷山庄王和滇王庄蹻的関係」（『論巴蜀文化／巴蜀史研究叢書』四川人民出版社　一九八二）
（4）王仁湘（大島誠二訳）「巴蜀文明圏〝巴蜀文字〟の謎」（『日中文化研究』七　勉誠社　一九九五）
（5）（4）と同じ
（6）徐朝龍『長江文明の発見』（角川書店　一九九八）

（7）孫華「巴蜀符号初論」（『四川文物』文物出版社　一九八四）
（8）童恩正『古代的巴蜀』（四川人民出版社　一九七九）
（9）西田龍雄『漢字文明圏の思考地図』（ＰＨＰ研究所　一九八四）
（10）四川省博物館・重慶市博物館・涪陵地区文化局「四川涪陵地区小田渓戦国土坑墓清理簡報」（『文物』　一九七四年度第五期）
（11）童恩正・龔廷万「従四川両件銅戈上的銘文看秦滅巴蜀後統一文字的進歩措施」（『文物』一九七六年第七期）
（12）羅二虎「手工業与商業」（『秦漢時代的中国西南』天地出版社　二〇〇〇）
（13）（11）と同じ。
（14）四川省文物考古研究所・什邡市文物保護管理所「什邡市城関戦国秦漢墓葬発掘報告」（『四川考古報告集』四川省文物考古研究所　文物出版社　一九九八）
（15）荘新興『戦国鉥印分域編』（上海書店出版社　二〇〇一）
（16）何琳儀『戦国文字字典―戦国文字聲系』（中華書局　一九九八）
（17）故宮博物院『古璽彙編』（文物出版社　一九八一）
（18）何元粲「〝巴蜀印章〟与古代商旅」（『四川文物』　一九九〇　第二期）
（19）李復華・王家祐「関于〝巴蜀図語〟的几点看法」（『貴州民族研究』　一九八四　第四期）

図版出典

図１　羅二虎『秦漢時代的中国西南』（天地出版社　二〇〇〇）
図２　１〜３　四川省文物考古研究所・什邡市文物保護管理所「什邡市城関戦国秦漢墓葬発掘報告」（『四川考古報告集』四

川省文物考古研究所　文物出版社　一九九八）
図3　1～3　四川省文物考古研究所・什邡市文物保護管理所「什邡市城関戦国秦漢墓葬発掘報告」（『四川考古報告集』四川省文物考古研究所　文物出版社　一九九八）4　高文・高成剛『巴蜀銅印』（上海書店出版社　一九九八）
図4　1　李復華「四川県紅光公社出土戦国銅器」（『文物』文物出版社　一九七六　第一〇期）
2　王仁湘（大島誠二訳）「巴蜀文明圏〝巴蜀文字〟の謎」（『日中文化研究』七　勉誠社　一九九五）
図5　1　王仁湘（大島誠二訳）「巴蜀文明圏〝巴蜀文字〟の謎」（『日中文化研究』七　勉誠社　一九九五）
2・3　四川省文物考古研究所・広元市文物管理所「広元市昭化宝輪院船棺葬発掘簡報」（『四川考古報告集』四川省文物考古研究所　文物出版社　一九九八）
図6　1・2　高文・高成剛『巴蜀銅印』（上海書店出版社　一九九八）
図7　1・2　高文・高成剛『巴蜀銅印』（上海書店出版社　一九九八）
5　羅二虎（『秦漢時代的中国西南』天地出版社　二〇〇〇）
図8　1・4　四川省文物考古研究所・滎経県厳道古城遺址博物館「滎経県同心村巴蜀船棺葬発掘報告」（『四川考古報告集』四川省文物考古研究所　文物出版社　一九九八）
2・3　羅二虎『秦漢時代的中国西南』（天地出版社　二〇〇〇）
5　四川省博物館・新都県文物管理所「四川新都戦国木槨墓」（『文物』　文物出版社　一九八一　第六期）
図9　1～7　高明『古陶文彙編』（中華書局版　東方書店　一九八九）
図10　1～20　荘新興『戦国鉩印分域編』（上海書店出版社　二〇〇一）
図11　1～11（5・1を除く）高文・高成剛『巴蜀銅印』（上海書店出版社　一九九八）
5・1　四川省文物考古研究所・滎経県厳道古城遺址博物館「滎経県同心村巴蜀船棺葬発掘報告」（『四川考古報告集』

四川省文物考古研究所　文物出版社　一九九八）

中国古代の秦と巴蜀、楚

—文字資料の情報伝達—

藤田勝久

はじめに

中国古代史のなかで、地域文化がどのようにして中国文明に編入されてゆくかというテーマについて、その一つのモデルとなるのは長江流域の地域史である。戦国秦は、黄河流域の諸国におくれて成長したが、長江流域の巴・蜀と楚の地域を占領し、やがて六国を併合して天下を統一した。

そのとき秦が、どのように巴蜀や楚の地域を編成したかという状況は、四川省と湖北・湖南省で発見された出土資料によって、しだいに明らかになりつつある。そこで本稿では、とくに長江流域から出土した文字資料の検討を通じて、戦国から秦漢時代の地域史を考えてみたい。

その視点は、文字資料の情報伝達ということである。[1] つまり、①楚の故地から戦国資料が出るのに対して、なぜ早くから組み込まれた巴蜀には文字資料が出ないのか（文書の伝達）、②楚地方から儒家・道家などの資料が出土するのは、先秦思想の中で楚がどのような位置にあるのか（書籍の伝達）について考えてみる。これは文書や書籍という情報の伝達によって、地域社会の特色を考察しようとするものである。また戦国楚の制度と文化は、秦に滅ぼされたあとも東方社会で存続し、長江中流域も秦の滅亡後は項羽の時代に臨江国となって、ふたたび漢王朝には郡県制の社会となる。ここでは、このような秦代、項羽の分封、漢代社会の変遷についても、中央と地域社会の状況を展望してみたいとおもう。

一、秦の統一と出土資料

最初に、戦国秦と巴・蜀、楚の歴史を簡単にながめておこう。基本となるのは、秦の君主と長江流域を占領する経過である(2)〔年表〕。

戦国秦は、献公の時まで渭水の上流にある雍城《ようじょう》を都としていたが、はじめて東方の櫟陽《やくよう》に城郭を築いた。しかし次の孝公が即位しても、秦は六国の会盟に加わらず夷狄の扱いをうけていたという。そこで孝公は、国中に命令を出して賓客を招き、二度にわたる商鞅《しょうおう》の変法を行ない、咸陽《かんよう》に遷都して富国強兵を推し進めた。つづく恵文君は、諸国が周に対して王号を称するのに連動して恵文王となり、前三二四年に改元した。

この恵文君の時代には蜀人が来朝していたが、恵文王九年（前三一六）には司馬錯が蜀を伐って滅ぼした。そして公子通を蜀侯としたが、のちに蜀相が蜀侯を殺し、武王元年（前三一〇）に蜀相を誅伐する事件などがあって、まだ安定していなかった。秦が蜀を平定するのは、昭王（昭襄王）六年（前三〇一）に蜀侯が反乱し、ふたたび司馬錯が蜀を攻撃したときである。ここから蜀の統治が始まるとおもわれる。

一方、秦が楚の地を占領するのは、同じ昭王時代の少し後のことである。昭王十一年に、楚の懐王が秦で客死する事件があったが、そのあと秦は漢中を拠点とし、楚の宛（河南省南陽）や鄧《とう》を取った。昭王二十七年（前二八〇）には蜀の

年表：戦国、秦漢時代の長江流域

巴、蜀	前	秦（漢）	楚（東国）	
	383	献公2　櫟陽に築城	悼王	
	361	孝公1　国中に令を下す	宣王	
	359	〃 3　商鞅の変法①		
	350	〃 12　商鞅の変法②、咸陽		
蜀人が来朝する	337	恵文君1	威王	
	325	〃 13　王号を称する	懐王4	
	324	恵文王1		
	323	〃 2　懐王6　魏の襄陵を破る		
	316	〃 9　司馬錯が蜀を伐つ	「包山楚簡」「鄂君啓節」	
公子通を蜀侯とする	313	〃 12	「郭店楚簡」「新蔡楚簡」	
蜀相が蜀侯を殺す	311	〃 14	「上海博物館蔵楚簡」	
蜀相を誅伐する	310	武王1	〃 19	
「青川県木牘」	309	〃 2　丞相と内史		
	306	昭王（昭襄王）1	〃 23	
蜀侯が反乱する	301	〃 6　司馬錯が蜀を平定	〃 28	
	298	〃 9	頃襄王1	
	296	〃 11　楚懐王が秦で死ぬ	〃 3	
	284	〃 23　5国で斉を攻める	〃 15　斉の淮北を取る	
楚の黔中を攻める	280	〃 27　楚を攻める	〃 19　秦に上庸を与える	
	279	〃 28　楚を攻める	〃 20　鄢、鄧を取られる	
	278	〃 29　楚の郢を陥落させる		
蜀守の若が楚を伐つ	277	〃 30　巫、黔中を取る	秦の南郡	
	262	〃 45	「睡虎地秦簡」	考烈王1
〔都江堰の伝え〕	250	孝文王1		
	249	荘王1		
	246	秦王政1		
蜀に罪人を遷徙	238	〃 9　嫪毐の乱		
	237	〃 10		幽王1
	227	〃 20	南郡守「語書」	王負芻1
（他国人の移住）	223	〃 24　楚を滅ぼす		
	221	皇帝26　天下を統一する		
蜀郡、巴郡	219	〃 28　始皇帝が安陸を通る	「龍崗秦簡」	
	210	〃 37　始皇帝の死	「里耶秦簡」	
	209	二世皇帝1　陳渉らの叛乱	「周家台秦墓」	
	208	〃 2		楚懐王
蜀郡、巴郡	206	（漢王1）漢中に王となる〔楚漢の戦い〕	西楚覇王（義帝）臨江国	
	202	漢高祖5 項羽の死		
	195	〃 12　高祖の死	漢の南郡	
	194	恵帝1	「張家山漢簡」	
	187	呂后（高后）1		
	179	文帝1		

「　」は出土資料

方面から楚の黔中《けんちゅう》を攻め、翌年に大良造の白起が鄢《えん》と鄧を取り、二十九年（前二七八）には楚都の郢《えい》（紀南城）を陥落させて南郡とした。これが楚文化の転換点となる。楚の本拠地であった江陵の周辺は、これから秦の占領地となり、楚は陳に遷都して淮水流域に拠点を移動した。

昭王のあと孝文王、荘王をついで、秦王政（のちの始皇帝）が即位すると、その二十四年（前二二三）に東方の楚を滅ぼし、二十六年（前二二一）に斉を滅ぼして天下を統一した。そこで楚は、南郡の地域と東国とともに秦王朝の統轄下となった。

このとき秦統一までの歴史のなかで、秦がどのように占領地を統治しようとしたかを示すのが、長江流域の出土資料である。(3) ここには古墓や遺跡から、戦国、秦漢時代の資料が発見されており、そこに南方を統治する社会情勢の一端がうかがえる。

たとえば秦が巴蜀に進出するときには、四川省青川《せいせん》戦国墓の（木の札に書かれた）木牘《もくとく》がある。この地は、陝西省と甘粛省の境界に近く、咸陽から成都《せいと》に行く途中の広元県の西方で、戦国末期には滅ぼされた諸国の人々が移民させられた地の付近である（『史記』貨殖列伝）。

つぎに楚の領域では、戦国楚簡があるが、秦に占領される前の社会を示すのは包山楚簡《ほうざんそかん》と、青銅製の鄂君啓節《がくくんけいせつ》である。包山楚簡は、楚紀南城の北一六キロメートルある包山二号楚墓から出土し、鄂君啓節は安徽省寿県（寿春故城）で発見されたが、ともに懐王期の同じ紀年をもっている。ここには当時の王と封君の様子や、裁判の様子、楚の習俗などがうかがえる。また荊門《けいもん》市郭店一号楚墓から出土した郭店楚簡《かくてんそかん》には、『老子』と『礼記』緇《し》衣篇をはじめ道家や儒家の書物があり、上海博物館蔵楚簡とともに、戦国時代の思想状況が明らかになった。

戦国秦が楚を占領したときの資料には、湖北省雲夢《うんぼう》県の睡虎地《すいこち》一一号秦墓から出土した睡虎地秦簡がよく知られている。武漢市の西北にある雲夢県は、楚紀南城の地からは離れているが、当時は南郡に所属する安陸県であった。ここには、まさしく秦と楚の社会情勢がうかがえ、研究の蓄積が多いところである。また同じく雲夢県には、龍崗六号秦墓の龍崗《りゅうこう》秦簡があり、これは統一秦の規定などである。

秦の統一では、荊州市沙市区の周家台三〇号墓から出土した竹簡と木牘がある。さらに近年では、湖北省と重慶市との境界に近い湖南省龍山県の里耶《りや》故城の井戸から発見された里耶秦簡が大きな注目を集めている。その年代は、秦始皇帝と二世皇帝時代の木牘で、井戸の上部の層に若干の楚簡があるといわれる。この資料は、すでにサンプル資料となる一部が発表されているが、そこには木牘の形式などに興味深い内容をふくんでいる。

秦末から楚漢戦争の時期では、江陵の付近に直接的な資料は発見されていない。しかし荊州市荊州区の張家山二四七号漢墓から出土した張家山《ちょうかざん》漢簡には、「二年律令」のほか、『奏讞書《そうげつしょ》』（あるいは奏𤅢書）という裁判の案件があり、そこには秦代と漢代初期の社会状況を示す内容がある。

このように長江流域の資料は、戦国時代の巴蜀と楚の文化や、戦国秦から漢代社会への変化をうかがわせる内容をもっている。ただし戦国時代では、①に、長江流域から多くの資料が発見されるのに対して、それ以外の地域では、ほとんど竹簡や木牘が出土していない。(4) これは早くから秦の郡県下に置かれた巴蜀の地方で、なぜ青川県の木牘のほかに文字資料が出ないのかという問題とも関連している。また②に、楚の地方から儒家・道家などの資料が出土するのは、楚の地方がどのような位置にあるのだろうか。

こうした情報は、文字資料によって伝達されることから、ここでは①文書の伝達と、②書籍の伝達とに分けて、巴・蜀と楚の文化について考えてみよう。

二、文書の伝達—秦と楚の文書について

秦の文書が巴蜀や楚に伝達され、どのように地域社会を統治してゆくかという点で注目されるのは、四川省の「青川県木牘」（長さ四六センチ、幅二・五センチ）である。これは秦の約二尺にあたる。木牘の一枚は、秦武王二年（前三〇九）の紀年をもつ「田律」にかかわり、とくに耕地の地割りを示す内容が注目された(5)。

正面　①作成の年月：武王二年（前三〇九）十一月己酉朔朔日
②田律：前半、地割りや阡陌、道路の幅、境界などの規定
後半、八月以降の道路や橋梁、堤防などを維持補修する規定

背面　四年（九年）十二月
道普請をしないことに関連する記載（罰則にかかわる）

この資料は、正面に「田律」（あるいは為田律）が記されている。それは、①王が丞相の甘茂と内史の匽たちに命じて作成した紀年と、②「田律」の二部分に分かれる。さらに「田律」は、前半に地割りや道路の幅、境界などの規定を記し、後半に八月以降の道路や橋梁、陂の堤防などを維持補修する規定がある。そして背面には、十二月に道普請をしなかったことに関連する記載がある。

最初の報告では、青川墓群に楚墓の特徴があり、巴蜀と楚の文化交流を認めながら、この墓群の多くを秦民が移住したものとみなし、五〇号墓に秦の木牘と「半両銭」があることから、墓主は律令を執行する官吏ではないかと推測している。そのとき木牘の「二年十一月己酉朔」は武王二年（前三〇九）の暦に合致し、「丞相戊」は『史記』秦本紀の武王二年条に「初置丞相。樗里疾・甘茂為左右丞相」とある「丞相甘茂」と指摘した。そして昭王元年（前三〇六）には

甘茂が丞相ではないので、墓葬の下限を昭王元年の前後とみなしている。これに対して、この墓群が楚墓の特徴をもつことから、墓葬の時期はこれより遅く、秦が楚都の郢を陥落させたあと移民させられた楚人として木牘を理解する説や、「田律」の地割りに関する諸説がある。しかしここでは、この木牘の形態がもつ意味を考えて、秦の文書が地方に伝達される過程を推測してみよう。

青川県の木牘が出土してから、竹簡の資料は増加したが、木牘の事例は少なかった。しかし里耶秦簡の発見によって、その形態があらためて注目されるようになった。(6) これについて劉瑞氏は、木牘の内容（用途）が、一般に広く国家機関の文書の往来や、個人の書信、墓葬の（副葬品のリスト）などに使われ、竹簡は経書や法律、個人の著作など長編の文字を書写するときに使われたと述べている。(7) これは木牘の内容を述べたものであるが、その用途からみれば、もう少し修正すべき点がある。

里耶秦簡は、もっとも多いのが長さ二三センチ（秦漢時代の約一尺）であるが、なかには四六センチ以上の木牘もあると報告されている。これは青川県木牘とよく似ている。また里耶秦簡の特徴は、一般に一つの木牘に一事の案件を記し、それで文書が完結している。木牘が二本の紐で結ばれているものは、すべて書かれたあとに紐で結ばれて書写されたものはないという。こうした特徴から、木牘の用途がわかる例をみてみよう。それはＪ1⑯5と⑯6の資料である。(8)

⑯5の正面には、秦始皇帝の「廿七年（前二二〇）二月丙子朔庚寅」の日付をもち、洞庭守の礼が、県と卒史の嘉、仮卒史の穀、属の尉に告げた内容を記している。

正面

①作成の年月：廿七年（前二二〇）二月丙子朔庚寅
　洞庭守の礼が県嗇夫、卒史などに告げる
②令の規定にもとづき、伝送委輸の徴発を行う命令を下す。その指示

背面

・遷陵県から伝達の指示（日付、発信）／某手
・末尾に受信の記録（日付、～以来）／某手
　某手

この内容は、⑯6の正面にもそのまま書かれている。しかも同じ内容を書写しながら一行の文字数は一定しておらず、これは内容さえ同じであれば良かったことがわかる。そして両者の背面には、異なる受信と発信の指示があって、その内容が洞庭郡の遷陵県以下に伝達されている。李学勤氏は、(9)ここに秦の行政制度がうかがえるという。しかしよく見ると、正面の内容は同じ文面がコピーされ、その背面に別の内容を書き込むことによって、その場所で処理する実用としての用途を果たすことになる。つまり木牘という形態は、書かれた内容によって区別されているのではなく、背面に控えやチェックをする情報などを書き込むことができ、それで完結する場合に利用される可能性がある。その範囲は、この場合、背面が記された遷陵県で使われたようである。一つの木牘に一事の案件を記して文書が完結するという特徴も、こうした実用性の用途を示すものかもしれない。

これを青川県木牘と比較してみると、興味深いことがわかる。ここでは木牘の正面に「田律」が記されていたため、多くの研究者は地割りに注目した。しかし背面には、「四年」もしくは「九年」十二月に道普請ができなかったことを記しており、それは「田律」の前半ではなく、後半の環境維持と道路などの補修に対応する記載だったのである。した

がって里耶秦簡の例から推測すれば、正面の「田律」は複数が書写されたものであり、この墓主に関係するのは、背面の道路補修ということになる。だから墓主の埋葬された年代は、やはり正面に関連して考えるのではなく、背面の武王四年、あるいは昭王四年か九年より以降に、秦の規定にもとづいて、おそらく県領域の道普請にかかわったことを示唆するものであろう。そのとき秦の規定に、秦王が丞相と内史に命じて作成させたと記すのを、山田勝芳氏は内史が御史の役割をもつのではないかといわれるが、ともかく秦漢の皇帝が制詔を出す形式と共通している。(10) また中央の命令が蜀の地方に伝達されるのは、①に中央の規定を書写して、その処理を裏面で示したものか、②に蜀郡を通じてこの地方に伝えられたものかが想定できよう。しかし先にみた戦国秦の情勢からみれば、この時代は蜀侯を任じている段階で、まだ完全に蜀郡の統治にはなっていなかった。したがって青川県木牘は、中央の規定が直接にこの地方へ及んだことを示しており、この地方が郡県制となって行動していないようにおもわれる。また秦の情報伝達からみれば、この木牘が唯一の「田律」原本ではなく、この規定が翌年以降も有効であれば、ふたたび書写されて、この木牘は廃棄されることになろう。墓主に副葬されたのは、こうした過去の文書にあたるものではなかろうか。

青川県木牘の内容からは、少なくとも秦の統治下にある巴蜀の地方に、秦の規定が伝えられ、それにもとづき行動していることがわかる。そのとき、この「田律」が最初から木牘の形態で伝わってきたのか、それとも木簡か竹簡で伝達されたものが、あとで木牘に写されたのかは不明である。しかしここから文書の伝達について、二つの方向がみえてくる。一は、木牘という実用的な形態で、同じように命令が写されて処理されるケースであり、二は、その内容が竹簡などに書き写され、法令として保存されるケースである。この二つの方向は、ともに出土資料にみえている。

一は、周家台三〇号墓の木牘に共通するであろう。ここには秦二世元年（前二〇九）のものといわれる木牘「暦譜」がある。(11) これは正面だけみれば、たしかに十月から九月までの朔日を記した暦（十月を年頭とする暦）といえよう。しかし背面に注目すると、さらに十二月の日の干支の上部に、「廷賦所、籍蔑廿」とあり、これは県廷で賦税の徴収に関連する記載とみなされている。したがって木牘は、ここでも正面の暦が写されたあと、背面で任務をメモして確認する実用性をもつとわかるのである。また木牘の形態で実務が処理されるのは、先にみた里耶秦簡が大量の事例となるであろう。

二は、秦が楚を占領して南郡としたときの睡虎地秦簡と龍崗秦簡や、漢代に継承された張家山漢簡にあたるのではないだろうか。睡虎地秦簡には、内容は違うが同じように県レベルの領域にかかわる「田律」が書写されている(12)。

また書写の形態を直接的に証明するのは、張家山漢簡の「田律」（二四六〜二四八簡、長さ三一センチ）である。これは青川県木牘とよく似た内容を記すことが、すでに注目されている(13)。いま青川県木牘と張家山漢簡の「田律」（田律の作成年月が、省略されている）を比べてみると、つぎのような変化がある。

①田律：前半、地割りや道路の幅の規定（境界の規定が省かれている）
　　　後半、七月以降の道路や橋梁、堤防などを維持補修する規定
②罰則の規定

ここには「田律」を制定した年月がなく、すでに命令が法令化された形跡がみえる。また「田律」の前半と後半では、「封・埒」の境界に対応する項目を省き、あとはほぼ同じである。そして青川県木牘では、背面に命令の不備にかかわる記載がみえるが、その罰則は不明である。これに対して張家山漢簡では、道路の通行に支障があれば、郷嗇夫と吏の担当者に罰則が追加されている。これは秦の「田律」が、漢代で法令として発展していることを物語っている。したがって木牘は公文書の往来で使い、竹簡には法令を記すのではなく、同じ法令であっても用途によって木牘と竹簡に書く場合がある。つまり張家山漢簡では、木牘か木簡・竹簡で伝達された法令が、必要に応じて抄写されて集められ、さら

に竹簡で保存される形態になっているとおもわれる。

こうして秦の文書伝達をみると、一定のルールが浮かんでくる。それは中央から地方や、地方から中央への文書、あるいは控えや習書のようなものでも、ともに秦の占領後は中央に収斂される行政システムの中で機能しているということである。青川県木牘の場合は、秦の中央から地方に「田律」が伝達され、楚が南郡となったあとは睡虎地秦簡があり、秦代では龍崗秦簡、周家台の簡牘資料、里耶秦簡がある。睡虎地秦簡に「十二郡」や他の郡県の記載がみえるのは、こうした郡県を基礎とする情勢を伝えている(14)。

このような秦系文字の情報伝達〔秦の文書システム〕が、楚の故地だけに限定されていたとは思われない。戦国、秦代では秦の中央を起点として、おそらく各地域に放射状に伝達されたはずである。だから巴蜀の地に出土資料がみられないのは、文書の伝達がなかったのではなく、ほかの理由を想定しなくてはならないだろう。

それでは秦以外の国では、文書の伝達はどのようになっていたのだろうか。これを示す好例が、戦国楚の包山楚簡である(15)。包山楚簡は、卜筮祭祷簡のほかに、法律の案件などを記した文書簡があり、ここには楚系文字で、楚の中央から地方に発信・受信され、中央に収斂される文書のやりとりがある。

たとえば陳偉氏が復元された文書一三二～一三五簡（長さ約六六センチ）では、正面の四簡に訴状の内容を記しているが、その背面の一三五簡反（右側）には「左尹以王命告湯公」で始まる調査と復命を指示しており、中の二枚の空白の簡のあと、一三二簡反（左側）に月日と「郢より此の等（書か）を以て来る」という文がある。これは里耶秦簡⑯5、⑯6の裏面と似た左側の受信と、右側の発信の控えが、すでに戦国楚の左尹の役所で行なわれ、それが竹簡に残されていた例となる。これらは戦国楚で、同じような文書伝達のシステムが存在したことを示している。

正面

一三二簡	連続した訴状の内容
一三三簡	
一三四簡	
一三五簡	

背面

一三五簡反	左尹以王命告湯公……
一三四簡反	〔空白〕
一三三簡反	〔空白〕
一三二簡反	月日、某従郢以此等来

秦の占領とは、こうした楚の文書システムをもつ社会の上に、秦の文書システムが重なってゆくことである。具体的には、秦の行政文書と法律で楚の地域社会を組み込むだけでなく、それを通じて労働編成や税制・裁判などの運用をすることであり、ここに二つの社会は軋轢を生じたとおもわれる。また一方で、楚が江陵地区を秦に占領されたあとは、移動した淮水流域の陳や寿春の方面で、楚のシステムが継承されることは容易に推測されよう。ただし時代による楚社会の変遷や、内部構造などはさらに考察の余地がある。

なお戦国魏では、わずかに一例であるが、睡虎地秦簡「為吏之道」に付記された「魏律」二条（魏戸律、16五～21五簡、魏奔命律、22五～28五簡）にみえている。これは魏においても、中央から発信する文書システムを確かに伝えている。そのほか周や趙、韓、斉、燕などの諸国は、簡牘資料が出土していないために詳しくはわからない。しかし秦や楚、魏の例を類推とし、また諸国の武器や青銅器、陶器、貨幣などに各国の文字がみえることからすれば(16)、諸国においても一定の行政システムがあったと思われる。このとき戦国文字と言語の分析は、文書伝達の特徴に一つの視点を示すものであろう。

こうして楚の出土資料は、長江流域をこえて、他国の中央と地方の文書伝達をも示唆していた。だから楚の地に資料が多いのは、情報の伝達によるためではなく、楚墓の構造（白膏泥、青膏泥の密封性など）や、別の社会的な要因によるとおもわれる。この意味で、将来は巴蜀をふくむ他の地域から出土資料が発見されても、まったく不思議ではなかろう。

図１　戦国、秦代の文書伝達

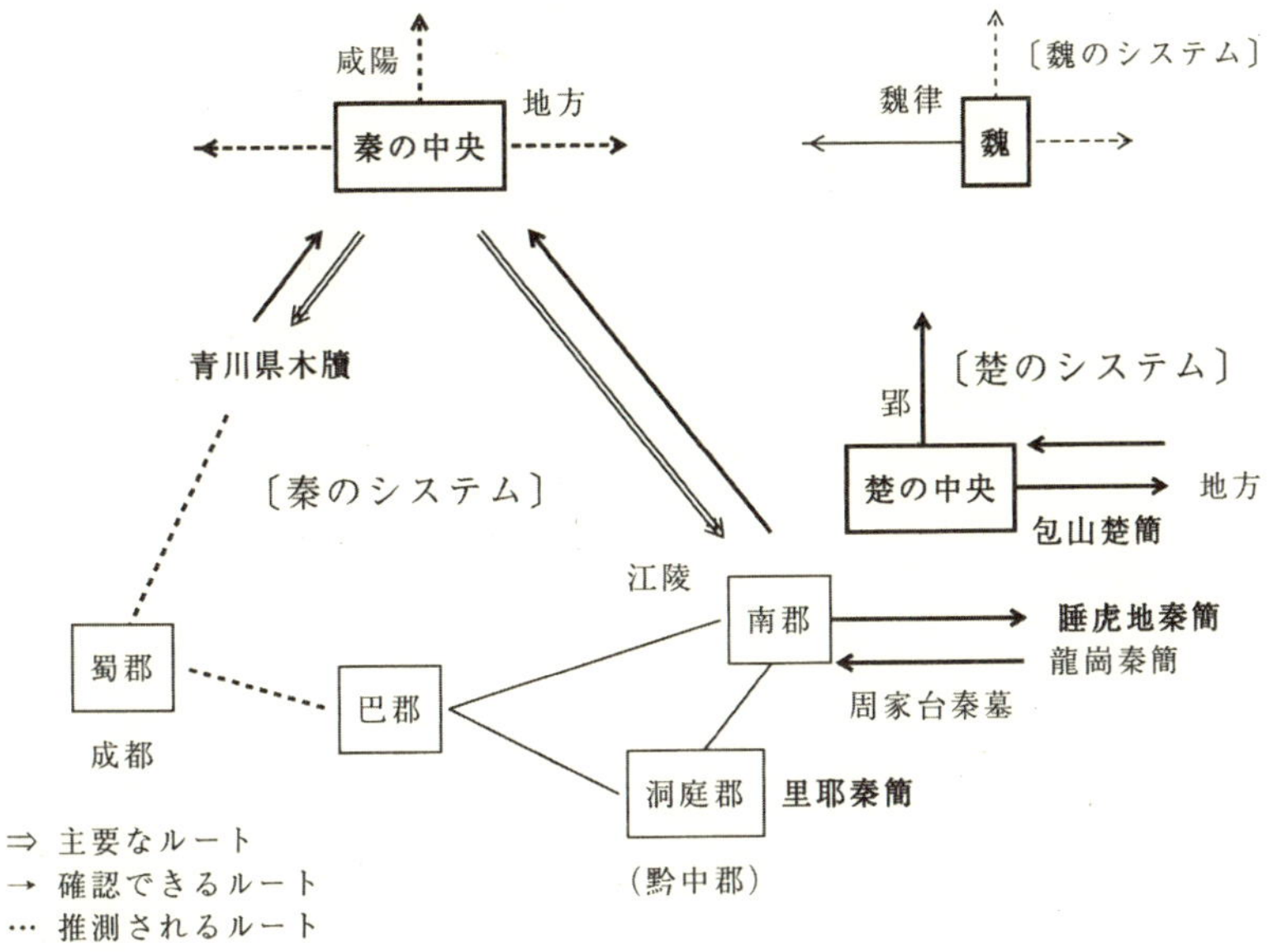

図２　戦国楚の書籍

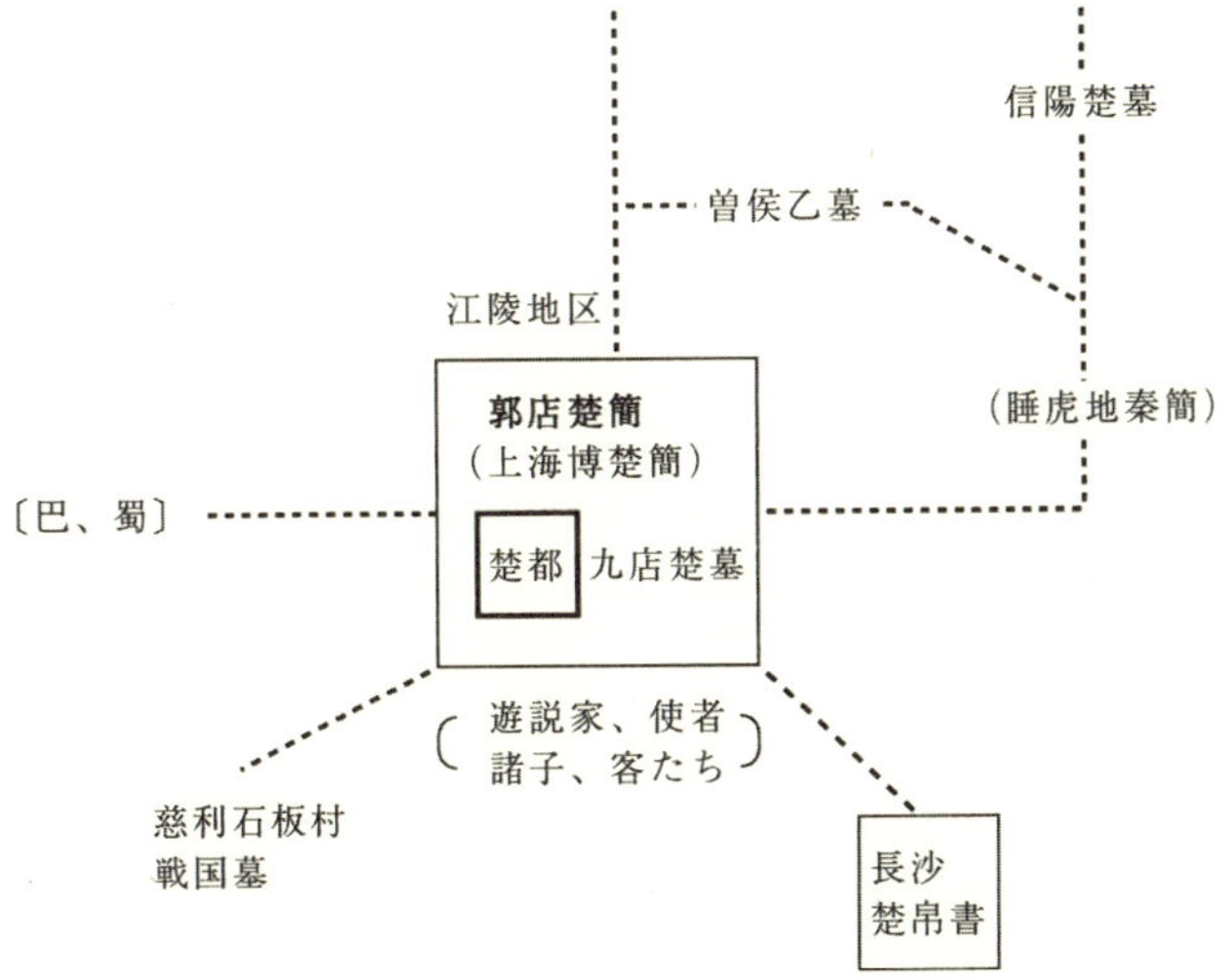

三、書籍の伝達—所有者と書写する人々

行政機構を通じた文書は、その書写する人々や伝達の状況が、かなり明らかになっている(17)。たとえば中央と地方を往来する文書は、郡県の機構や郵によって伝達され、張家山漢簡「行書律《こうしょ》」では、一般に一〇里に一郵が設けられるのに対して、南郡の長江より以南では、二〇里に一郵としている。これは一般的な規定に、長江流域での地形を配慮し追加したものである。書写の人々は、睡虎地秦簡『編年記』に墓主とおもわれる人物が、令史や治獄鄢《ちごくえん》となっており、『秦律十八種』にも史がみえている。また里耶秦簡には「某手」という署名がみられる。張家山漢簡には「史律」という規定があり、太常に所属する「太史、太卜、太祝」のほかに、一般の史、卜に関する規定がみえる。さらに戦国楚でも、包山楚簡の文書簡では特定の「某識之」と記す書写の人々が担当している。したがって秦と楚、漢代の文書は、ともに多くの書写の官吏が想定できる。

これに関連して、郡県の官僚や官吏が、職務の参考や学習のために書籍を持つことはありえただろう。その一例は、睡虎地秦簡「為吏之道」や『日書』が参考となり、張家山漢簡では『蓋廬』のような兵法書や、算数書、医書などがある。しかし官吏が所有しているのは、儒家や道家の書物とは性格が違っている。

儒家や道家をはじめ他の書籍は、文書とちがって発信者や経過を示す年月などが記されていないため、その伝達の様子がわかりにくい。これは行政機構によるルートのほかに、いわば個人やグループの情報であり、民間の情報伝達に通じるものである。行政機構を通じて文書伝達の跡を残していた秦の地からは、まだ儒家や道家のような書籍は発見されていない。そこで書籍の場合は、副葬によって所有している楚墓の地域社会と人物を通じて、その作成と発信、書写、移動によって伝達する人々を想定しながら、出土資料のもつ意義を考えてみよう。

まず早い時期では信陽長台関楚墓の竹書がある。信陽一号楚墓の構造は、墓道と四つの段をもつ深さ一〇・二五メー

トルの墓穴に、規模の大きな槨室と木棺があり、大夫クラスの身分といわれる。その左後室に工具箱と遺策があり、工具箱には竹簡を切って削る工具や、毛筆が収められていた。これは墓主自身が書写できたか、かれのために書写する人々がいることを示唆している。また前室には竹書の断片があり、報告では儒家の思孟学派に関する資料とみなしている。しかし『墨子』の逸篇ではないかという解釈もあり(18)、その性格には諸説がある。この墓は、慈利《じり》戦国墓と同じように江陵地区から離れている。

つぎに郭店一号楚墓は、墓道と一槨室一棺の構造をもち、その頭箱から『礼記』緇衣篇や『老子』甲本、乙本、丙本などの古書が出土した。その内容は、『老子』と「太一生水」など道家の書物と、『礼記』など儒家の書物、「語叢」のように『説苑』『淮南子』の形式と似ているものがあるが、その作成年代と性格をめぐって議論がある。また上海博物館蔵の戦国楚簡は、出土地が不明であるが、その内容は郭店楚簡に共通するものがある。この郭店楚墓は、包山楚墓と同じく江陵地区の近辺に位置している。

これらの楚系文字の書籍は、墓主に近い楚の地で作成されたのだろうか。それとも他の地域から伝えられ、それが楚系文字に書写されたのだろうか。これについて浅野裕一氏は(19)、書籍が作成されてから伝達されるまでの期間を問題とし、別の地域からの長期にわたる伝達を想定されている。たとえば六経（詩、書、礼、楽、易、春秋）の成立では、郭店楚簡の「六徳」に「詩、書」「礼、楽」「易、春秋」とあり、作成年代をそれ以前の戦国前期（前四〇三～三四三年）とする。同じように『周易』や「緇衣」篇などについても、その作成年代が戦国前期より前にさかのぼると推定している。したがって書籍は楚の地から出土しても、それは必ずしも楚国で作成されたことを意味しない。こうした各国の情報伝達では、文書の場合と同じように、各国の文字の系統や言語学、そこに示された地理などによって地域的な特徴の解明が期待される。

そのとき考慮すべきことは、人々の旅行や移動による伝達であろう。これまで春秋時代はともかく、戦国時代の各国には、外交の使者や遊説家たちが往来したことが知られている。とくに戦国中期に合従連衡が激しくなってからは、外交の使者や諸子の往来が盛んになった[20]。だから情報伝達の一つには、こうした遊説家たちの存在が考えられる。先にみた楚の貴族や大夫ともいえる階級の人が所有していた書物は、この遊説家や諸子たちによってもたらされたかもしれない。いわば受信側での残存である。ただし諸国を外交で往来する遊説家は、一緒に書物を伝えたとしても、かれらの外交文書や、各国の奏言、国策などは、経書や諸子とは別の資料系統に属するといえよう。

戦国時代では、こうした諸子や外交の使者たちだけが書籍を伝達したとは考えられない。なぜなら戦国後期には、各国の封君が多くの食客をかかえており、『史記』呂不韋列伝では、諸侯の游士や賓客を集めて『呂氏春秋』を編纂したと伝えているからである。このほか封君や貴族レベルのほかに、もう少し小規模な墓で、下層といわれる身分の人たちも書籍を所有しており、それには江陵九店楚簡の『日書』や、江陵王家台秦簡の『日書』と占卜などの資料がある[21]。こうした資料は、楚文化の特色をうけているとともに、あるいは巫祝のような役割をもつ人々と関連するかもしれない。

そこで戦国中期より以降に、一般の社会層に少しずつ書物が広がるのは、これらの墓が楚の都城や、地方都市の近辺に位置することも一因ではなかろうか。つまり江陵付近や地方都市の書籍は、まず客などによる情報が集められ、それが周辺に伝えられたのかもしれない。こうした客の生態は、これまでも文献から指摘されていたが[22]、睡虎地秦簡『法律答問』二〇〇簡には「旅人」と称する一般の寄食者や客の存在が示されている。

〔何〕謂旅人。・寄及客。是謂旅人。

何を「旅人」と謂うのか。・寄食するもの及び客、これらを「旅人」と謂う。

このように儒家や道家などの書籍は、すべて竹簡の形態で、その所有者は貴族クラスや、大夫と、もう少し下層といわれる人々であった。しかし文献にみえる封君や、江陵から離れた貴族クラスの墓では、往来する諸子や外交の使者のほか、食客たちが封邑の地に伝達した可能性がある。また江陵周辺の大夫クラスや他の人々は、かれら自身が他国への客となるか、あるいは都城周辺の情報をうけた人々にあたるかもしれない。

ともかく書籍の伝達は、誰かが書写して持ち運ばなければ移動することがない。それは一に、楚都の周辺に情報が集められたり、二に、長沙や封君のいる地方都市がその拠点となったものであろう。また信陽楚墓や慈利戦国墓のような遠方では、あるいは交通上の通過点として、そのまま封邑の地に書物が残されたのかもしれない。そのため戦国時代では、各地を旅行し移動する諸子や外交官たち、客のような人々、それを書写する人々などの介在を想定する必要があろう。そのとき客にも、さまざまな階層があるとおもわれ、封君のような貴族に寄食する者から、末端の官吏に寄食する者まであったはずである。

したがって書籍の伝達でも、長江流域の墓から出土する資料は、一方で楚文化の特色を示すようであるが、やはり広く他国から書物が伝達される状況を示唆するとおもわれる。こうして出土資料の多くは、楚の地から発見されているが、そこに他国の書籍伝達の傾向をうかがう普遍的な意義をもっている。ここから巴蜀の地も、内容が限定されるとはいえ書籍が伝達される可能性がある。それが墓葬に表れないのは、習俗と社会情勢の違いのほかに、考古発掘をふくめた今後の課題となろう。

四、秦漢王朝と巴蜀、楚の社会

これまで文書と書籍の伝達を通じて、秦と巴蜀、楚文化の状況を考えてきた。そこで独自の特質をもつ地域社会が、どのようにして秦の統治に組み込まれてゆくかという問題を展望してみよう。

巴蜀の方面は、戦国秦に占領される以前に独自の青銅器をもつ文化が知られているが、その社会構造などは考古学の成果に待つところがある。また秦の占領によって地域文化がどのように郡県制に組み込まれるかは、その前後の社会情勢とあわせて不明な点が多い。しかし秦の郡県制が展開すると、楚と同じような行政機構が機能することが予想される。また睡虎地秦簡「封診式」の「遷子」という内容には、蜀郡の辺県や、成都の地名がみえており、なお人々を遷徙する地でもあったことがわかる。

統一秦では、里耶秦簡の⑯5と⑯6に、洞庭郡から内史や巴、南郡、蒼梧郡などに輸送する記事があり、巴郡との関連がうかがえる。そして張家山漢簡『奏讞書』には「蜀守の讞」三件（五四～五五、五六～五七、五八～五九簡）があり、『二年律令』の「秩律」には、巴郡の県（朐忍、江州、臨江、涪陵、安漢、宕渠、枳、平楽、江陽）と蜀郡の県（成都、臨邛、青衣道、厳道）などがみえている。また『二年律令』の「津関令」では、南郡に隣接する巴郡の朐忍《くにん》に雲夢の附園があり、その間の扜関《かんかん》を通過する規定があって、ここにも楚との関連がわかる。

しかし年代順に同じ地域の変遷がたどれるのは、なんといっても江陵を中心とする秦漢の南郡の地域であろう。先にみた包山楚簡からは、秦に占領される前の楚社会がうかがえる。陳偉氏は、(23)楚の行政機構と裁判の過程を分析し、郡レベルの下にある県を基本単位とし、その県が下にある里と邑などを組織とすることを指摘した。また県と封邑（封君の領地）レベルの職官として、、連囂、司馬、攻（工）尹、司敗、諸々の尹《いん》などを整理している。こうした地方行政の機構は、秦の郡県制にくらべて封君が多い社会を示している。また工藤元男氏が指摘されるように、(24)包山楚簡の卜筮祭祷簡からは、楚の習俗がうかがえ、それが楚の社会構造とあわせて秦と異なるとみなされたのかもしれない。このような楚の社会が、約四〇年後に秦に占領されたのである。

秦に占領され南郡となった社会は、睡虎地秦簡にうかがえる。ただし秦の占領は、必ずしも順調ではなかった。秦王政十七年（前二三〇）に韓が滅び、十八年（前二二九）に趙の邯鄲《かんたん》が陥落すると、楚の地も動揺したと推測され、『編年記』十九年（前二二八）条には「南郡備警」とあり、南郡で警戒した情勢がみえている。

つづいて睡虎地秦簡「語書」では、秦王政二十年（前二二七）に南郡の守である騰《とう》が、県と道の嗇夫に、楚の邪悪な習俗をやめて秦の法令を遵守するように通達している。[25]

(秦王)二十年(前二二七)四月丙戌朔の丁亥(二日)。南郡守の騰が各県・道の嗇夫に通告する。……今、法律令はすでに具備している。しかるに吏民には用いないものがあり、郷俗の淫泆の民は無くなることがない。……今、まさに人を派遣してこれを案行させようとしており、命令に従わない者は弾劾して検挙する。律で論じることは、県令や丞にも適用する。また県官に課するに、令を犯すものが多くて県令や丞が検挙できないだけでも、令や丞によって報告せよ。(この命令は)各県の機関を通じて伝えよ。別に書写して江陵に公布するには、郵の機関を通じて逓送せよ。

つまり南郡では、占領から五〇年以上を過ぎても、危急の際には秦の法令による統治の困難さと、楚社会に不穏な情勢があったことを示唆している。これは多くの研究がすでに指摘しているところである。

秦代の楚社会は、睡虎地秦簡のあと龍崗秦簡によって、雲夢にある皇帝の禁苑や馳道に関する規定の一部がわかり、周家台三〇号秦墓の竹簡によって、郡県の官吏の行動と、暦譜、占いの様子がわかる。また里耶秦簡では、これから公開が増加すれば、さらに具体的な南方統治の実態が明らかになろう。

秦の滅亡後は、共敖(もと楚の柱国)の臨江国となった。しかし敖の子の共驩は、項羽が敗北したあと捕虜となり、漢五年(前二〇二)正月に、ふたたびこの地域は南郡となった。その後の情勢は、張家山漢簡にうかがえる。張家山漢簡は、漢の南郡統治の時代を反映した資料であり、『奏讞書』には、それ以前の秦代と漢代の社会情勢がうかがえる。

そこで湖北省の江陵周辺は、古くから楚文化の本拠地であるとともに、戦国秦漢時代の地方統治の変化を示すモデル地区ということができよう。近年に増加した長江流域の出土資料は、これまでの個別の分析をこえて、今では楚の地域社会の変遷を年代順に理解することを可能にしているのである。

ところが長江流域の出土資料の価値は、これにとどまらない。さらに注目されるのは、張家山漢簡の中に、漢王朝が成立する際の郡国制の性格を示唆することである。つまり漢王朝は、一方で秦の法制と社会システムを継承すると同時に、楚の社会システムを組み込もうとしたようである。たとえば『奏讞書』の高祖六年の案件には、もとの「楚爵」をもつ人物が漢に組み込まれ、かれらの起こした事件の処遇が問題となっている[26]。

こうした社会背景を探ってみると、秦末の叛乱を起こした陳渉たちや、項梁と項羽、劉邦（沛公、漢王）たちは、ともに淮水流域に遷った楚の社会で育った人々であったことがわかる。そして陳渉は、陳で楚の復興をめざして「張楚」という国号を称し、項梁と項羽は、楚の王室の子孫を懐王として実際に楚国を復興した。また劉邦も、蜂起した当初は楚懐王のもとに身を寄せていた。したがって秦末叛乱の中心となった人々は、包山楚簡にみえる楚社会の延長にある人々だったことになる。

のちに劉邦は、漢王となって秦の制度を継承したが、楚漢戦争のあと項羽を破り、皇帝に推戴されてからも、張家山漢簡『奏讞書』の案件のように楚の人々を組み込んでいたことになる。そして長安を中心として、旧秦の地域と、早くから郡県制に組み込まれた巴蜀、南郡などの地域を郡県制とした。こうした郡県制の範囲は、張家山漢簡「秩律」の県の分布に反映されている。

しかし東方の地域は直接的な郡県制ではなく、功臣たちや劉氏の王国を置いた。これは漢高祖が、諸侯に推戴されたせいでもあろうが、項羽の行なった楚の体制と、燕や趙、斉の連合を東方に継承したとみなすこともできる[27]。もしそうであれば漢王朝は、西方と東方に秦と楚の社会システムを継承して、それぞれの地域社会を統治しようとしたことになる。そのとき長江流域の資料は、江陵地区の変遷を示すだけではなく、こうした漢王朝の成立においても、秦と楚の社会システム（文字資料の伝達、行政制度など）を知る手がかりを与えることになろう。

おわりに

湖北、湖南省の楚の地は、戦国秦から秦漢王朝がどのように地域社会を統治しようとしたかを知る具体的なモデル地区となる。ここでは長江流域に集中している出土資料が、従来の個別研究をさらに発展させて、戦国楚の社会—戦国秦の占領—秦代—諸侯王国—漢代社会という連続した考察を可能にすることをみてきた。そのとき秦が地域社会を組み込む例として、文書の伝達という視点を提示したが、そこには独自の文化をもつ巴蜀の地と、すでに楚の社会システムをもつ地域を統治する違いがみられるようである。また個人やグループの情報伝達の一例として、諸子や客の旅行や移動によって伝えられる書籍のあり方を考えてみたが、ここでも楚の地の資料は、他の地域への展望をあたえてくれる。これらは長江流域の出土資料が、巴蜀や楚の地域文化とともに、同時代の地域社会の考察に有効であることを示している。

さらに長江流域の資料は、漢王朝の成立という問題にも、あらたな視点を提供する。すなわち睡虎地秦簡や張家山漢簡は、秦とそれを継承した漢の社会システムを反映しているが、包山楚簡にみえていた楚の社会システムは、淮水流域に遷った楚の社会に温存されていたと推測される。そして秦末の叛乱で、陳渉たちや、項梁と項羽、沛公たちの集団は楚の社会を意識して行動し、漢王朝が成立したあとも、高祖は楚の社会システムを東方の王国に組み込んだようにおもわれる。したがって長江流域の資料は、漢王朝が地域社会を統治しようとした郡国制（郡県制と王国）という社会編成にも展望を開くものである。これは巴蜀と楚という長江流域の考察が、さらに広く中国文明と地域社会の考察と結びつくことになる。

本稿では、長江流域の文字資料からみた情報伝達のアウトラインにとどまっているが、このような視点が、書道史や上古中国語、考古学、思想史など、他分野との議論を進めるきっかけになればと願うものである。

注

（1）拙稿「中国出土資料と古代社会―情報伝達の視点から」（『資料学の方法を探る』4、愛媛大学法文学部、二〇〇五年）。

（2）秦史の経過は、拙稿「戦国秦の領域形成と交通路」（一九九二、『中国古代国家と郡県社会』汲古書院、二〇〇五年）、同「始皇帝と秦王朝の興亡」（『愛媛大学人文学会創立二十周年記念論集』一九九六年）などで説明している。

（3）全体にかかわるものは、駢宇騫・段書安編著『本世紀以来出土簡帛概述』（台北市万巻楼図書、一九九九年）、馬今洪『簡帛：発現与研究』（上海書店出版社、二〇〇二年）、李均明『古代簡牘』（文物出版社、二〇〇三年）があり、長江流域では工藤元男『睡虎地秦簡より見た秦代の国家と社会』（創文社、一九九八）、胡平生、李天虹『長江流域出土簡牘与研究』（湖北教育出版社、二〇〇四年）などがある。

（4）文献の伝えでは、晋代に戦国魏の墓から発見されたという「汲冢竹書」があり、戦国秦では甘粛省の天水放馬灘秦簡があるが、楚の地に比べると少ない。

（5）四川省博物館・青川県文化館「青川県出土秦更修田律木牘」（『文物』一九八二年一期）。このほか同誌に、于豪亮「釈青川秦墓木牘」、李昭和「青川出土木牘文字」があるが、釈文は少し異なる。また間瀬収芳「秦帝国形成過程の一考察」（『史林』六七―一、一九八四年）、渡辺信一郎「阡陌制論」（一九八五、『中国古代社会論』青木書店、一九八六年）などに諸説の紹介がある。

（6）「湖南龍山里耶戦国―秦代古城一号井発掘簡報」（『文物』二〇〇三年一期）、湖南省文物考古研究所「湖南龍山県里耶戦国秦漢城址及秦代簡牘」（『考古』二〇〇三年七期）など。

（7）劉瑞「里耶秦簡零拾」（『中国文物報』二〇〇三年五月三〇日）は、大半が木牘であることから、「里耶秦代木牘」と称することを提唱する。

（8）解説には、里耶秦簡講読会「里耶秦簡訳註」（『中国出土資料研究』八、二〇〇四年）があり、拙稿「『史記』秦漢史像の復元」（『日本秦漢史学会会報』五、二〇〇四年）、同「里耶秦簡と秦代郡県の社会」（『愛媛大学法文学部論集』人文学科編一九、二〇〇五年）でも紹介している。

（9）李学勤「初読里耶秦簡」（『文物』二〇〇三年一期）。

（10）山田勝芳『秦漢財政収入の研究』（汲古書院、一九九三年）。

（11）湖北省荊州市周梁玉橋遺址博物館編『関沮秦漢墓簡牘』（中華書局、二〇〇一年）。

（12）睡虎地秦簡『秦律十八種』の田律に、「雨が播種の時に降って、それが粟の生育にかかわれば、そのたびに文書を以て、雨の作物への影響や、粟の生育の状況と、墾田の作物が生育しない者の頃数（耕地の面積）を上報せよ。すでに作物が生育したあと雨が降っても、またすぐに雨の多少や、利益のあった頃数を報告せよ。日照りや暴風雨、水害、虫害、そのほか作物の生育を損なう者もまた、そのたびに被害の頃数を報告せよ。近県は軽足でその文書を行って伝達し、遠県は郵をして文書を行れ。八月末までに……。田律」という内容がみえる。

（13）渡辺前掲「阡陌制論」、拙稿「中国古代の関中開発」（前掲『中国古代国家と郡県社会』）など参照。

（14）睡虎地秦簡『秦律十八種』の置吏律に、「県と都官、十二郡で、吏及び佐、郡の官属を任免するときは、十二月朔日を以て任免し、三月が終わるまでに之を止めよ。官吏などが死亡したり欠乏があるときは、時期を待たずして補欠せよ。置吏律」とある。また『法律答問』一四四簡には、「郡県で佐を任用したが、他の郡県に仕えて、その本務をしないとき、何によって論ずるか。小犯令を以て論ぜよ」とみえる。

（15）陳偉『包山楚簡初探』（武漢大学出版社、一九九六年）、広瀬薫雄「包山楚簡『所證』研究」（池田知久監修『郭店楚簡の思想史的研究』第五巻、二〇〇一年）、同「包山楚簡に見える証拠制度について」（郭店楚簡研究会編『楚地出土資料と中国古代文化』汲古書院、二〇〇二年）、拙稿「包山楚簡にみえる戦国楚の県と封邑」（一九九九、前掲『中国古代国家と郡県社会』）、同「包山楚簡と楚国の情報伝達」（『中国研究集刊』三八、二〇〇五年）など。

青川県木牘：武王二年（前三〇九）〔　〕は読み替え

正面

（秦武王）二年十一月己酉朔朔日。王命丞相戊・内史匽。民〔願〕更脩爲田律。田廣一歩。袤八。則爲畛。畝二畛。一百（陌）道。百畝爲頃。十頃一千（阡）道。道廣三歩。封高四尺。大稱其高。将（埒）。高尺。下厚二尺。以秋八月。脩封将（埒）。正彊（疆）畔。及〔發阡陌〕之大草。九月。大除道及阪險。十月爲橋。脩波（陂）隄。利津〔梁〕。鮮草离。非除道之時。而有陥敗不可行。輒爲之。

背面

四年十二月。不除道者。　　　九年十二月。不除道者。（于豪亮氏の釈文）

□一日　□一日　辛一日　□二日　□一日　章一日

壬一日　亥一日　辰一日　□九日　□一日　□一日

戌一日　□一日　□一日　□一日

里耶秦簡

⑯5正面

廿七年二月丙子朔庚寅。洞庭守禮謂縣嗇夫、卒史嘉、叚（假）卒史穀、属尉。令曰。傳送委輸必先悉行」城旦舂、隷臣妾、居貲贖責（債）。急事不可留。乃興〔繇〕ㇾ。今洞庭兵輸内史及巴、南郡、蒼」梧。輸甲兵當傳者多。節（即）傳之。必先悉行乗城卒、隷臣妾、城旦舂、鬼薪白粲、居貲贖」責（債）、司寇、隠官、践更縣者ㇾ。田時殹（也）。不欲興黔首。嘉、穀、尉。各謹案所部縣卒、徒隷、居」貲贖責（債）、司寇、隠官、践更縣者簿。有可令傳甲兵。縣弗令傳之而興〻黔〻首〻。可」省少、弗省少而多興者。輒劾移縣〻。亟以律令具論。當坐者言名史泰守府。嘉、」穀、尉在所縣上書。嘉、穀、尉令人日夜端行。它如律令。

⑯5背

□月丙辰。遷陵丞欧敢告尉、告郷司空倉主、前書已下重聴書従事。尉」別都郷司=空=。傳倉、都郷。別啓陵・貳春。皆弗留脱。
它如律」令。／釦手　丙辰水下四刻。隷臣尚行。
〔空白〕
三月癸丑水下。盡□陽陵士□匄以来。／邪手。
□月癸卯水十一刻=下九。求盗簪褭陽成辰以來／羽手　　如手

周家台三〇号秦墓の木牘「暦譜」

正面
十月乙亥小　五月辛丑大
十一月甲辰大　六月辛未小
十二月甲戌小　七月庚子大
端月癸卯大　八月庚午小
二月癸酉小　九月己亥大
三月壬寅大
四月壬申小

背面
以十二月戊戌嘉平、月不盡四日。　己卯　戊子　戊〔戌〕
十二〔月〕己卯□到。　甲戌　庚辰　己丑　己亥
乙亥　辛〔巳〕　庚寅　庚子
丙子　壬午　辛卯　辛丑
丁丑　癸未　壬辰　壬寅
戊寅　甲申　癸巳　癸
乙酉　甲午
丙戌　乙未
廷賦所、籍蔑廿。　丁亥　丙申
丁酉

(16) 江村治樹『春秋戦国秦漢時代出土文字資料の研究』(汲古書院、二〇〇〇年)。
(17) 彭浩「読張家山漢簡《行書律》」(『文物』二〇〇二年九期)。
(18) 李学勤「長台関竹簡中的《墨子》佚篇」(『簡帛佚籍与学術史』時報出版、一九九四年)。
(19) 浅野裕一「戦国楚簡と古代中国思想史の再検討」(『中国出土資料研究』六、二〇〇二年)。
(20) 佐藤武敏監修、工藤元男・早苗良雄・藤田勝久訳注『馬王堆帛書戦国縦横家書』(朋友書店、一九九三年)。
(21) 工藤元男「中国古代の社会史研究と出土文字資料」(『殷周秦漢時代史の基本問題』汲古書院、二〇〇一年)は、包山楚簡の卜筮祭祷簡から『日書』への展開を位置づけている。
(22) 渡辺卓「戦国時代における『客』の生態」、同「戦国的儒家の遍歴生活」(以上、『古代中国思想の研究』創文社、一九七三年)など。
(23) 陳偉前掲『包山楚簡初探』。
(24) 工藤元男「祭祀儀礼より見た戦国楚の王権と世族・封君」(『歴史学研究』七六八、二〇〇二年)は、こうした資料から楚の社会を展望している。
(25) 「語書」の形式は、里耶秦簡の⑯5の構成とよく似ており、当初は木牘に書かれるものがあったかもしれない。拙稿前掲「里耶秦簡と秦代郡県の社会」参照。
(26) 拙稿「秦漢帝国の成立と秦・楚の社会」(二〇〇三、前掲『中国古代国家と郡県社会』)。
(27) この点は、李開元『漢帝国の成立と劉邦集団』(汲古書院、二〇〇二年)でも論じている。

あとがき

本書は〝早稲田大学アジア地域文化エンハンシング研究センター〟が〝二十一世紀ＣＯＥプログラム〟に採択されたのにともない、その構成単位である本研究所が五年間にわたって内外の研究者、および大学院博士後期課程の若手研究者を結集して行った〝長江流域と巴蜀、楚の地域文化〟に関する共同研究の成果である。

本センターの基本的な方法論は〝四川モデル〟である。その概念を簡単に要約すると、次のようになる。新石器時代晩期にまで遡る東アジア各地の地域文化は、秦漢帝国の成立にともなって形成される中国文明によって消滅し、その地域は帝国統治下の一地方に組み込まれてしまう。しかし地域が帝国の版図に組み込まれたことで、中央との、さらには地域間の交流が盛んになり、また新たな地域文化が再編され、起ち上がってくる。このように秦漢帝国と地域文化の関係は、地域文化の形成と展開の一次的局面、それが消滅してゆく二次的局面、さらに新たな地域文化が再編されてくる三次的局面を内包する。このような重層的な局面から地域文化の諸相を分析する方法が〝四川モデル〟である。

その方法論で四川を地域モデルとしているのは、中国最初の統一帝国を形成した秦が、戦国時代中期にその故地を越えて、最初に占領支配を行った地域が、古代の四川（巴蜀）だったからである。その占領支配のノウハウが、その後の秦漢帝国の支配体制に組み込まれていったという意味で、秦の巴蜀支配は中華帝国の原型が形成される上で重要な契機であったと考えられる。その占領過程でいわゆる巴蜀文字に象徴される固有の地域文化は消滅していった。その後、四川は漢が西南地域に進出してゆく上での前線基地となり、その支配はさらに雲南や貴州に及んでいった。こうして漢の文化が波及した西南地域では、土着の文化と漢の文化の相互交流によって、また新たな地域文化が展開されていった。その一端をわれわれは東晉の常璩が撰した『華陽国志』に見ることができるであろう。

こうした長江上流域の四川における展開の過程を、長江中流域の湖北にあった楚と比較してみると、楚も秦に滅ぼされた国家の一つであるが、楚は四川の巴蜀文化と密接な関係をもっていたと共に、その言語なども含めて、われわれが想像する以上に中原文化に近かったことがわかる。

本書では、地域文化を検証する〝四川モデル〟のうちの、おもに地域文化の形成と展開の一次的局面に焦点をあわせ、巴蜀文化および楚文化の諸相を検討している。第二次・第三次的局面に関しても、今後ひきつづき検討を重ねてゆきたいと思う。

最後になったが、論文をご執筆いただいた方々に、厚くお礼を申し上げたい。

なお、本書は早稲田大学学術出版補助費の助成を得て出版されたものである。

工藤元男

執筆者紹介（掲載順）

①生年　②所属・職名　③専門　④主要論著

工藤元男（くどう・もとお）

①一九五〇年生

②アジア地域文化エンハンシング研究センター事務局長、事業推進担当者
早稲田大学文学学術院・教授、長江流域文化研究所・所長

③中国古代史

④『睡虎地秦簡よりみた秦代の国家と社会』（創文社）
『中国世界遺産の旅3　四川・雲南・チベット』（責任編集、講談社）
「禹の伝承をめぐる中華世界と周縁」（『岩波講座世界歴史3　中華の形成と東方世界』岩波書店）

盧　丁（ろ・てい）

①一九六三年生

②中国・四川大学芸術学院・教授、長江流域文化研究所・客員研究員

③美術考古

④「三星堆—金沙遺址出土の〝金手杖〟・〝金四鳥繞日飾〟及びその造型・図案に関する研究」（『長江流域文化研究所年報』第四号）、『羌族歴史文化研究』（共編著、四川人民出版社）、『中国四川西部人文歴史文化綜合研究』（共編著、四川大学出版社）

水間大輔（みずま・だいすけ）

①一九七三年生

②日本学術振興会特別研究員

③中国古代史

④「秦律・漢律における共犯の処罰原理―その歴史的変遷と思想的背景―」（『法制史研究』第五一号）、「秦律・漢律における未遂・予備・陰謀罪の処罰―張家山漢簡「二年律令」を中心に―」（『史学雑誌』第一一三編第一号）、「秦律・漢律における傷害罪の類型―張家山漢簡「二年律令」を中心に―」（『中国史研究』（韓国）第二八輯）

岡本真則（おかもと・まさのり）

①一九七四年生

②早稲田大学大学院文学研究科・博士後期課程

③中国古代史

④「『左伝』にみえる封建制度について」（『史料批判研究』第二号）、「冊命形式金文に見る周王と服　属諸氏族の結合原理」（『史観』第一四四冊）、「古代四川の岷江上流域における楚系青銅器の伝播と受容―牟托一号石棺墓出土の青銅礼楽器の分析を中心として―」（『史観』第一五三冊）

谷口　満（たにぐち・みつる）

①一九五〇年生

②東北学院大学文学部・教授、長江流域文化研究所・客員研究員

③先秦史

④『中国史概説』（共著、白帝社）、「江陵紀南城考」（『東北大学東洋史論集』三）、「屈原伝説の形成」（『日本秦漢史学

会会報』三）

陳　偉（ちん・い）

①一九五五年生

②武漢大学簡帛研究中心・教授、長江流域文化研究所所・客員教授

③戦国秦漢簡牘・先秦秦漢史

④『楚東国地理研究』（武漢大学出版社）、『包山楚簡初探』（同）、『郭店竹書別釈』（湖北人民出版社）

森　和（もり・まさし）

①一九七四年生

②早稲田大学文学学術院・客員研究助手

③中国古代史

④「『山海経』五蔵山経における山岳神祭祀」（『日本中国学会報』第五三集）、「子彈庫楚帛書三篇の関係からみた資料的性格について」（『史滴』第二六号）、「論子彈庫楚帛書群中月名与楚暦的相関問題」（『江漢考古』二〇〇六年第二期）

大西克也（おおにし・かつや）

①一九六二年生

②東京大学・大学院人文社会系研究科・助教授、長江流域文化研究所・客員研究員

③中国語文法史・文字学

④「《史記》中的〝為〟和〝以為〟及其相関句型」（《励耘学刊》総第一輯）、「試論上博楚簡《緇衣》中的『危』字和相

関諸字」(『第四屆国際中国古文字学研討会論文集』)、「施受同辞芻議―《史記》中的〝中性動詞〟和〝作格動詞〟―」(“Meaning and Form:Essays in Pre-modern Chinese Grammar”)

横田恭三(よこた・きょうぞう)

①一九五四年生

②跡見学園女子大学・助教授、長江流域文化研究所・客員研究員

③中国書道史

④『書道史年表事典』(書学書道史学会編・共著、萱原書房)、「統一秦における簡牘文字の実相―湖南省龍山県里耶出土の木牘を中心として―」(『書学書道史研究』第一四号)、「前二、三世紀における書体と毛筆の変遷―睡虎地・里耶秦簡から馬王堆帛書の書きぶりを探る―」(独立書人団『研究書録』第二六号)

小澤正人(おざわ・まさひと)

①一九六三年生

②成城大学社会イノベーション学部・教授、長江流域文化研究所・客員研究員

③中国考古学・中国文化史

④『中国の考古学』(共著、同成社)、「東周時代青銅礼器の地域性とその背景」(『中国考古学』第五号)、「岷江上流域戦国時代石棺葬の一考察」(『史観』第一三五冊)

松村一徳(まつむら・かずのり)

①一九五六年生

②篆刻美術館・館長、長江流域文化研究所・客員研究員

③東西印章史
④『封じる』（篆刻美術館）、「中国新出土秦封泥の検証」（『書学書道史研究』第八号）、『篆刻全集』（全十巻、第一集～第九集翻訳、二玄社）

藤田勝久（ふじた・かつひさ）
①一九五〇年生
②愛媛大学法文学部・教授、長江流域文化研究所・客員研究員
③中国古代史
④『中国古代国家と郡県社会』（汲古書院）、『史記戦国史料の研究』（東京大学出版会）、『項羽と劉邦の時代』（講談社）

翻訳者紹介

工藤元男 →執筆者の項

閻　瑜（えん・ゆ）
①一九七六年生
②長江流域文化研究所・客員研究員
③日本近代文学
④「「李陵」の「述而不作」」（『大妻国文』第三七号）、「「山月記」の「欠ける所」から見る中島敦文学の変貌──「狼疾」から「述而不作」へ──」（『大妻女子大学大学院文学研究科論集』第一四号）、「『わが西遊記』論　二篇」（同第一六号）

spread of Han culture, new local cultures were developed from interchanges between indigenous culture and Han culture, as can be seen partly from Huayang-guozhi (Chronicles of Huayang) compiled by Changqu.

Although Chu was one of the countries that was conquered by Qin, if we compare the process of evolution in Sichuan in the upper reaches of Changjiang to that in Chu located in Hubei in the middle reaches of that river, we find that Chu, including its language, was closely related to the Ba-Shu culture of Sichuan, and was closer to the culture of the Central Plains than we imagined.

This book focuses on the first phase in the formation and evolution of the local culture under the "Shichuan model," which examines local cultures, and attempts to elucidate various facets of Ba-Shu culture and Chu culture. Studies will be continued to examine the second and third phases.

Preface

KuDo Motoo

This book is a product of a joint research on "Changjiang Basin and Ba-Shu and Chu local cultures" conducted over a period of five years by a team of Japanese and foreign scholars and young researchers in doctoral courses. The research was carried out at the Research Institute of Chang Valley Culture, which is part of the Research Center for Enhancing Local Cultures in Asia at Waseda University, following the Center's designation as a project under the 21st Century COE program.

The basic methodology adopted at the research center is the "Sichuan model," which can be described as follows. Local cultures in various regions in East Asia dating back to the late Neolithic age were destroyed by the Chinese civilization that formed along with the establishment of Qin and Han Empires, and were absorbed into the empire as localities under its rule. The absorption of these regions into the imperial domain, however, encouraged interchanges between the center and regions and among regions themselves, giving rise to the reorganization of local cultures and to new local cultures. This relationship between the Qin and Han Empires and local cultures took place in three phases. The first was characterized by the formation of local cultures and their evolution, the second by the disappearance of these cultures, and the third the reorganization of new local cultures. The method for analyzing various facets of local cultures from this multidimensional viewpoint constitutes the "Sichuan model."

The name Sichuan refers to the fact it that ancient Sichuan (Ba-Shu) that was the first external region to be occupied by Qin, which built China's first unified empire, as it moved beyond its homeland in the middle of the Warring States Period. In the sense that the know-how for occupation rule was built into the Qin empire's subsequent system of rule, Qin's rule of Ba-Shu is considered to be an important event in the creation of the prototypical Chinese empire. In the process of its occupation, the peculiar local culture symbolized by so-called Ba-Shu writing died out. Subsequently, Sichuan became the front-line base for Qin's advance into the southwestern region, and its rule expanded into Yunnan and Guizhou. In the southwest, which saw the

本書は早稲田大学学術出版補助費の助成を得て出版されたものである

平成18年11月20日 初版発行　　《検印省略》

アジア地域文化学叢書《ちいきぶんかがくそうしょ》III

長江流域《ちょうこうりゅういき》と巴蜀《はしょく》、楚《そ》の地域文化《ちいきぶんか》

編　者　長江流域文化研究所
発行者　宮田哲男
発行所　㈱雄山閣
〒102-0071　東京都千代田区富士見２－６－９
ＴＥＬ　03-3262-3231㈹　FAX 03-3262-6938
振替：00130-5-1685
http://www.yuzankaku.co.jp
組　版　創生社
印　刷　吉田製本工房
製　本　協栄製本

ISBN4-639-01954-8 C3020